Martin Mittelmeier

ADORNO IN NEAPEL

Wie sich eine Sehnsuchtslandschaft in Philosophie verwandelt

btb

Diese Arbeit wurde 2012 als Dissertation im Fach Allgemeine und Vergleichende Literaturwissenschaft im Fachbereich Philosophie und Geisteswissenschaft der FU Berlin eingereicht.

Penguin Random House Verlagsgruppe FSC® N001967

3. Auflage
Genehmigte Taschenbuchausgabe April 2015,
btb Verlag in der Penguin Random House Verlagsgruppe GmbH,
Neumarkter Str. 28, 81673 München

Lektorat: Dr. Antje Korsmeier, München
Umschlaggestaltung: semper smile, München nach einem
Umschlagentwurf von Rothfos + Gabler, Hamburg unter
Verwendung eines Gemäldes von (c) A view of the Bay of Naples,
Muller, William James (1812-45) / Private Collection /
Photo © Christie's Images / The Bridgeman Art Library
Druck und Einband: GGP Media GmbH, Pößneck
SL · Herstellung: sc
Printed in Germany
ISBN 978-3-442-74869-3

www.btb-verlag.de
www.facebook.com/penguinbuecher

Für Ines,
die mich zum Kraterrand geführt hat

Inhalt

Prolog auf dem Vesuv

Tourist zu sein ist ein leidiges Geschäft. Als Tourist möchte man etwas Aufregendes sehen, etwas Neues, das Besondere und Wahrhaftige der bereisten Gegend. Aber wie soll man in der Kürze der Zeit etwas vom wirklichen Leben dort erhaschen, man ist doch nur schneller Gast? Und: Es waren schon so viele vor einem da. Aber haben die nicht wenigstens das Feld bereitet? Und wenn man nun schon einmal hier ist, dann wäre es doch schade, ja ein Versäumnis, man hätte nicht gesehen, was die vielen anderen für sehenswürdig befunden haben. Was, Sie waren in Paris und nicht auf dem Eiffelturm? Aber wann war der gemeine Pariser zuletzt auf dem Eiffelturm? Was, Sie waren in Neapel und nicht auf dem Vesuv?

Als eine der reizvollsten Landschaften Europas ist der Golf von Neapel seit jeher ein überaus beliebtes Reiseziel. In der Mitte des Halbkreises, der im Westen von den Inseln Ischia und Procida, im Osten von der sorrentinischen Halbinsel begrenzt wird, thront der Vesuv – der Aura zerstörerischer Gewalt, die von ihm ausgeht, zum Trotz ist er am Reizvollen des Golfes maßgeblich beteiligt. Das lockere, mineralienhaltige Lavagestein, mit dem er sich umgibt, macht den Boden zu einem ungewöhnlich fruchtbaren,[1] auch deswegen suchen die Menschen die Nähe zum Vulkan. Das weiter weg nach Westen geschleuderte Magma wird, wenn es erkaltet, durch die entweichenden Gase porös und bildet den hellen, luftigen Tuffstein, der der Gegend ihr mediterranes Aussehen verleiht; er gibt »dem sanften, heiteren, von einer beinahe ländlichen Melancholie übergossenen Ufer die Farbe des Honigs«,[2] wie der neapolitanische Schriftsteller Raffaele La Capria über seine Heimat schreibt.

»[W]ie vergilisch ist das alles«,[3] ruft La Capria begeistert aus, und tatsächlich konnte man schon von der Spätantike an südwestlich von Neapel den Schauplätzen von Vergils *Aeneis* hinterherreisen, den Schritten des Titelhelden bis zu seinem Eintritt in die Unterwelt am Avernersee und an den Schwefel spuckenden Phlegräischen Feldern nachgehen und das Grab des Dichters besuchen.[4]

Jede Zeit erschreibt, erdichtet und erreist sich ihre eigenen Sehnsuchtsorte. Im 19. Jahrhundert ist Neapel als südlichste Station der großen europäischen Bildungsreise, der Grand Tour, fest etabliert. Doch dann entdeckt der Maler und Schriftsteller August Kopisch bei einer kleinen Insel vor der sorrentinischen Landzunge eine mystisch blau leuchtende Grotte und macht Capri zum Hauptquartier nordeuropäischer Zivilisationsmüdigkeit. Die blaue Blume der Romantiker wird zu einem beschwimmbaren Ort[5] und illuminiert nicht mehr nur den vergilischen Westen Neapels, sondern verzaubert den gesamten Golf. Auch die dunklere, felsigere Amalfiküste, die den Golf von der Sorrenter Landzunge aus »von außen wie eine Festung schützt«,[6] an der Orte wie beispielsweise Positano nahezu senkrecht in den Fels hineingebaut sind, wird bald von ihrem Leuchten erreicht werden.

Hans Magnus Enzensberger leitet in einem Essay über den Tourismus aus den 1950er-Jahren, der deutlich den Einfluss Adornos zeigt, das touristische Bedürfnis aus dem romantischen Freiheitstraum ab. Die unberührte Landschaft und die unberührte Geschichte »sind die Leitbilder des Tourismus bis heute geblieben. Er ist nichts anderes als der Versuch, den in die Ferne projizierten Wunschtraum der Romantik leibhaftig zu verwirklichen. Je mehr sich die bürgerliche Gesellschaft schloß, desto angestrengter versuchte der Bürger, ihr als Tourist zu entkommen.«[7] Man kann sich kaum eine idealere Ausprägung dieses Freiheitsbedürfnisses vorstellen als Kopischs funkelnde Grotte. Schon Kopischs eigene Reise war eher eine Flucht vor den Zumutungen familiärer und erzieherischer Enge denn ein Bildungsvorhaben, und Dieter Richter stellt fest, dass grundsätzlich der »Aufbruch in den Süden nicht selten eine Rettung vor dem Norden«[8] war. Capri wird zum Auffangbecken für Nonkonformisten und Gestrandete aller Couleurs.[9] Dass die aber nicht lange unter sich bleiben, ist der verflixten Logik geschuldet, derzufolge das Versprechen eines Ortes, der für Nonkonformismus steht, zu konformistischem Handeln führt: Alle wollen hin. Im selben Moment, in dem die bürgerliche Gesellschaft den Traum der Unberührtheit erzeugt, verweigert sie ihn laut Enzensberger bereits wieder. Schon Kopisch hat die Entwicklung Capris zum touristischen Hotspot mit Energie vorangetrieben und als »multimedialer Propagator seiner Entdeckung«[10] daran gedacht, den Vesuv oder die Grotte als Miniaturmodelle nachzubauen.[11] Man komme »aus dem Rauschen des deutschen Dichterwaldes an dieser gesegneten Erdenstelle gar nicht«[12] heraus, befand Theodor Fontane dann bereits 1874 leicht enerviert und meinte neben der Grotte das von Kopischs Freund August von Platen verfasste Gedicht von den Capri-Fischern.

Bis zu den 1920er-Jahren wird sich die Aufdringlichkeit der touristischen »Vorbilder« beständig gesteigert haben. »Wozu verreisen?«, lässt Siegfried Kracauer, Redakteur der *Frankfurter Zeitung*, in seinem Roman *Georg* den Titelhelden innerlich ausrufen und ihn vor dem lästigen Frühlingstreiben ins städtische Kino flüchten, das ihm die Frühlingssonne auf der Leinwand gleich wieder präsentiert. Das erste Bild? »Die Blaue Grotte schwebte ganz nah heran und glänzte so fern, wie sie an Ort und Stelle nie hätte glänzen können.«[13] Und auch Kracauers Freund, der junge Kompositionsschüler Theodor Wiesengrund-Adorno, weiß, lange bevor er unter dem Namen Adorno als Spielverderber aller möglichen Freizeitaktivitäten, also auch des Reisens, berüchtigt wird, von einer seltsamen Ausprägung dieses Phänomens zu berichten: Die Thomas Cook-Gesellschaft, Erfinderin des pauschalen Tourismus, bezahlt einen pittoresken Capri-Fischer, um das Authentizitätsgefühl der »langbezahnten amerikanischen Damen« und der »Herren aus Sachsen« (20, 584)[14] zu gewährleisten – erstaunlicherweise findet man dieses Original an mehreren Orten. »How lovely«, rufen die Cook-Touristen aus.

Im September 1925 sind Kracauer und Adorno trotzdem zu einer Tour nach Süditalien, an den Golf von Neapel und an die Amalfiküste aufgebrochen. Aber was macht man dann dort, wenn man so genau von den Fragwürdigkeiten des Touristischen weiß? Man könnte auf den Vesuv gehen – was, wenn nicht etwas so Gewaltiges wie ein Vulkan könnte das Gefühl von Einzigartigkeit bieten, um dessentwillen man die Reise überhaupt begonnen hat? »Vulkane in ihrer ganzen zerstörenden Gewalt«[15] gehören – neben kühnen Felsen, Orkanen, dem in Empörung versetzten Ozean und ähnlich Gefährlichem – schon in Kants *Kritik der Urteilskraft* zu dem Katalog der Naturphänomene, die in uns das Gefühl des Erhabenen auszulösen imstande sind. Allerdings nur unter einer Bedingung: »wenn wir uns nur in Sicherheit befinden«.[16] Denn wer sich fürchtet, »kann über das Erhabene der Natur gar nicht urteilen«,[17] er ist mit so etwas Profanem wie Lebensrettung beschäftigt. Endlich: ein genuiner Vorteil des Touristen gegenüber den Ansässigen. Während sich letztere im Gefahrenbereich eines möglichen Ausbruchs befinden, darf der Gast – den Rest des Jahres in Sicherheit – das erhabene Schaudern genießen. »Das Subjekt der unendlichen Vernunftideen ist also für Kant vor allem ein Tourist«,[18] schreibt Boris Groys.

Zu Kants Zeiten aber war der Vesuv auch noch nicht im festen Griff der Cook-Bahn. Erst 1887 kaufte John Mason Cook, der »Son« in Thomas Cook & Son, die acht Jahre zuvor eröffnete Seilbahn. Kurz bevor er starb, brachte Cook das Projekt einer elektrischen Bahn bis zur Funikolare auf den Weg. 1906 hat sich der Vesuv zwar noch dagegen gewehrt und bei einem Ausbruch den letzten Streckenabschnitt der Drahtseilbahn zerstört, so dass man das Ende des Aufstiegs mit dem Pferd bestreiten musste. Aber drei Jahre später wurde das Teilstück neu gebaut, und die Wagenflotte gleich noch um zwei Exemplare aufgestockt, die neu installierte Elektrizität ermöglichte sogar Nachtfahrten. In den 1920er-Jahren wurde der Andrang so groß, dass noch einmal um drei Bahnen erweitert wurde.[19] Das Konzept des pauschalen Tourismus machte es möglich, dass jeder, der eine Reise nach Mittel- oder Süditalien buchte, einen

Vesuvkrater, 1925

Coupon für die Fahrt auf den Vesuv dazubekam – ob er wollte oder nicht.[20]

Die mentale Verkleinerung des vulkanisch Erhabenen vollzog sich parallel zur technischen. Schon Fontane strich den Vesuvbesuch von seinem Reiseplan[21] und hatte keine Mühe, den Vulkan als Metapher für seine Verdauungsprobleme zu inkorporieren. Und für den trotz Kracauers Porträt im Essay »Felsenwahn in Positano« weithin vergessenen Schweizer Künstler Gilbert Clavel, der in den 1920er-Jahren versuchte, sich einen alten Positaner Turm wohnlich zu sprengen, wird der Vesuv kurzerhand zum Motor seines Körperautomobils: »Soeben habe ich mir ein längliches Rohr in den Auspuff meines mit Ablagerungen verhängten Darmes gesteckt und ein helles, heilsames Teelein hineinfliessen lassen. Darauf ist ein vesuvischer Ausbruch erfolgt, der mein Allerwertestes wiederum zu einem Zielfernrohr machte.«[22]

Was macht Adorno also, als er im September 1925 selbst am Rande des Kraters des so geschundenen Vesuvs steht, »wo die Reisenden des Windes wegen nur kurz sich aufhalten« (20, 583), was macht er aus dieser so ambivalenten Tourismus-Erfahrung? Er schreibt keinen romantischen Reisebericht. Er schreibt nichts Satirisches über die touristische Herabwürdigung des dämonisch Erhabenen durch Funikolare, Souvenirständchen oder Postkartenseligkeit. Er macht das, was er zu sehen glaubt, zum Kern seiner Philosophie.

Texte anschielen – was dieses Buch vorhat

Auf der Rangliste dessen, was man sich gerade am dringlichsten wünscht, dürfte ein weiteres Buch über Adorno, heute, gut zehn Jahre nach seinem 100. Geburtstag, schwerlich einen der obersten Plätze einnehmen. Das philosophische Werk Adornos hat, so scheint es, seine Schuldigkeit getan. Adorno hat dem Unbehagen an dem beschädigten Leben der Moderne den Sound vorgegeben, seine Theorie hat sich, wie es selten einer gelingt, in die gedanklichen Figuren und den intellektuellen Jargon mindestens einer Generation eingebrannt. Aber noch bevor Adornos Philosophie gänzlich ausformuliert war, setzten schon die heftigen Gegenreaktionen ein, wuchs der Verdacht, dass Adorno vor den Konsequenzen der eigenen unerbittlichen Gesellschaftsdiagnose zurückschreckt – und zu dem Furor der Aneignung der Theorie Adornos gesellte sich eine nicht minder hitzige Verwerfung.[1]

Und jetzt? Nach drei Biographien und unzähligen Wortmeldungen zum 100. Geburtstag im Jahre 2003 scheint die wechselvolle Wirkungsgeschichte von Adornos Werk ein einigermaßen versöhnliches Ende gefunden zu haben.[2] Adorno ist als eine der Ikonen der jüngeren Philosophiegeschichte etabliert und seine Theorie damit weitgehend historisiert worden – zum großen Unmut derer, die nach wie vor darauf dringen, Adornos Theorie für die Analyse der Gegenwart produktiv zu machen.[3]

Wozu also ein weiteres Buch über Adorno? Noch dazu eines über Adorno in Neapel, das sich also an dem Vorhaben zu beteiligen scheint, auch noch die marginalsten Facetten des privaten Adorno auszuleuchten – als gelte es, nach der Stilllegung seiner Theorie das

Urlaubsverhalten Adornos sogar entlang der eher unbedeutenden Reisen aufzuzeichnen. Um Adornos Aufenthalt in Neapel hat sich bisher keiner gekümmert, wozu auch? Andere Orte sind es, die einem bei Adorno ad hoc in den Sinn kommen: Wien als die erste Wirkungsstätte des Künstlers Adorno, wo er bei Alban Berg Kompositionsunterricht nimmt. Amorbach als immer wieder aufgesuchter, unverlierbarer utopischer Ort aus der Kindheit. New York und Los Angeles als Stätten der Emigration, einer ausgeprägten Populärkultur und einer empirisch verfassten Soziologie.[4] Paris, das ihm, vermittelt durch Walter Benjamin, zur Hauptstadt des 19. Jahrhunderts wurde und in der eigenen Biographie zur ersten Wiederbegegnung mit Europa nach der Emigration.[5] Und natürlich der Geburtsort Frankfurt, wo er nach dem Krieg gemeinsam mit Max Horkheimer das Institut für Sozialforschung wieder aufbaute und die »Frankfurter Schule« zu so etwas wie einer Schule erst wurde.

Aber Neapel, diese hitzige, unordentliche, anstrengende Stadt? Die sich noch nicht einmal besonders gut in den Gegensatz von europäischer Kulturstadt und vergangenheitsloser amerikanischer Ödnis eintragen lässt? Wenn es denn schon Italien sein muss, dann doch lieber Genua, wo sich Adorno beizeiten Spekulationen über die Noblesse des eigenen Stammbaums gönnt.[6] Die komplette Vernachlässigung Neapels in der mentalen Kartographie Adornos – sie scheint völlig zu Recht erfolgt. Adorno hinterlässt als Eindrücke seiner Reise im Jahr 1925 lediglich zwei Briefe an Alban Berg und einen kleinen Text zum Capri-Fischer. Er trifft sich in Neapel zwar zu einer »philosophische[n] Schlacht«[7] mit Walter Benjamin und Alfred Sohn-Rethel, die es sich im Süden Italiens ein bisschen bequemer als Adorno und Kracauer gemacht hatten – behauptet aber, diese Schlacht unbeschadet überstanden zu haben. Wie also sollte Neapel für Adorno oder gar für seine Theorie bedeutsam sein?

Wenn Adorno im September 1925, rechtzeitig zu seinem 22. Geburtstag, mit Kracauer nach Neapel fährt, dann trifft er auf eine bunte Mischung aus Nonkonformisten, Egozentrikern, Projektemachern und Revolutionären, die alle auf ganz unterschiedliche Weise ein Stück des Neapolitaner Golfes real oder mental bebauen. Aus diesem wimmeligen Panorama schält sich für Adorno eine Kerngruppe heraus, deren diffus revolutionäre Grundstimmung sich an Neapel entzündet. Auch die grüblerischsten unter den Teilnehmern des philosophischen Disputs werden vom Neapolitaner Alltagsleben angestiftet, ihren Blick auf die Oberflächlichkeiten der Gegenwart zu richten und ihnen revolutionäres Potential abzulauschen. Doch damit nicht genug. Bei allen wird, in gänzlich unterschiedlichen Ausprägungen, ein irritierender Impuls ausgelöst: Ließe sich die berauschende Orientalität Neapels, der Totenkult und die überbordende Vitalität womöglich in eine neuartige Form des Philosophierens übersetzen?

Adorno bleibt davon scheinbar unbeeindruckt. Es braucht eine Weile, bis sich die Neapolitaner Erfahrung komplett in seinem theoretischen Nervensystem ausgebreitet hat – deswegen dauert es auch in diesem Buch eine Weile, bis endlich ein Text Adornos in den näheren Blick gerät. Dann aber gelingt – oder widerfährt – ihm die Verwandlung von Neapel in Philosophie mit der größten Konsequenz von allen. So wie sich in Heinrich von Kleists *Zweikampf* gegen alle Wahrscheinlichkeit ein kleiner Riss beim vermeintlichen Gewinner zur tödlichen Verwundung auswächst, werden die Irritationen der Neapolitaner Schlacht, gemeinsam mit den fünf Essays, die die Kombattanten zu den Spektakeln des Golfes von Neapel verfassen, zu den Geburtswehen von Adornos Philosophie.

Der gegen das Wasser ansprengende Turmbauer Clavel wird bei Adorno zunächst zum idealen Komponisten und dann zum nicht mehr so idealen Aufklärer. Das mythisch unheimliche, ja höllische Positano gerät zum Schauplatz einer dämonisch gewordenen Moderne. Wenn man nur nah genug an die Scheiben der gebändigten Wasserdämonen in Neapels Aquarium tritt, lässt sich mit touristischem Schauder das »Eingedenken der Natur im Subjekt« einüben, also eine alternative Haltung zum naturbeherrschenden Habitus. Das Blutwunder des heiligen Gennaro ist auch in Adornos Werk ein nützlicher Abwehrzauber. Und das Poröse schließlich, das Benjamin und die lettische Theateraktivistin Asja Lacis im Baustoff ebenso wie im sozialen Leben Neapels entdecken, wird als Konstellation zum Strukturideal der Texte Adornos selbst. Neapel, der scheinbare Nebeneingang in Adornos Theorie, führt in ihr Zentrum.

An zwei frühen Essays Adornos soll diese Metamorphose von Landschaft in Text in Gänze auserzählt werden. Im Kern reicht dazu eine kurze Reise von Neapel nach Positano und wieder zurück – ein Ausflug, in dem sich die ganze Menschheitsgeschichte nachstellen lässt. Dann erst können – in der zweiten Hälfte dieses Buches – die Verkomplizierungen, Entstellungen und Überschreibungen dieser neapolitanischen Struktur in den so wirkmächtig werdenden Texten Adornos zur Darstellung kommen. Wir wohnen bei: der allmählichen Modellierung einer Theorie, in deren Zentrum eine Katastrophe steht, von der die Landschaft, aus der diese Theorie kommt, noch nichts wissen kann. Adorno rettet die aus Neapel kommende Struktur über den Faschismus hinweg, sie verleiht seiner Philosophie im Deutschland der 1950er- und 60er-Jahre ihre Produktivität und Autorität: Eine süditalienische Sehnsuchtslandschaft wird zum Quellcode einer der erfolgreichsten und folgenreichsten Theorien der bundesrepublikanischen Nachkriegsgeschichte.

Die Erfahrung Neapels gelangt als stoffliche Anreicherung in die Texte Adornos – auf den folgenden Seiten soll versucht werden, diese Einflüsse möglichst vollständig einzusammeln. Ungleich gewichtiger ist aber die Verwandlung Neapels in das strukturierende Kompositionsprinzip der Texte. Denn der Nachvollzug dieser Struktur eröffnet eine vollkommen neue Perspektive auf die intellektuelle Biographie Adornos. Ist nicht jetzt, nachdem die Kämpfe um die Relevanz und Richtigkeit der Argumente Adornos abgeflaut sind, der ideale Zeitpunkt, den Blick ein wenig anders einzustellen und die Texte gleichsam so anzuschielen, dass die Logik des Aufbaus sichtbar wird, nach dem diese Argumente strukturiert sind – so wie

Susan Sontag in ihrem Essay »Gegen Interpretation« aus den 1960er-Jahren dafür plädiert, den Kunstwerken nicht ein weiteres Korsett der Interpretation aufzuzwingen, sondern deren Faktizität freizulegen?[8] Für die ideale Art und Weise, Musik zu hören, hatte Adorno etwas ganz Ähnliches gefordert: die kompositorische Struktur nachzuvollziehen, statt bloß auf die schönen Stellen zu lauern. Dieses Nicht-Interpretieren soll im Folgenden Adorno selbst zugute kommen. Den Argumenten, den schönen Stellen der Texte Adornos, wurde oft genug nachgelauscht. Demgegenüber soll in diesem Buch das strukturierende Prinzip ihrer Komposition zum Vorschein kommen. Es wird sich als ihr stärkstes Argument erweisen. Vom frühen Aufsatz zu Alban Bergs Oper *Wozzeck* bis zur nachgelassenen *Ästhetischen Theorie* wird Adorno als der Darstellungskünstler sichtbar, den man immer mal wieder in ihm vermutet hat.[9] Von Neapel aus lässt sich das Regelwerk dieser Kunst bestimmen. Und seine als so schwierig verschrienen Texte entpuppen sich als hochreizvolle Inszenierungen neapolitanischen Irrsinns.

Via Krupp und Faraglioni-Felsen auf Capri

Von der Landschaft zum Text

Die glückliche Insel

Die bürgerliche Gesellschaft schließt sich laut Enzensberger – und gebiert den Traum von der glücklichen Insel. Säkularisierung, Industrialisierung, technischer Fortschritt, die Katastrophe des Ersten Weltkriegs und das anschließende Scheitern des revolutionären Aufbruchs führen zu einem umfassenden Krisengefühl, zu einer »*Entleerung* des uns umfangenden *geistigen Raumes*«,[1] wie Kracauer 1922 konstatiert. »Groß war die Zahl der Söhne aus gut- und großbürgerlichem Haus, sehr oft jüdischen, die ein ›neues Leben‹, einen ›neuen Menschen‹ ersehnten und sich die Erfüllung dieser Sehnsucht von einer ›neuen Gesellschaft‹ erhofften, in der nicht mehr die Wirtschaft über die Kultur, sondern die Kultur über die Wirtschaft herrschte«,[2] schreibt Rolf Wiggershaus und meint damit auch den Großbürgersohn Max Horkheimer. Der verfasst bereits 1914 ein pathetisches, autobiographisch gefärbtes Prosastück, in dem er die Merkmale der sich schließenden Gesellschaft aufzählt: »Wir sahen die Niedrigkeit, die Unvollkommenheit der Zivilisation, die für die Masse zugeschnitten ist, wir mußten heraus aus den Sorgen unserer Mitmenschen, heraus aus dem Kampf um Geld und Ehre, aus Pflichten und Ängsten, heraus aus Kriegen und Staaten in reinere, lichtere Sphären, in eine Welt der Klarheit und der echten Notwendigkeit«.[3] Das Ziel dieser Fluchtbewegung: die titelgebende glückliche Insel, die »L'île heureuse«.

Wenn dann – zum Beispiel durch die Schwimmkünste eines deutschen Dichters – eine wirkliche Insel zur Verkörperung dieser

Sehnsucht wird, ist kein Halten mehr. Zahlreich sind die Milieus, aus denen sich die Capri-Immigranten rekrutieren, und vielfältig ihre Motivationen. Alle zusammen erzeugen sie jenes »müßige, flirtende, mit einem hybriden Gemisch aus Sentimentalismus, mitteleuropäischem Ästhetizismus und Naturkult überstäubte Leben, das diese Insel zu einem der unwiderstehlichen Anziehungspunkte des Universum gemacht hat«,[4] wie Alberto Savinio, der kleine Bruder des Malers Giorgio de Chirico, eindrücklich schreibt.

Alfred Sohn-Rethel zum Beispiel hätte gleich in mehreren gesellschaftlichen Rollen nach Capri kommen können. Am naheliegendsten wäre sein Besuch als Maler gewesen. Die Capreser Landschaft ist eine ideale Inspirationsquelle, manch diffus künstlerisch Berufener hat sich erst auf Capri für die Malerei entschieden. Die Sohn-Rethels bilden in dieser Kunst eine wahre Dynastie. Alfreds Urgroßvater gehörte zu den bekanntesten deutschen Historienmalern des 19. Jahrhunderts, seine beiden malenden Onkel Otto und Karl hatten es zu Häusern auf Capri und in Positano gebracht, die Alfred in den 1920er-Jahren dann ausgiebig nutzen konnte. Aber der Familie waren das der Maler genug, sie wollte mit allen Mitteln verhindern, dass Alfred in dieselbe Richtung einschlägt. Seine Mutter schickt ihn zu dem befreundeten Industriellen Ernst Poensgen zur ordentlichen, gezielt unkünstlerischen Erziehung. »Das war eine Pflegestelle, und der Poensgensche Haushalt war so amusisch wie nur möglich. Da hab ich Hockey gespielt und Tennis, aber von Musik keine Spur, und von Malerei und Zeichnen wurde ich pfleglicherweise ferngehalten.«[5]

Sohn-Rethel war es also eigentlich bestimmt, als Industrieller nach Süditalien zu gehen. In Neapel, Capri und Positano versammelte sich viel Kapital aus der Gründergeneration deutscher und schweizer Industrie, verwaltet und auf vielfältige Weise angelegt von den Enkeln. Der Gussstahlfabrikant Friedrich Alfred Krupp beispielsweise trägt den Großvater und den Vater als Vornamen, er baut deren Erbe weiter aus, aber er ist kein Fabrikdirektor mit Leib und Seele. Gegen die aufkommenden nervösen Leiden wird ihm der Süden Italiens verschrieben, ein damals beliebtes Heilmittel. Aber seine Kur ist auch ein »Rückzug aus der Welt des Stahls und der Väterordnung ins mütterliche Reich des Wassers, der fließenden Grenzen, der offenen Horizonte«,[6] wie Dieter Richter schreibt. Die Serpentinen der von Krupp erbauten und nach ihm benannten Straße den südlichen Hang Capris hinunter sind, nachdem sie einige Zeit geschlossen waren, heute wieder Touristenattraktion.

Alfred Sohn-Rethel in Positano, ca. 1924

Manche Enkel haben das Glück, das großväterliche Erbe nicht weiterführen zu müssen, und trotzdem von der Finanzkraft profitieren zu können. Der an Tuberkulose leidende Gilbert Clavel zum Beispiel, der ebenfalls aus Gesundheitsgründen in Italiens Süden geschickt wurde, ist der Enkel eines Basler Seidenfabrikanten und steckt einen nicht unbedeutenden Anteil seines Erbes in sein Turmprojekt.[7]

Der aus Stettin stammende Darwin-Anhänger Anton Dohrn verfolgte in der zweiten Hälfte des 19. Jahrhunderts ein ganz anders geartetes, aber nicht minder ambitioniertes Bauprojekt. Er hatte den kühnen Plan, direkt an der Bucht Neapels eine meeresbiologische Forschungsstation aufzubauen. Weil die sich auf Dauer selbst tragen sollte, und weil er sich mit dem Vater immer wieder überwarf, sollte ein Aquarium das hohe Touristenaufkommen ausnutzen und die Station durch die Einnahmen finanzieren. Aber ein bisschen Startkapital aus dem Vermögen der großväterlichen Zuckersiederei floss am Ende dann doch.[8]

Sohn-Rethel aber bricht so vehement mit der ihm angetragenen Industriellenkarriere, dass auch der Geldstrom versiegt. Der Plan seiner Eltern geht nicht auf. Sie können vieles steuern, aber sie können ihm nicht auch noch seinen Umgang vorschreiben. Sohn-Rethel radikalisiert sich durch die Freundschaft mit einem rebellischen russischen Mitschüler, er besucht die naturalistischen Stücke Gerhart

Hauptmanns und wünscht sich von seinem industriellen Ziehvater die drei Bände von Marx' *Kapital* zu Weihnachten. Er verlässt beide Familien, immatrikuliert sich in Heidelberg, wo der Austromarxist Emil Lederer lehrt und lässt sich von den Anti-Kriegsbewegungen unter dem Einfluss Ernst Tollers mitreißen. Für das Verfassen einer kulturphilosophischen Arbeit erhält er von einem Oldenburger Verleger 250 Mark im Monat – in Italien kommt man in den 1920er-Jahren mit so einer Summe besser über die Runden als im inflationsgebeutelten Deutschland.[9] Und so gehört Sohn-Rethel zu einer weiteren Gruppe der Capri-Immigranten: den Intellektuellen in Existenznot.

Capri ist für Sohn-Rethel ein Rückzugsort, seine Arbeit an Marx ist die Verteidigung der letzten Bastion. »Für uns hätte die Welt untergehen können, wenn nur Marx bestehen blieb.«[10] Aber dann ist die Welt fast untergegangen, die Revolution schmählich gescheitert – und nun gerät auch noch Marx' Theorie durch bürgerlichen Revisionismus in Bedrängnis. Sohn-Rethel will das nicht zulassen und beginnt das ehrgeizige Projekt, Marx' *Kapital* auf eine unzerstörbare, wissenschaftlich solide Grundlage zu stellen. Denn laut Sohn-Rethels Analyse bleibt das *Kapital* hinter dessen eigenem Vorhaben zurück: kritisch untersucht, »hält keines seiner Elemente einer gründlicheren Erörterung stand.«[11] Und so arbeitet er immer wieder die ersten beiden Kapitel aus dem *Kapital* durch, um ihnen zu ihrer eigentlich gültigen Formulierung zu verhelfen, erzeugt »Berge von Papier«,[12] um den Marx'schen Text von der unterstellten Widersprüchlichkeit und seiner ständig ablenkenden, lästigen Metaphorik zu befreien. Über seinen »irrsinnigen Konzentrationsaufwand« wird er unkommunikativ, ein »fast monologisches Verhalten«[13] habe er geübt, erzählt Sohn-Rethel in der Rückschau und beschreibt ein Exposé aus jener Zeit als »reine[n] Irrsinn«.[14] Er verhält sich aber nicht zuletzt deswegen eher schweigsam, weil er verhindern will, dass ihm jemand die These klaut, deren Durchschlagskraft sich ihm erst allmählich und zu Beginn noch sehr undeutlich offenbart: dass das abendländische Denken von der Warenform geprägt ist.

Adorno wird ihn später Horkheimer gegenüber als »monomanisch angelegte[n], sehr isolierte[n] Mensch« klassifizieren, »der wahrscheinlich gerade durch jene Begriffsapparatur zu kompensieren sucht, was ihm an Kontakt mit dem Bestehenden abgeht[,] wie wenn sich ein Geisteskranker durch Gebrauch akademischer Terminologien und wissenschaftlicher Apparaturen aufrecht zu halten unternimmt«.[15] Adorno meint diese Charakterisierung als Inschutznahme.

Ein Herrschersitz an unkonventionellem Ort, eine Villa inmitten verzaubernder Natur: Das Urbild des Capri-Immigranten ist der römische Kaiser Tiberius, der die Welt überrascht, als er den Hauptsitz seines riesigen Reiches auf eine kleine Insel verlegt. Dreimal soll er versucht haben, Capri wieder zu verlassen. Vergebens. Beim letzten Versuch ist er gestorben. Zumindest erzählt es Walter Benjamin so, als er – nicht ohne Eigeninteresse – darüber reflektiert, dass auffallend viele Menschen, die Capri besuchen, »nicht zum Entschluß der Abreise kommen«.[16] Benjamin hatte in den 1920er-Jahren noch keinen Ruf, aber schon einen Nimbus (20, 176), wie sich Adorno später erinnert. Zuletzt hatte Benjamins Essay über Goethes *Wahlverwandtschaften* Eindruck gemacht; so wie er in einem frühen Aufsatz die »innere Form«[17] zweier Hölderlin-Gedichte bestimmen wollte, so spürte er dem Wahrheitsgehalt von Goethes Roman nach und fand ihn im Mythischen, in das sich die scheinbar so aufgeklärten Romanfiguren verstricken.

Nun will er eine weitere, ungleich umfangreichere ästhetische Formation untersuchen: Benjamin erhofft sich von dem Ortswechsel die nötige Konzentration, um mit der Abfassung seiner Habilitationsschrift, dem Nachdenken über den »Ursprung des deutschen Trauerspiels« ein bedeutendes Stück weiterzukommen, sie in einer »größern und freiern Umwelt [...] etwas von oben herab und presto«[18] zu absolvieren. Ausgerüstet mit 600 Zitaten aus deutschen barocken Trauerspielen und deren Umkreis (zusammengestellt »in bester Ordnung und Übersichtlichkeit«)[19] bricht er im April 1924 nach Süditalien auf. Und setzt sich auf Capri fest. Er berichtet von der Vermutung Marie Curies, dass die Radioaktivität auf Capri enorm hoch sei und die Reisenden zum Bleiben verführe; damals hielt man die frisch entdeckte Radioaktivität anscheinend noch für einen ganz besonders wohltuenden Stoff. Aber die wird nicht die einzige der verspürten Kräfte bleiben, die »auf diesem Boden mit zunehmender Macht in mir sich sammeln«.[20]

Walter Benjamin in den 1920er-Jahren

»Von Capri wegzugehen, ohne das Café Morgano gesehen zu haben, ist wie von Ägypten aufzubrechen, ohne die Pyramiden gesehen zu haben«,[21] meint Savinio über das Café gleich hinter der Piazzetta, an der man nach der Fahrt mit der Drahtseilbahn vom Hafen aus anlandet, das unter dem Namen »Zum Kater Hiddigeigei« als Treffpunkt der Capri-Immigranten berühmt geworden ist. Laut Savinio ist es »das gastfreundlichste, einladendste Café der Welt«.[22] Benjamin würde das sofort unterschreiben, er trifft dort »einen um den anderen«. Am »meisten bemerkenswert« darunter: die »bolschewistische Lettin«[23] Asja Lacis, »eine [...] der hervorragendsten Frauen, die ich kennen gelernt habe«.[24]

Im Gegensatz zu Sohn-Rethel kommt Lacis von einer *geglückten* Revolution, direkt aus dem russischen Theateroktober. Sie hat in Petersburg und Russland unter anderem bei Wsewolod Meyerhold die avantgardistische, revolutionskompatible Theaterpraxis gelernt und erste eigene dramatische Gehversuche gemacht, unter anderem ein proletarisches Kindertheater gegründet. Als sie 1924 nach Capri kommt, hat sie bereits die Berliner Theaterwelt erkundet und an den Münchener Kammerspielen gemeinsam mit ihrem späteren Mann, dem Regisseur und Dramaturg Bernhard Reich, an Brechts Inszenierung von Marlowes *Leben Eduards des Zweiten von England* mitgearbeitet. Lacis weilt auf Capri, weil das Klima der Gesundheit ihrer Tochter zuträglich ist. Und natürlich war unter den möglichen

Café »Zum Kater Hiddigeigei« auf Capri, 1890

Asja Lacis, ca. 1924

klimafreundlichen Orten schnell jene Insel in die engere Auswahl gekommen, auf der der exilierte Revolutionär Maxim Gorki 1909 gar nicht weit von Benjamins erster Wohnstätte entfernt eine Parteiuniversität gegründet hatte, »von der nach etwa vier Monaten mehr oder weniger politisch aufgeklärte Genossen nach Rußland zurückkehren würden.«[25] Und auch wenn diese Schulungsstätte nur wenige Monate existierte, so war Capri doch immer noch die Insel, auf der Gorki eine ganz neue, menschliche Seite von Lenins Charakter entdecken und bestaunen durfte.[26] Schließlich urlaubte ja auch Brecht mit seiner damaligen Frau auf Capri.[27]

Nachdem Benjamin Lacis zwei Wochen lang beobachtet hat, bietet er ihr seine Hilfe an, als sie im Laden nicht weiß, was »Mandeln« auf Italienisch heißt. Er lässt nicht locker, will sich erneut bewähren und die Mandeln auch nach Hause tragen. Es geht schief: zu ungeschickte Hände, er lässt alles fallen. Ein Intellektueller eben, aber immerhin »einer von den Wohlhabenden«,[28] wie Lacis irrtümlicherweise vermutet. Der ganze weitere Verlauf ihrer Beziehung wird unter dem Motto des Praxisschocks stehen.

Lacis gilt als hauptverantwortlich für Benjamins Politisierung und seine – schwankend bleibende – Hinwendung zum Kommunismus. Und für den damit einhergehenden Perspektivwechsel hin zur politischen Wirklichkeit, zu einem Blick, der die Beschaffenheit der Welt und Gesellschaft auch den kleinen, alltäglichen, aktuellen Dingen anzumerken vermag.[29] Benjamin wird ihr später seine *Einbahnstraße* widmen, »der[,] die sie als Ingenieur im Autor durchgebrochen hat«.[30] Jetzt aber, auf Capri, bringt ihn Lacis' Frage, in was er sich denn da dauernd vergräbt und wozu es denn eigentlich gut sein soll, sich mit toter Literatur zu beschäftigen, in einige Erklärungsnot.[31]

Es gibt bessere Reisende

Tourist zu sein ist ein leidiges Geschäft. Manch einem mag es gelingen, aus dem Reiseziel eine utopische Landschaft zu machen, oder er bleibt schlicht in der bezaubernden Umgebung hängen – so oder so streift er den Touristenstatus ab. Für die darin weniger Begabten kann die Reise zur Tortur werden. Heidegger zum Beispiel weigert sich lange Zeit nach Griechenland zu reisen, weil die Gefahr zu groß ist, dass das Land seiner – für seine Philosophie nicht unwesentlichen – Vorstellung davon allzu vehement widerspricht. Als er die Reise 1962, fast zehn Jahre nachdem seine Frau Elfride sie ihm angetragen hatte, dann schließlich unternimmt, will er lieber auf dem Schiff bleiben, es bedarf vieler verpasster Gelegenheiten, bis er sich entschließt, an den Landausflügen doch noch teilzunehmen. »Dass sich das Land der Griechen den Reisenden des Industriezeitalters nicht mehr unverstellt zu erkennen gab, hat Heidegger in seinen Reiseberichten genau benannt. Unentwegt wird man ausgebootet, umgeladen, von einem Fahrzeug in ein anderes verfrachtet«,[32] schreibt Peter Geimer in seinem subtilen Porträt des Touristen Heidegger.

Theodor W. Adorno, um 1928

Adorno hat dieses Problem nicht. Er kann von Landschaften nicht enttäuscht werden, denn in den 1920er-Jahren erwartet er noch nichts von ihnen. Adorno hätte es sich wie Horkheimer, der nie auf Capri war, qua väterlichem Vermögen leisten können, glückliche Inseln mental zu besuchen statt in der Wirklichkeit. Er sei nun dabei, das »Wirkliche hier zu apperzipieren«,[33] schreibt er an seinen Kompositionslehrer Alban Berg von Capri aus. Die Kompliziertheit des Ausdrucks schürt allerdings den Zweifel, ob da tatsächlich bedeutend viel Wirkliches in Adorno hineingerät. Denn »ein Land, in dem die Vulkane Institutionen und die

Betrüger gerettet sind«, widerstreitet Adornos Bürgersinn; zwischen »Südtirol und Wien«[34] behagt es ihm deutlich mehr. Wer will es ihm verdenken angesichts der Tatsache, dass erst im Jahr zuvor Mussolini in Neapel agitiert hat.

Siegfried Kracauer, 1923

Das kantische Wort vom »Apperzipieren« aber gibt einen Hinweis darauf, was für Adorno beim Reisen wirklich wichtig ist. Reisen sind ihm keine Expeditionen zu alternativen Lebensentwürfen, sondern Gelegenheiten, den eigenen theoretischen Interessen nachgehen zu können. Später werden es dem akademischen Betrieb mühsam abgerungene Schreibphasen sein, aber jetzt, in den frühen Jahren, sind es Zeiten der enthusiastischen Lektüre. Adorno ist dabei nicht allein. Seit Ende des Ersten Weltkriegs bringt ihm der 14 Jahre ältere Siegfried Kracauer – meist Samstag nachmittags – an Kants *Kritik der reinen Vernunft* eine lustvoll subversive Lesart philosophischer Texte bei.[35] Anstatt sich in den peniblen Nachvollzug eines komplizierten Systems zu begeben, lauern sie den erkenntnisstiftenden Widersprüchen auf. »Nicht im leisesten übertreibe ich, wenn ich sage, daß ich dieser Lektüre mehr verdanke als meinen akademischen Lehrern. Pädagogisch ausnehmend begabt, hat er mir Kant zum Sprechen gebracht. Von Anbeginn erfuhr ich, unter seiner Anleitung, das Werk nicht als eine bloße Erkenntnistheorie, als Analyse der Bedingungen wissenschaftlich gültiger Urteile, sondern als eine Art chiffrierter Schrift, aus der der geschichtliche Stand des Geistes herauszulesen war, mit der vagen Erwartung, daß dabei etwas von der Wahrheit selber zu gewinnen sei« (11, 388), schreibt Adorno rückblickend.

Gemeinsame Reisen sind ideal, um die Taktzahl der Lektionen zu erhöhen. Auf diese Weise arbeiten die beiden in den frühen 1920er-Jahren ein beeindruckendes Programm ab. Nietzsche steht auf dem Lektüreplan, Leo Löwenthal wird von Kracauer eingeladen,

Postkarte von Walter Benjamin an Gershom Scholem mit Mussolini-Parole

Hegel zu dritt zu lesen. Die Existenzphilosophie Kierkegaards ist ein wichtiger Bezugspunkt, sie hilft dabei, unzählige Detektivromane unter der Fragestellung zu konsumieren, auf welche Weise diese das »entwirklichte Leben« inszenieren und die Sphäre des »Gesamtmenschen«[36] nurmehr als Zerrbild in einer Gesellschaft erscheint, die die Verbindung zu dieser Sphäre gekappt hat. Auch die zeitgenössischen Philosophen werden verschlungen, Adorno sichtet Georg Lukács, Ernst Bloch, Walter Benjamin, Franz Rosenzweig. Aber wie in den realen, so pflegt Adorno auch in seinen Lektüre-Reisen ein eher reserviertes Verhältnis zu den besuchten Denklandschaften. »Ich habe die Wahlverwandtschaften gelesen und fand mich mit Friedel in der Deutung einig; umso weniger mit Benjamin, der in Wahrheit hineingelegt, nicht ausgelegt hat und am Wesentlichen von Goethes Existenz blind vorbeigreift«,[37] heißt es zu Benjamins Wahlverwandtschaften-Aufsatz. Aber das ist nur ein Beispiel. Adornos denkerische Energie entlädt sich in den frühen Jahren hauptsächlich als Abwehr- und Profilierungskampf des zumeist Jüngeren. Dabei werden die Namen derer, deren Wertschätzung er sich doch immer wieder versichern wollte, als Adjektive der Verfehlung benutzt: »welche trübe Blochische Konfusion«, »wie falsch, zumindest benjaminisch, wie ungebrochen sitzt die Metaphysik auf«,[38] schreibt Adorno nach der Neapelreise zur Abqualifizierung des in Positano entstandenen Irrsinns-Exposés von Sohn-Rethel, lange bevor er den monomanisch Veranlagten Horkheimer gegenüber in Schutz nimmt.[39]

Das passt zu den aus jener Zeit überlieferten Charakterbildern Adornos. Soma Morgenstern übertreibt wahrscheinlich, wenn er vom gemeinsamen, langen Gang zur Straßenbahn berichtet, während dem Adorno nicht aufhört, auf ihn einzureden und ihm noch fassungslos hinterherblickt, als er es gewagt hat, tatsächlich – nach ordentlicher Verabschiedung – in die Straßenbahn einzusteigen, wo doch Adorno noch lange nicht fertig war mit seinen Erläuterungen.[40] Der Komponist Ernst Krenek, eine zuverlässigere Quelle, macht es mit seiner eleganten Höflichkeit nur noch schlimmer, wenn er sich später darüber wundert, dass der »etwas überartikulierte Jüngling, der bei den Proben zu meiner Oper *Der Sprung über den Schatten* in Frankfurt meine Aufmerksamkeit auf sich lenken zu wollen schien, für viele, entscheidende Jahre meines Lebens ein mahnender, herausfordernder Begleiter werden sollte.«[41] Der Adorno der 1920er-Jahre ist ein frühreifer genialischer Denker, der mit seinem Genie seiner Umwelt gehörig auf die Nerven fällt. Überartikuliert nennt es Krenek – als »mit versierter Keßheit« (17, 235) ausgestattet wird sich Adorno später selbst beschreiben.

Mit der Apperzeption der Wirklichkeit, auch der Wirklichkeit des Denkens um ihn herum, scheint es bei Adorno also nicht weit her zu sein. Eher würde Aurelies Charakterisierung von Wilhelm Meister zu ihm passen, der mit seinem bürgerlichen Theatertraum blindlings durch die Tiefebene der sozialen Realität wandert: »von außen kommt nichts in Sie hinein«.[42]

Die Fahrt nach Süditalien ist im Gegensatz zu den langen und verlängerten Aufenthalten von Benjamin und Sohn-Rethel als touristische Stippvisite geplant. Zudem steht die Reise unter keinem günstigen Stern. Ein Wunder, dass sie überhaupt zustande kam. Kracauer ist dem Jüngeren, diesem »schöne[n] Exemplar Mensch«[43] amourös verfallen; ganz offen schreibt er Löwenthal von seiner Leidenschaft, »die ich mir nur so erklären kann, daß ich eben geistig doch homosexuell bin«.[44] In den frühen 1920er-Jahren muss er mit ansehen, wie Adorno, der doch einmal, wie Kracauer schreibt, »zu einem guten Teil aus Lukács und mir«[45] bestand, langsam aber stetig seinem Einfluss entwächst. Wie er sich für Frauen zu interessieren beginnt, und, womöglich schlimmer, unabhängige intellektuelle Interessen entwickelt, die Kracauer als leibhaftige Konkurrenten ansieht. Schon ihre Reise in die Dolomiten und an den Gardasee im Jahr zuvor ist für Kracauer eine Tortur, seine Leidenschaft für Adorno ist »wirklich verderblich und nahm Dimensionen an, die erschrecken«.[46] Kracauer will sich lösen, aber es gelingt ihm nicht.

Die Krise eskaliert, als Adorno nach Wien geht, um bei Alban Berg Kompositionsunterricht zu nehmen und die Entfremdung auch räumlich manifest wird. Der Briefwechsel der beiden aus jener Zeit ist ein atemraubendes Dokument von Liebesterrorismus und Unterstellungsekstase, jede Harmlosigkeit des Tons wird als verschleiernder Optimismus verdächtigt, jede Beschwichtigung als Besiegelung der Trennung. Einlassungen und Telegramme in letzter Sekunde machen die gemeinsame Reise nach Italien im September 1925 zu guter Letzt doch noch möglich. Die Arbeit an der Beziehung beherrscht natürlich auch die Reise selbst: »Das Zusammensein mit meinem Freund ist in jeder Weise aufregend und wichtig, menschlich fordert es ganze Anspannung«,[47] schreibt Adorno an Alban Berg, und als er 1928 mit seiner späteren Frau Gretel Karplus erneut nach Neapel reist, grüßt er Kracauer brieflich von »unsere[n] tragischen Stätten«[48] aus. Bleibt da noch Zeit, die Wirklichkeit zu apperzipieren? Für einen, zu dessen herausragenden Talenten das ohnehin nicht gehört?

Was also sollte Neapel für einen Einfluss auf Adorno gehabt haben, was für eine Wirkung das Neapolitaner Gespräch mit Walter Benjamin, Sohn-Rethel und Kracauer – ein Gespräch, das ebenso gut im Frankfurter Café Westend hätte stattfinden können, wo Kracauer 1923 Adorno und Benjamin einander vorgestellt hatte? Ein Gespräch, das Adorno im Brief an Berg zwar als »philosophische Schlacht« bezeichnen wird, bei der er seiner Ansicht nach aber das Feld »zu behaupten vermochte«? Was sollte das Treffen mehr gewesen sein, als eine der üblichen »Zwakeleien«, über die Adorno in der Rückschau schreibt: »Wir waren so zusammen, wie vor 40 Jahren Intellektuelle zusammenzukommen pflegten, einfach, um sich zu unterhalten und so ein bißchen an jenen theoretischen Knochen zu zerren, an denen sie eben nagten« (20, 173f.). Eine etwas beschönigende Darstellung, denn meist mischte sich unter die theoretischen Knochen noch der ein oder andere Happen menschlicher Verwerfung.

In Neapel sitzen 1925 zusammen: mit Adorno und Kracauer ein Paar in der Krise. Mit Sohn-Rethel ein Virtuose des inneren Monologs, der sich an die scharfe Artikulation Benjamins als den terroristischsten Akt, »den ich jemals geistig erlebt habe«,[49] erinnert. Auch der mit dem Stottern ringende Kracauer dürfte dem nichts entgegenzusetzen gehabt haben. Aber Benjamin steckte wahrscheinlich noch das »redaktionelle Kraftmeyertum«[50] Kracauers aus dem Vorjahr in den ganz untheoretischen Knochen, als seine Baudelaire-Übersetzungen an Stefan Zweig zur Rezension für die *Frankfurter Zeitung* vergeben wurden, wo doch völlig klar gewesen sei, dass gerade Zweig nun rein gar nichts damit anfangen könne. Originalton Benjamin: »Für S. K. gilt: Gott beschütze mich vor meinen Freunden, mit meinen Feinden werde ich schon selber fertig.«[51] Ein interessantes Treffen, fürwahr – aber eines, das prägend für den Beginn eines philosophischen Entwurfs wird?

Capri-Lektüren

Berge von Papier zu den ersten beiden Kapiteln von Marx' *Kapital*, 600 Zitate aus barocken Trauerspielen, Detektivromane als angewandte Kierkegaard-Lektüre: Es sind besessene Leser, die sich da am Golf von Neapel treffen. Aber lässt sich mit diesen Lektüren überhaupt irgendein gemeinsamer Nenner finden, wenn nicht jeder bloß monomanisch am eigenen Theorie-Knochen nagen soll? Die bürgerliche Gesellschaft schließt sich. Das ist schnell gesagt. Aber lassen sich philosophische Konzepte zur Analyse dieser Schließung finden? Eine stichhaltige Diagnose der eigenen Gegenwart? Sohn-Rethel wüsste einiges dazu zu bemerken, wenn er denn einmal den Kopf von den ersten Seiten des *Kapital* heben würde.

Marx beginnt seine Analyse mit der Keimzelle des kapitalistisch verfassten Wirtschaftssystems, der Ware. Zur Ware wird ein Ding dann, wenn es getauscht werden kann, wenn sich sein Nutzen nicht im Gebrauch erschöpft, sondern ein Tauschwert hinzukommt. Um aber tauschbar zu sein, muss den unterschiedlichen Waren eine Vergleichbarkeit innewohnen. Marx beharrt darauf, den Kern dieser Vergleichbarkeit nicht als eine natürliche Gegebenheit der Ware, sondern als die an ihr geleistete Arbeitskraft zu bestimmen. Die

Dinge sind nur tauschbar, wenn sie sich auf ein gemeinsames Maß zurückführen lassen: abstrakte, unterschiedslose menschliche Arbeit.

Ein in Capri nur vermittelt anwesender Leser des *Kapital* nutzt diese These von der Abstrahierung menschlicher Arbeit als Einfallstor zu einer groß angelegten Verfallsgeschichte: Das Vergleichbarmachen der Ware ist für Georg Lukács in seinem Buch *Geschichte und Klassenbewußtsein* der desaströse Grundzug der kapitalistischen Produktionsweise überhaupt. Alles qualitativ Besondere, jegliche Individualität wird gemäß Lukács' Sichtweise in kleine Einheiten verhackstückt, um auf etwas Anderes beziehbar zu sein. Die Rationalisierung der Produktionsprozesse, die Marx gegen die fesselnden Produktionsverhältnisse durchaus als emanzipatorisch begreifen kann, ist für Lukács nur »eine immer stärkere Ausschaltung der qualitativen, menschlich-individuellen Eigenschaften des Arbeiters«.[52] Unter dem Schlagwort der »Verdinglichung« affiziert diese Ausschaltung die ganze Gesellschaft: die zugerichteten Dinge sowieso, aber auch das Rechtssystem, die Bürokratie, die Seele des Arbeiters etc. Die Struktur des Warenverhältnisses ist für Lukács »das Urbild aller Gegenständlichkeitsformen und aller ihnen entsprechenden Formen der Subjektivität in der bürgerlichen Gesellschaft«.[53]

Lukács' Variante der Marx'schen Analyse mag in theoretischer Hinsicht fragwürdig sein,[54] aber sie ist ein adäquater Ausdruck für die existentielle Verlorenheit in der sich schließenden Welt. Kracauer beispielsweise sieht die modernen Menschen »in einen Alltag hineingepreßt, der sie zu Handlangern der technischen Exzesse macht, und trotz oder vielleicht gerade wegen der humanen Begründung des Taylorismus werden sie nicht zu Herren der Maschine, sondern maschinenhaft.«[55] Benjamin liest auf Capri zu Zeiten der Erschütterung durch die Begegnung mit Lacis Ernst Blochs Rezension von *Geschichte und Klassenbewußtsein* und schreibt an seinen Freund Gershom Scholem, »daß hier mehrere Hinweise sich zusammenfanden: zu einem privaten trat der auf das Buch von Lukács, der mich darin frappierte, daß Lukács von politischen Erwägungen aus in der Erkenntnistheorie, mindestens teilweise, und vielleicht nicht ganz so weitgehend, wie ich zuerst annahm, zu Sätzen kommt, die mir sehr vertraut oder bestätigend sind«.[56]

Die Vulgäradaption der Warenformanalyse findet sich dann auch im Trauerspielbuch, wo Benjamin die Beschreibung der durch den Tausch verursachten Beliebigkeit mit unüberbietbarer (und für seine Verhältnisse ganz untypischer) Klarheit auf die Spitze treibt: »Jede Person, jedwedes Ding, jedes Verhältnis kann ein beliebiges anderes bedeuten«.[57] Das meint die sprachliche Technik der barocken Allegorie. Aber die Diagnose der eigenen Zeit ist unüberhörbar: »Diese Möglichkeit spricht der profanen Welt ein vernichtendes doch gerechtes Urteil: sie wird gekennzeichnet als eine Welt, in der es aufs Detail so streng nicht ankommt.«[58] Profan ist diese Welt, weil sie nurmehr aus profan gemachten, entleerten Dingen besteht. Entsprechend durchmisst Benjamin in der Analyse des Inhalts der barocken Trauerspiele lediglich abgeschlossene Räume – die Welt ist sich in ihrer eigenen Immanenz genug, sie hat keine Perspektive mehr, die über sie hinausreichen würde: »Es gibt keine barocke Eschatologie.«[59] Und Kracauer inszeniert in seinem Traktat über den Detektivroman die Hotelhalle als profanes Gegenstück zur verlorenen Heiligkeit eines Gotteshauses. Die Transzendenz ist »in den Immanenzbereich, das Obere ganz in das Unten«[60] hineingezogen.

Als sich Benjamin, Sohn-Rethel, Kracauer und Adorno in Neapel treffen, ist *Geschichte und Klassenbewußtsein* erst ein Jahr alt. Eine andere Schrift von Lukács gab es 1925 schon länger und hatte etwas mehr Zeit, sich den ästhetisch interessierten späteren Neapel-Urlaubern ins Bewusstsein zu brennen: *Die Theorie des Romans,* die das Unbehagen an der modernen Welt noch nicht in marxistischer Begrifflichkeit formuliert. Dafür aber die Metaphorik eine Windung weiterdreht und der Generation, die die beschriebene Sinnverlorenheit der nach-epischen Welt mühelos auf sich beziehen kann, neben der »Verdinglichung« ein weiteres Losungswort mit auf den Weg gibt. Die von den Menschen gemachte Welt ist verrottet, sie ist eine »Schädelstätte vermoderter Innerlichkeiten«,[61] wie es dort heißt.

Die Dinge, die einen umgeben, sind nurmehr »erstarrte«, »fremdgewordene« Gerippe, mit denen nichts mehr anzufangen ist. Die Schädelstätte ist das drastische Bild für eine von allen guten Geistern verlassene Welt, für eine Moderne, die jeglicher Sinnzuschreibung, jeglicher Perspektive auf Transzendenz verlustig gegangen ist.

»Die Wärme schwindet aus den Dingen. Die Gegenstände des täglichen Gebrauchs stoßen den Menschen sacht aber beharrlich von sich ab«,[62] schreibt Benjamin einmal. Haben sich, unter vielen anderen, Benjamin, Sohn-Rethel und auch Ernst Bloch deswegen am Golf von Neapel und an der Amalfiküste aufgehalten, um noch die letzten Sonnenstrahlen eines unentfremdeten Lebensgefühls abzubekommen?

Wenn Capri der landschaftliche Fluchtpunkt für Romantiker ist, dann ist Neapel der gesellschaftliche. So weit südlich liegt Neapel ja gar nicht, es eröffnet in etwa das untere Drittel des Italien-Stiefels. Aber dennoch ist Neapel für die Gäste aus dem Norden Vorbote einer fremden, außereuropäischen, fast schon orientalisch anmutenden Welt. Der überwiegend protestantischen, an eine industrielle Arbeitskultur gewöhnten Perspektive bietet sich ein Moloch aus Lebenskunst, Müßiggang und Wollust dar, das Wort von den »Wilden von Europa« macht die Runde.[63] Ein Paradies für jeden Zivilisationsflüchtling.

Von Capri aus fährt Benjamin immer wieder, mindestens zwanzigmal nach Neapel. Mit Asja Lacis erfindet er in dem gemeinsam verfassten, sogenannten Denk-Bild namens *Neapel* die Porosität als Charakterisierung für die chaotische Vielfalt: Nichts ist festgefügt, alles darf sich in improvisierten und überraschenden Wendungen vermischen, Drinnen und Draußen, die Jugend und das Alter, die Perversion und die Heiligkeit: »Porosität ist das unerschöpflich neu zu entdeckende Gesetz dieses Lebens«,[64] und diesem Gesetz spüren Lacis und Benjamin bis ins kleinste Detail nach, selbst die Schalheit der eisgekühlten aromatisierten Säfte reichert das detailverliebte Bild noch um die Geschmacksnote an. Neapel ist Benjamin zur

»glühendsten Stadt, etwa außer Paris, die ich je gesehen habe«,[65] geworden. »Aus dem verhärteten, dem Individuationsprinzip hörigen Gesellschaftszustand des Spätbürgertums sucht er den Weg zu den verlorenen Ursprüngen des Sozialen«,[66] schreibt Peter Szondi über Benjamins und Lacis' Neapel-Text. Dabei zuzusehen, wie eine Neapolitaner Gesellschaft ein Lokal betritt und sich dabei zwanglos mit den bereits in Gang befindlichen Gesprächen und Konstellationen vermischt, ist laut Ernst Bloch, der 1924 ebenfalls Neapel besuchte, »eine wahre Lehrstunde in Porosität, da ist nichts etwa aggressiv, wie das deutsche Mitbeschlagbelegen, sondern alles eben freundlich-offen, ein diffuses, ein kollektives Gleiten«.[67]

Und auch Sohn-Rethel, der Benjamin oft auf seinen städtischen Erkundungen begleitet, wirft alle theoretische Askese über Bord, wenn er in kurzen Essays mit großer Beschreibungslust die Widerständigkeit der Neapolitaner gegenüber der Modernisierung vor Augen führt. Ein alle Klischees übertreffender Eselskarren vermag den Verkehr lahmzulegen, technische Geräte sind ständig kaputt. Sohn-Rethel, der als Kind ausgiebig Gelegenheit hatte, die schwerindustrielle Welt seines Ziehvaters Poensgen kennenzulernen,[68] scheint sich in Neapel an einer noch nicht gänzlich modernisierten Gesellschaft zu erfreuen, an dem »agrarische[n] Untergrund der Stadt«,[69] einer »sehr alt verwurzelte[n] Welt«.[70] Bei seiner Vesuvbesteigung lässt er sämtliche Bahnen Bahnen sein und bezwingt den Krater zu Pferd und Fuß von der anderen, technikfreien Seite her.

Ist das der kleinste gemeinsame Nenner, auf den sich die philosophischen Raufbolde bei ihrem neapolitanischen Treffen einigen können: das Jammern über die Kälte der modernen Welt? Und das Wohlgefühl, gerade an einem Ort zu sein, an dem sie noch nicht so sehr zu spüren ist? Reihen sie sich ein in die Horde der romantisch Reisenden: einmal noch nicht Gerippe sein und untauschbar?

Das genaue Gegenteil ist der Fall. Neapel ist kein Gegenentwurf zur kalten Modernität. Es ist deren schönste Bebilderung. Lukács' Schädelstätte, das Gebeinhaus der Verdinglichung, ist in Neapel allgegenwärtig. Es »dürfte wenige Orte geben, die mehr bronzene, holzgeschnitzte und marmorne Totenköpfe ihr eigen nennen als Neapel«,[71] schreibt der spätere Neapel-Flaneur Martin Mosebach. Dabei sind dies nur vereinzelte Exemplare, die es ans Tageslicht verschlagen hat. Das oberirdische Neapel hat sein Negativ unter Tage, denn von dort wurden Steine als Baumaterial geholt. Während der Pest im 17. Jahrhundert bekamen diese Hohlräume als Massenbeinhäuser eine praktische Funktion. Und etablierten einen bis heute währenden Kult um die darin gelagerten Skelette und Totenköpfe. Die Neapolitaner wählen sich einen persönlichen Schutzheiligen, schmücken und pflegen dessen Gebeine, erhoffen sich im Gegenzug Fingerzeige, was die Zukunft betrifft, sowie Zuspruch bei großen und kleinen Wünschen.[72] Die Extremmetapher für die Verdinglichung begegnet einem in Neapel in einem ungemein freundlichen Licht, die Schädelstätte ist auf einmal wieder Garant für das, was man der Verdinglichung doch vorwarf, zu verunmöglichen: Bindung, Nähe, Wärme, Transzendenz.

Das funktioniert aber auch ganz unmetaphorisch an den fremd gewordenen Dingen selbst. Als kaltschnäuzige Meister der Improvisationskunst machen die Neapolitaner aus den nicht funktionierenden technischen Dingen ein »Glücksarsenal des Kaputten«[73] und fügen sie zu etwas überraschend Neuem zusammen. Sohn-Rethel erzählt von einem Steuermann, der den kaputten Motor seines Bootes kurzerhand zum Kaffeekochen benutzt.[74] Oder von einem Latteriabesitzer, der mit dem nutzlos gewordenen Radmotor »die Sahne schlägt«.[75]

Sohn-Rethels Beschreibungen sind ein Echo der Begeisterung des wohl berühmtesten deutschen Italienreisenden. »Ich finde in diesem Volk die lebhafteste und geistreichste Industrie, nicht um reich zu werden, sondern sorgenfrei zu leben«,[76] schreibt Goethe in seiner *Italienischen Reise* über die Neapolitaner. Der Industriellen-Ziehsohn Sohn-Rethel verhilft in den 1920er-Jahren diesem frühen Wort von einer subversiven Industrie zu seiner konzeptionellen Entfaltung. Die Dinge kommen zu ihrem Zauber gerade weil sie kaputt, beziehungsweise aus ihren angestammten Zusammenhängen herausgelöst sind. Das, worüber Lukács klagt, Entfremdung durch Verdinglichung, ist die Bedingung für das Entstehen von etwas glückhaft Neuem: »So etwa vereinigen sich in dieser Stadt die kompliziertesten Zweckinstrumente der Technik zu einfachster, doch nie erträumter Verrichtung«,[77] schreibt Sohn-Rethel. Den fremd gewordenen Dingen, der Schädelstätte, wird auf diese Weise die Fähigkeit untergeschoben, die Fremdheit, die Profanität wieder aufzuheben. Kein Deut an Transzendenz ist verloren gegangen. Sie hat sich vielmehr in die entfremdeten Dinge hineinverkrochen. Sohn-Rethel erzählt in *Das Ideal des Kaputten* davon, wie so etwas Profanes wie eine Osrambirne festlich wird und »sich im neapolitanischen Heiligenbild mit der Strahlenkrone der Madonna zur Faszination der ehrfürchtigen Seelen«[78] verschwistert.

Idealer als Neapel kann kein Ort sein, um das Trauerspielbuch zu Ende zu bringen. Denn dessen Konstruktion entspringt eben diesem Mechanismus: wie das Profane in Transzendenz umschlägt. Der zuvor zitierte Satz von der allgemeinen Vertauschbarkeit ist nur die erste Hälfte einer von Benjamin so genannten *Dialektik* der Bezeichnungspraxis der Allegorie. Schon im darauf folgenden Satz wird klar, dass die Diagnose die Kur bereits in sich birgt: Alle »jene Requisiten des Bedeutens« gewinnen gerade durch ihr »Weisen auf ein anderes eine Mächtigkeit [...], die den profanen Dingen inkommensurabel sie erscheinen läßt und sie in eine höhere Ebene hebt, ja heiligen kann«.[79] »Es gibt keine barocke Eschatologie«, hieß es. Aber der Satz endet mit: »und eben darum einen Mechanismus, der alles Erdgeborene häuft und exaltiert, bevor es sich dem Ende überliefert«.[80] Am Ende des Trauerspielbuches inszeniert Benjamin den Umschwung des aufgehäuft Toten und entleerten Irdischen zu einem gnadenvoll göttlichen Heilsgeschehen. Nicht umsonst beginnt das Neapel-Denkbild mit dem gefallenen, verfemten Priester, der bei der erstbesten Gelegenheit wieder seines segenreichen Amtes zu walten vermag.

Die Lukács'sche Schädelstätte war eine Metapher für eine Welt voll abgestorbener Dinge, die das Subjekt nicht mehr zu nutzen vermag. Sie wandert als umfassendes Strukturprinzip in das Neapel-Denkbild hinein. Denn dessen zentraler Begriff, die Porosität, ist ebenfalls eine Variante der Verdinglichungs-Diagnose – nur positiv gewandt. Nichts darf mehr es selbst sein, alles ist tauschbar und muss alles andere bedeuten können – das liest sich im süditalienischen Klima als Bestimmung der Porosität wie folgt: »Man meidet das Definitive, Geprägte. Keine Situation erscheint so, wie sie ist, für immer gedacht, keine Gestalt behauptet ihr ›so und nicht anders‹«.[81] Die Dialektik der Allegorie injiziert dem Profanen messianische Energie. Und so ermöglicht es gerade das Poröse, eine Szenerie voller Vitalität, Überraschung und Detailliertheit zu zeichnen. Der gefallene Priester darf wieder segnen, Feiertage schieben sich in die profanen Wochentage hinein, privates und öffentliches Leben verwirren sich. Dass nichts es selbst bleiben darf, führt zu einem riesigen »Durchdringungsprozess [...]«,[82] eine Kategorie des Mangels wird zum Garanten von Fülle. Es nimmt angesichts der enormen Benjamin-Rezeption durch die Postmoderne wunder, dass sich niemand mit konzeptioneller Konsequenz auf den Begriff der Porosität gestürzt hat. Scheint er doch prädestiniert dafür, romantische und ideologische Zuschreibungen von ursprünglicher Ganzheit oder Intaktheit zu durchlöchern, ohne an Beschreibungsdichte zu verlieren, ja diese gerade durch das Verwirren von Differenz-Schemata zu ermöglichen.

Ihren Ursprung hat die Porosität aber in etwas gänzlich Realem, Taktilem. Man muss nur an den Häuserwänden entlangstreichen, um das Poröse zu erfühlen:[83] Es ist das Tuffgestein, das La Capria als Charakteristikum des Golfs von Neapel ausgemacht hat, der besondere Baustoff Neapels. Bei einem Vulkanausbruch wird Magma in die Luft geschleudert, wo es zu Gestein erkaltet. Wasserdampf und andere Gase entweichen und hinterlassen Hohlräume im Stein, machen ihn porös.[84] Manchmal bildet dieses Gestein kleine Brocken, sobald es auf die Erde gelangt. Schlacken werden uns bald begegnen, poröse Steinfetzen, denen schon durch ihre Wortgeschichte der Ruf des Überflüssigen, des Abfallprodukts anhaftet. Der sich zu größeren Blöcken zusammensammelnde Tuffstein ist demgegenüber außerordentlich nutzbar. Wegen seiner Porosität ist Tuff leichter als andere Stoffe und weist eine höhere Dämmung auf.[85] Zudem lässt er sich durch seine geringe Festigkeit ideal als Baumaterial ausheben und in die gewünschte Form bringen.[86]

Die Löchrigkeit ist eine Eigenschaft des Baustoffes. Aber von dort springt sie über auf all das, was mit diesem Baustoff angefangen wird. Die Neapolitaner schaffen mit der Abtragung des Tuffs die erwähnten Katakomben. »Die Höhlen der Fontanelle waren Steinbrüche. Aus dem riesigen Tuffsteinkuchen hat man hier jahrhundertelang die übergroßen Quader herausgeschnitten, die die neapolitanischen Barockarchitekten zu ihren maßlosen Proportionen verführt haben«,[87] schreibt Mosebach und mag zwischen der Schädelstätten-Metapher und dem porösen Gestein gar keinen Unterschied mehr machen: »Die Gebeine der einst hier Bestatteten sind allerdings längst zu Staub zerfallen, zu bräunlichen Krümeln, die sich vom bröckligen erdfarbenen Tuffstein nicht mehr unterscheiden«.[88] Das Baumaterial ist also bereits skelettös, aber die Räume, die durch dessen Abtragen entstehen, sind es ebenso. Mosebach berichtet weiter von seinen Katakombenspaziergängen: »Die Stützen oder Pfeiler sprießen aus dem bräunlichen Boden knochengleich hervor und verschwinden im Stein der sanft gewölbten Decke. Nach allen Richtungen öffnen sich neue Kammern, wie versteinerte Blasengebilde, die Wände sind wie Totenbein durchfurcht von Nischen und Ausbuchtungen.«[89]

Lacis und Benjamin haben diese Vergrößerung des Porösen, die Transformation vom Gestein zur Raumorganisation, vorgemacht.

Kaum haben sie die Porosität entdeckt, erblicken sie sie überall. Auch wenn man sich weit von den Hausmauern entfernt, zeigt sie sich. »Aus der Höhe, wo die Rufe nicht heraufdringen, vom Castell San Martino gesehen«[90] erkennen Lacis und Benjamin das Felsenhafte der Stadt und beschreiben, dass in diesem Felsen Grotten kurzerhand als Wohn- beziehungsweise Kneipenraum genutzt werden. Das Poröse wird also ein Stück größer gezoomt, es ist nicht mehr nur die löchrige Struktur des Gesteins, sondern die Löchrigkeit, zu der sich dieses Gestein gruppiert, wenn es Grotten freilässt.[91] Und jetzt, nahezu unmerklich, vollziehen Lacis und Benjamin den Übergang von natürlicher Formation zu Kultur. Denn manchmal machen es die Neapolitaner der Natur nach und schlagen ihrerseits Grotten als Hohlräume ins Gestein. Das ist natürlich noch ein sehr primitiver architektonischer Vorgang. Aber gleich darauf legen Lacis und Benjamin in ihrem Text die Strecke von Natur zu »anspruchsvoller« Architektur, die Strecke von der Beschaffenheit eines Baumaterials zu der Struktur des von ihm Gebauten in maximaler Rasanz zurück: »Porös wie dieses Gestein ist die Architektur«.[92] Doch damit nicht genug. In den beiden folgenden, ebenfalls unauffällig gewaltigen Sätzen wird die Porosität zudem auf das in diesen Bauten stattfindende soziale Leben ausgeweitet: »Bau und Aktion gehen in Höfen, Arkaden und Treppen ineinander über. In allem wahrt man den Spielraum, der es befähigt, Schauplatz neuer unvorhergesehener Konstellationen zu werden«.[93]

Das Löchrige ist hochansteckend. Als Natureigenschaft beobachtet, springt es über die Architektur auf alle von Benjamin und Lacis beobachteten Alltagsphänomene über, jede beschreibende Szene im Neapel-Text ist vom Prinzip der Porosität durchwirkt.

Adorno hat 1955 eine erste Auswahl von Benjamins Schriften herausgegeben, gut zehn Jahre später hat man ihm vorgeworfen, dabei tendenziös vorgegangen zu sein, den materialistischen, marxistischen Benjamin unterdrückt zu haben.[94] In diesem Zusammenhang wird Asja Lacis »wiederentdeckt«, die Herausgabe ihrer Erinnerungen *Revolutionär im Beruf* ist auch dem Bedürfnis geschuldet, keinerlei Einflüsse Benjamins bezüglich der kommunistischen Option mehr außen vor zu lassen.[95]

Wie immer man die erste Herausgabe Benjamins durch Adorno bewerten mag – die Ignoranz, mit der Adorno Asja Lacis jegliche Beteiligung an dem Neapel-Denkbild abgesprochen hat, ist völlig unverständlich. Wird doch seine eigene Theorie von dem glückhaften Aufeinandertreffen zweier unterschiedlicher theoretischer Haltungen wesentlich profitieren – insbesondere von der Nuance, die mit einiger Wahrscheinlichkeit Lacis in dieses Aufeinandertreffen eingebracht hat.

Benjamins Interesse ist durch die Beschäftigung mit den barocken Trauerspielen ein ganz und gar theatrales. Aber es geht eben um ein »richtiges« Theater und noch dazu um eines aus längst vergangener Zeit, auch wenn die Beeinflussung des barocken Theaters durch die Volkskultur, den Trionfi etwa, durchaus eine Rolle spielt.[96] Hochreizvoll muss es für ihn sein, das Theatrale auch als soziale Struktur in seiner unmittelbaren Umgebung zu entdecken. Als Praktikerin ist Lacis dafür eine ideale Augenöffnerin. Kein Wunder also, wenn Benjamin und Lacis Neapel, einen der Entstehungsorte der Commedia dell'arte,[97] auch als »Volksbühne« erleben, mit vielfältigen Spielflächen, theatralen Dekorationen und unerwarteten Regieeinfällen.[98] Noch 2010 kann Karl-Markus Gauß in einem Reisebericht den Restaurantbesuch auf der Piazza San Francesco als Theateraufführung erzählen: »Das offenkundige Geheimnis der verborgenen Schönheit aber war – das Theater, das aus Zuschauern Schauspieler machte und aus dem Platz eine Bühne, auf der ein Stück gespielt wurde, das ›Der Platz‹ hieß.«[99]

Die theatrale Praxis, von der Lacis gelernt hat, ist eine revolutionäre. Sie will das Theater von einer elitären Kunstveranstaltung wieder zu einer selbstverständlichen, gesellschaftlich relevanten und aktuellen Ausdrucksform machen. Das Bespielen der Stadt als Bühne etwa ist für Lacis etwas bereits Eingeübtes, in Riga führte sie eine historische Revue, die den Kampf zwischen Herrscher und

Unterdrückten zur Darstellung bringt, als »großen Zug der Schauspieler und Mitwirkenden durch die ganze Stadt«.[100]

Aber der russische Theateroktober hat nicht nur die Gegenstände der Darstellung zu revolutionären gemacht, sondern auch die Art und Weise der Darstellung selbst.[101] Meyerhold, dem Lacis als einem der wichtigsten Protagonisten der revolutionären Theateravantgarde Russlands in den 1920er-Jahren ihre prägendsten Erfahrungen verdankt,[102] ging in vielerlei Hinsicht gegen das naturalistische Theater vor. »Der Schauspieler müsse – wie in den Blütezeiten volksnahen Theaters – Spieler, Pantomime, Clown, Sänger, Tänzer, Akrobat in einem sein, er dürfe die magische ›vierte Wand‹ zwischen Bühne und Zuschauer nicht anerkennen, er solle weniger der psychologischen Deutung einer Figur Beachtung schenken, sondern seine physischen Darstellungsmittel ausbilden«,[103] heißt es über Meyerholds Forderungskatalog. In Neapel lassen sich einige Ausprägungen der volkstümlichen Spektakel bestaunen, von denen sich Meyerhold inspirieren ließ und die Lacis dann wieder auf ihr Neapelerlebnis applizieren kann.

Meyerholds Arbeit kulminiert im Konzept der Biomechanik, das die körperliche Arbeit des Schauspielers revolutionieren und ihn zum Ingenieur seiner eigenen Körpermaschinerie machen soll.[104] Bezeichnenderweise aber hebt Lacis in ihren Erinnerungen einen Aspekt hervor, der die innovative Behandlung des Gesamtensembles betrifft. Sie berichtet: »Außerdem leitete er die Klasse szenische Bewegung in seinem Studio. Das war kein Zufall – er suchte, wie man am besten Gedanken *räumlich* ausdrückt. Das waren die ersten praktischen Vorbereitungen zu seiner berühmt gewordenen Theorie des Arrangements«.[105] Meyerhold selbst schreibt: »Gesten, Haltungen, Blicke, Schweigen bestimmen die *wahren* Beziehungen der Menschen. Worte sagen nicht alles. Also ist eine *Struktur der Bewegungen* auf der Bühne unentbehrlich«.[106]

Ein paar Monate nach Lacis' Reise nach Berlin unterzieht Meyerhold diese Struktur mit seiner Inszenierung des »Großmütigen Hahnrei« einem Praxistest. Auf einer ansonsten kahlen, undeko-

Meyerholds Inszenierung des »Großmütigen Hahnrei«, Moskau 1922

rierten Bühne befindet sich eine Spielflächenkonstruktion, »eine Spiel-Maschine, eine ›Werkbank‹ für die ›Produktion‹ der Schauspieler«: »Die Konstruktion vom HAHNREI mit ihren verschiedenen Ebenen, Schrägen (Rutschen), Treppen, Drehtüren und rotierenden Rädern galt als Musterbeispiel der ›reinen‹ Konstruktion«[107] – wahrlich ein Spielraum, der als Schauplatz unvorhergesehene Konstellationen eröffnet. Immer ist es ein Arrangement aus verschiedenen Elementen, das die Inszenierung trägt – selbst, wenn nur *ein* Protagonist auf der Bühne sein sollte, hat man »den Eindruck, als ob der Schauspieler wirklich mit seiner Figur wie mit einem Gegenstand spielt, sie vor den Zuschauern nach allen Seiten wendet, die buchstäblich in der Luft jongliert, auf den Boden der Konstruktion wirft, damit sie – wie ein Bumerang – erneut in die Hände ihres Schöpfers zurückkehrt.«[108] Wenn man auf einem der Fotos der Inszenierung alle Schauspieler auf der »Spiel-Maschine« sieht, dann wird die Theorie des Arrangements sofort augenfällig: Zwölf Schauspieler formieren sich kreisartig auf der ebenso gebauten Bühnenbild-Konstruktion. »Wenn ich nach Hause fahre, werde ich Dekorationen mit unzähligen Spielflächen bauen lassen«,[109] schreibt Lacis nach der Entdeckung der porösen Hauswände Neapels. Die zwölf Schauspieler bilden zusammen eine solche Spielfläche – sie umkreisen eine Lücke, die sie durch ihre Formation erst erzeugen.

Benjamin hat das Potential eines solchen Arrangements, hat ein solches »Gefüge der Beziehungen«[110] schon vor 1924 erkundet, an einem vom neapolitanischem Chaos scheinbar weit entfernten Gegenstand: der Lyrik Hölderlins. Dessen poetische Technik ermöglicht es laut Benjamin, disparate Dinge zu einer freien Assoziation anzuordnen: »So daß hier, um die Mitte des Gedichts, Menschen, Himmlische und Fürsten, gleichsam abstürzend aus ihren alten Ordnungen, zu einander gereiht sind«.[111]

Mit diesem Absturz bekommt man eine erste Ahnung von den strategischen Vorzügen der Porosität. Der ja bisher lediglich behauptete Umschlag von Profanität in Transzendenz erhält eine handfest irdische und pragmatische Ausprägung, das Glücksarsenal wird zur revolutionären Technik. Dekontextualisieren von Material heißt in einer hierarchischen Welt auch dehierarchisieren. Hölderlins Reihe ist Gleichmacherei. Und diesen revolutionären Aspekt des Aus-dem-Zusammenhang-Reißens, des Porös-Machens nutzt Benjamin nun auch für das eigene Schreiben. Denn es stimmt natürlich, dass der Ertrag des Neapel-Denkbildes in einer grundsätzlichen Hinwendung zum materialen, vorfindlichen, oberflächlichen Leben besteht. Aber das Material wird auch zur Form. Die Idee der Konstellation aus dekontextualisiertem Material wird zu einer Technik einer nicht nur theatralen, sondern auch schreibenden Darstellung.

Das Denkbild »Neapel« macht seinen Inhalt – die vorgefundene Struktur der Porosität – zu seiner Form und wird dadurch überhaupt erst zum »Bild«. Die ›unvorhergesehene Konstellation‹ wird von porös gemachten, aus ihren Kontexten gerissenen Dingen gebildet, von lauter gestürzten Fürsten oder von Körperkünstlern, die das Postulat, eine Person naturalistisch darzustellen, abgeworfen haben. Will man diese Dinge wirklich gleichwertig anordnen, dann ist nur eine kreisartige Struktur möglich, bei der alles gleich weit von der Mitte entfernt ist. Als Konstellation umkreisen diese Porositäten eine Porosität als ihre leere Mitte. Genau das versuchen Benjamin und Lacis in ihrem Denkbild stilistisch umzusetzen. So wie es bei einer Meyerholdschen Aufführung nur ein Ensemble gibt, keinen Hinter- oder Vordergrund, keinen Star, keine Hauptrolle,[112] so wird in einem solchen Denk-Bild kein ordentlicher Fortgang kausaler Argumentation entworfen, kein Hin und Her zwischen These und Exemplifizierung, keine hierarchisierenden Etappen von Einleitung, Fazit oder Ähnliches. Das Material wird vielmehr einfach nur aneinandergereiht, jedes hat den gleichen Wert, den gleichen Anteil am Gesamtgebilde, das keinen weiteren Rahmen, keine andere Bühne hat als die, die es selbst ausbildet.[113] Am Ende gibt es keine Moral und kein Fazit, zu der oder zu dem sich das Beschriebene zusammenfassen lassen könnte. Man hat sich lediglich einmal um sich selbst gedreht und die einzelnen Stationen dieses Panoramas möglichst genau angesehen.

Man muss nur Benjamins und Lacis' Text mit Ernst Blochs »Antwort« vergleichen, um die Besonderheit einer solchen Textur deutlich werden zu lassen. Ernst Bloch, der mit der »schlammige[n] germanische[n] Welle«[114] 1924 nach Capri kam und Benjamin Lukács' *Geschichte und Klassenbewußtsein* empfahl, ist, vor allem mit seinem *Geist der Utopie*, einer der philosophischen Autoren, die in Kracauers, Adornos und Benjamins Lektürekanon einen festen Platz haben. Er ist aber auch ein gefürchteter Usurpator theoretischer Ideen.[115] Von Lacis' und Benjamins Denkbild ist er immerhin derart begeistert, dass er in seinem Artikel »Italien und die Porosität« namentlich darauf Bezug nimmt. Er tut recht daran. Denn nicht nur, dass er Lacis' und Benjamins zentralen Begriff gleich in den Titel schreibt. Auch sonst entdeckt Bloch die Porosität nahezu sämtlich an denselben Beispielen wie Lacis und Benjamin – an der Verwischung der Gegensätze von Schlaf/Wachen, Kinder/Erwachsenen, Privatheit/Öffentlichkeit, an der fehlenden Häuslichkeit, an der Theatralität.[116] Neu ist bei Bloch lediglich das Hören auf die besondere Sprachfarbe der Neapolitaner.

Und trotz dieser extremen inhaltlichen Nähe ist die Textur seines Aufsatzes eine völlig andere. Das beginnt schon bei der unterschiedlichen Akzentuierung des Begriffs der Porosität. In seiner Begeisterung füllt Bloch die Löcher des Porösen sofort wieder, das Löchrige wird zur »Allheit«,[117] ist auf einmal doch wieder »einheitlich ganz [...]«.[118] Bloch benutzt das Poröse nicht als Steigerung, sondern als Gegensatz zur »kapitalistische[n] Arbeitsteilung«,[119] er romantisiert die Porosität und macht sie zur begrifflichen Trophäe. Das hat Konsequenzen für den Duktus seines Textes: Dieser ist nicht der eines Bildes aus einzelnen, disparaten Elementen, sondern der einer Belehrung.

Auch Benjamin und Lacis umkreisen das Faktum, dass die konventionelle Vorstellung von Neapel eine verfälschende ist. Aber dieser Aspekt ist nur einer unter vielen Befremdungen, aus denen sich ihr Bild zusammensetzt. Bloch hebt mit diesem Irrtum an (der erste Satz: »Man reist aber in dies Land meist falsch ein«),[120] um ihn mit seinem Essay auszuräumen. Das porös gestaltete Alltagsleben ist, wie bildmächtig auch immer von ihm dargestellt, eine Beispielsammlung für den gleich zu Beginn eingeführten Begriff der Porosität, der in der Folge kultur- und kunsthistorisch abgehandelt wird. Bei Benjamin und Lacis gibt es irgendwann mittendrin eine minimale Verständigung über die Porosität, ansonsten ist sie das selbstverständliche und unauffällige Prinzip, das jeden einzelnen Abschnitt durchwirkt. Diese Abschnitte bleiben immer auf derselben Höhe, sie verstärken sich nicht argumentativ, sie bauen nicht aufeinander auf, keiner dient als Exemplifizierung des anderen, keine hochkulturelle Reflexion unterbricht das Alltagsbild.[121] Im maschinenschriftlichen Entwurf des Neapel-Denkbildes kommt nur die Leerzeile als strukturierendes Element vor. Die eine weitere Hierarchie-Ebene etablierenden Absätze innerhalb der einzelnen Abschnitte sind nachträglich von der Redaktion der *Frankfurter Zeitung* eingefügt worden.[122]

Benjamin und Lacis machen den inhaltlichen Befund der Porosität zum Strukturprinzip ihres Denkbildes.[123] Sohn-Rethel, dem ein vielleicht noch größeres Unrecht als Lacis widerfahren ist, weil sein Anteil an der Konstellation *komplett* vergessen wurde, leistet diese stilistische Übersetzung der unvorhergesehenen Zusammenstellungen ebenfalls, wenn er die assoziativen Verkettungen seiner Miniatur *Eine Verkehrsstockung in der Via Chiaia* einen Kreis beschreiten lässt, der am Ende wieder in die Straße zurückkehrt, in der die Stockung das Leben zum Bild angehalten hat. Das bunte Treiben Neapels wird zum Stilideal des eigenen Schreibens.[124] In einer Gemengelage aus Theater und Poesie schmiegt sich die Form dem Inhalt an. Die messianische Energie, der Umschlag in Transzendenz verwandelt sich in das Pathos möglichst dichter Beschreibung.

Ein Aspekt des großen Reizes, der von den Schriften Benjamins ausgeht – das Anti-Systematische, eine Offenheit der Schreibweise, die auch die Interpretationsmöglichkeiten maximal offenhält[125] – hat seinen Ursprung im porösen neapolitanischen Gestein. Darwin hat eine Koralle als Strukturvorbild genommen, um seine Theorie von der Evolution nicht zu ordentlich und unnatürlich hierarchisch aussehen zu lassen.[126] Die vielfältig verschlungene Struktur des Rhizoms war einmal Kampfmetapher einer keine Ordnungssysteme akzeptierenden Wissenschaft.[127] Benjamin, Lacis und Sohn-Rethel halten sich an ein Loch aus dem porösen Neapolitaner Tuffstein. Und was macht Adorno? Er macht aus dieser Porosität Musik.

Poröse Musik

Nach knapp drei Wochen Aufenthalt am Golf von Neapel, kurz vor ihrer Abreise, treffen sich Kracauer und Adorno noch einmal mit Benjamin und Sohn-Rethel. Unwahrscheinlich, dass sich die vier in einem der von Benjamin und Lacis beschriebenen, typisch neapolitanischen »politischen Volkscafés« versammelt haben, in denen längerer Aufenthalt »kaum möglich« ist; wahrscheinlich saßen sie doch wieder in einer Lokalität von »bürgerlich-beschränkte[m] literarische[m] Wesen«,[128] vielleicht gar in der Lobby des Grandhotel Vesuvio, in dem Adorno und Kracauer logierten. Vielleicht trafen sie sich aber auch im beliebten, von nahezu allen urlaubenden Intellektuellen frequentierten Café Gambrinus, gleich am Beginn der Via Chiaia, in der Sohn-Rethel die Verkehrsstockung beobachtete.

Auf der einen Seite der philosophischen Schlachtordnung die neuen Gäste mit ihren Kategorien von »Personalität und Innerlichkeit des ›Einzelnen‹«, auf denen Adorno »jahrelang kierkegaardisch herumgeritten«[129] ist: ein überartikulierter, versiert Kesser, sekundiert von seinem stotternden Lehrer. Ihnen gegenüber die Neapel-Erfahrenen, die mit dem porösen Material der »vermoderten Innerlichkeit« bereits formal experimentiert haben: der Meister der terroristisch scharfen Artikulation, sekundiert vom monomanischen Marx-Leser. So nagen sie also wieder an ihren theoretischen Knochen, wie sie es, in wechselnder Besetzung, in Frankfurt schon des Öfteren getan haben. Aber hier hat Benjamin die Umgebung auf seiner Seite, die Schädelstätte, das Alltagsspektakel, alle haben sie zudem seinen und Lacis' Neapel-Text gelesen, der gerade erst in Kracauers Zeitung erschienen und nicht ohne Eindruck geblieben ist.[130]

Trotzdem verlässt Adorno am 30. September Neapel in dem Gefühl, das Feld behauptet zu haben. Endlich. Denn der Höhepunkt des Jahres steht erst noch bevor, er hat mit all den Eindrücken aus Süditalien scheinbar nichts zu tun. Alban Bergs *Wozzeck* soll im Dezember in Berlin uraufgeführt werden – die Oper, deretwegen Adorno überhaupt erst von Berg unterrichtet werden wollte. Die Aufführung der *Drei Bruchstücke von Wozzeck* 1924 in Frankfurt hatte Adorno derart beeindruckt, dass er alle Hebel in Bewegung setzte, um als Kompositionsschüler von Berg aufgenommen zu werden. Die Reise nach Neapel beendet nicht die enge Verbindung zu seinem »Herrn und Meister« Berg, wie er ihn in seinen Briefen anredet. Aber sie markiert das Ende des Wiener Aufenthaltes. Jetzt, nach 36 Stunden Zugfahrt und zwei Wochen Erholung in Amorbach, schreibt Adorno an Berg mit einer Idee. Ob nicht *er* einen Artikel zur Wozzeck-Oper für die Musikzeitschrift *Anbruch* verfertigen solle, wo es doch ohnehin jemand tun müsse. Berg depeschiert seine Freude über dieses Vorhaben, verbunden mit einigen inhaltlichen Wünschen und der deutlichen Bitte, nicht allzu schwer zu schreiben. Berg hat sich inzwischen an die »Wiesengrunds«, jene typischen paradox-philosophischen Äußerungen zu potentiell allem und jedem, vorzüglich zu musikalischen Themen, gewöhnt, ja sie heimeln ihn an. Aber für den gemeinen Musikliebhaber – »philosophisch ganz ungebildet«[131] – wäre es dann doch angebrachter, Adorno würde sich *»gemeinverständlich«*[132] ausdrücken.

Adorno gibt sich alle Mühe. Alle inhaltlichen Hinweise Bergs haben auf geschickte Art und Weise in den Aufsatz Eingang gefunden. Was die Gemeinverständlichkeit angeht, so hat dieser Wunsch ganz offensichtlich nicht Adornos höchste Priorität. Denn mit dem Wozzeck-Aufsatz hat er etwas Besonderes vor, er soll der Prototyp einer neuen Art von Prosa werden, er soll – nach einer als Pflichtübung verstandenen Promotionsschrift über Husserl und zahlreichen Musik- und Opernrezensionen – einen Neubeginn, ja überhaupt erst einen Beginn in Adornos schriftstellerischer Entwicklung markieren.

Am 23. November 1925, also etwa zwei Monate nach seiner Rückkehr aus Neapel, meldet er an seinen Herrn und Meister Vollzug: »Möchte er [der Aufsatz] Ihnen ein wenig von der Freude bereiten, die er mir bereitete: er ist eigentlich der erste, mit dem ich recht zufrieden bin, und gewiß der erste, der mein neues Stilideal in einiger Reinheit ausprägt.«[133] Er will seinen Aufsatz über eine Komposition von Berg so geschrieben haben, wie Berg komponiert: »Meine geheimste Absicht war, in der sprachlichen Führung des Aufsatzes unmittelbar so zu verfahren, wie Sie, etwa im Quartett, komponieren. Wobei eine seltsame Begegnung zwischen Ihrer Kompositionsart und meiner heutigen geistigen Haltung sich ergab.«[134]

Wahrlich eine seltsame Begegnung. Man bedauert fast, dass Adorno sich nicht auf die Kompositionsweise des *Wozzeck* bezieht, denn dann wäre das Schwindelerregende einer gänzlichen Anähnelung an den Gegenstand perfekt. Ein Aufsatz über die Oper *Wozzeck*, der genauso gebaut ist wie die Oper selbst: Ist das nicht fast, als würde man die Oper hören?

Es ist dieselbe Entsprechung von Gegenstand und Analyse, die schon in Lacis' und Benjamins Neapel-Denkbild am Werk war. Dieses versuchte, die vorgefundene Porosität in einer porösen Form zur Darstellung zu bringen. Adorno strebt eine ebensolche Entsprechung an – zudem ist der Gegenstand strukturell identisch. Denn die Kompositionsart des Quartetts beschreibt Adorno, ohne das Wort zu benutzen, als porös.[135] »Man meidet das Definitive, Geprägte. Keine Situation erscheint so, wie sie ist, für immer gedacht, keine Gestalt behauptet ihr ›so und nicht anders‹«, hieß es im Neapel-Aufsatz. Die Kompositionsweise, die seiner geistigen Haltung entsprechen soll, löst in Adornos Charakterisierung ebenfalls jegliche Identitäten, jegliches Bei-sich-Sein auf: »Es gibt im Quartett, jedenfalls im zweiten Satz, keine ›Themen‹ im alten statischen Sinn mehr. Der permanente Übergang weicht jede in sich verfestigte Gestalt auf, öffnet sie zum Voraufgehenden und Folgenden, hält sie im unablässigen Fluß der Varianten« (13, 393). Adorno meinte, in der Schlacht mit Benjamin das Feld behauptet zu haben. Aber er musste schon zwei Wochen nach seinem Aufenthalt zugeben, dass zugleich ein »strategisches Beginnen«[136] von dort seinen Ausgang nahm, ein »Umgruppieren der Kräfte«. Mit dem Wozzeck-Aufsatz präsentiert Adorno ein erstes Ergebnis dieses theoretischen Brodelns. Denn die Formation der musikalischen Porositäten führt wie im Neapel-Denkbild zu einer kreisförmigen Struktur. Der Aufsatz sei, »im Gegensatz zu früheren, nicht nach dem ›Oberflächenzusammenhang‹ disponiert [...], sondern [hat sein Maß] in der Kontinuität der gedanklichen Führung, der – ideellen – Gleichzeitigkeit und faktischen Gleichwertigkeit der Intentionen«,[137] paraphrasiert Adorno das Strukturideal der Konstellation.

Bald wird dieses neugefundene Stilideal der Gleichzeitigkeit und Gleichwertigkeit der Intentionen in Adornos Schriften Karriere machen. In »Parataxis«, seinem Essay über Hölderlin aus den 1960er-Jahren, wird sich Adorno direkt auf Benjamins Bestimmung der Hölderlinschen Reihe beziehen und unter anderem den parataktischen Satzbau als Frontstellung gegen die »logische[...] Hierarchie subordinierender Syntax« (11, 471) starkmachen. In seinem programmatischen Essay über den Essay nimmt er diese Struktur auch für den eigenen Stil in Anspruch. Bestimmend sei für den Essay, dass »gewissermaßen alle Objekte gleich nah zum Zentrum sind« (11, 28): »Seine Übergänge desavouieren die bündige Ableitung zugunsten von Querverbindungen der Elemente, für welche die diskursive Logik keinen Raum hat« (11, 31). Eine »Affinität zum Bild« kommt dem Essay, wie Lacis' und Benjamins Porosität, durch sein »konstruiertes Nebeneinander« (11, 32) zu. Während der Arbeit an der *Ästhetischen Theorie* wird dieses Nebeneinander schließlich zur Selbstanweisung: »Das Buch muß gleichsam konzentrisch in gleichgewichtigen, parataktischen Teilen geschrieben werden, die um einen Mittelpunkt angeordnet sind, den sie durch ihre Konstellation ausdrücken« (7, 541).

Angesichts dieser Erwartung, die Adorno durch seine eigene Beschreibung schürt, ist die Lektüre des Wozzeck-Artikels eine Enttäuschung. Das Ungewöhnlichste an ihm ist auf den ersten Blick dann eben doch wieder seine Kompliziertheit. Dass zu Beginn des Textes Alban Berg nur im Lehrer-Schüler-Verhältnis zu Schönberg eingeführt wird, mag dem strategischen Impuls geschuldet sein, die neue musikalische Schule als Gruppe zu etablieren. Und natürlich kommt man an Schönberg als Galionsfigur, der man überdies ja auch seine Referenz erweisen will, nicht vorbei. Aber dann treibt Adorno die Lehrer-Schüler-Beziehung zu einer paradoxen Pointe, wenn sich dieses Verhältnis gerade dadurch etablieren soll, dass es jegliche Lehrer-Schüler-Beziehung negiert. Im zweiten Abschnitt begibt sich Adorno dann unverzüglich und detailbewehrt in die Diskussion der musikalischen Variation – die Beziehung zwischen Schönberg und Berg zeige sich allein durch diese musikalische Technik. Der dritte und letzte Abschnitt immerhin öffnet die Perspektive vom rein Technischen hin zur konfrontativen Stellung, die Berg gegenüber der musikalischen Tradition einnimmt.

Insgesamt mag der Aufsatz technisch detaillierter ausgeführt sein als vergleichbare Aufsätze dieser Zeit, an die Stelle von metaphysischen Beschwörungen von Genie oder musikalischem Erleben rückt technische Analyse. Aber ein neues Stilideal scheint nicht auffindbar. Da ist nichts von der Beschreibungsintensität von Benjamins und Lacis' Denkbild. Nichts von der Gleichwertigkeit der Intentionen. Durchaus konventionell dient der erste Abschnitt als Einleitung, von der aus mit gewöhnlicher Rhetorik Bergs »geistige Landschaft in ihren beiden Richtungen« nach »Kontur und Weite« (18, 457) überblickt und ›flüchtig ausgemessen‹ werden soll. Ist Adornos neugefundenes Stilideal in der begeisterten Konzeption steckengeblieben?

Unvorhergesehene Konstellationen

Dem Begriff der Porosität ist kein langes Leben beschieden. Er geht bereits Benjamin verloren,[138] obwohl er doch ganz hervorragend zu jenem Phänomen passen würde, das ihn bald vehement beschäftigen wird: den Pariser Passagen als Löchrigkeit der Warenhauskomplexe in der Metropole des 19. Jahrhunderts. Womöglich ist die Pororsität auch labil, weil sie metaphorisch quer liegt zu Hegels Forderung, »die festen Gedanken in Flüssigkeit zu bringen«,[139] und dem daraus entstehenden revolutionären Auftrag vom »Flüssigmachen der versteinerten Verhältnisse«. Wenn Adorno das Merkmal der Porosität – dass nichts bei sich selber bleiben darf – auf die Kompositionsweise von Alban Berg überträgt, dann tut er das nicht nur unter Umgehung des Begriffs. Er übersetzt diesen zudem in den zum Flüssigmachen passenden Ausdruck vom »Aufweichen« der »verfestigten Gestalt« zum »Fluß« der Varianten. Adorno wird das Wort Porosität selbst nie verwenden – das »brüchige Leben von Steinen« (17, 24) im Schubert-Essay von 1928 wird die stärkste bildhafte Annäherung an die Porosität sein.

Die Porosität verabschiedet sich als der Schauplatz zugunsten jenes Begriffs, dessen Obertöne sich weit besser zum philosophischen Gebrauch eignen: die Konstellation. »Konstellation« ist ein Ziehharmonika-Wort, es kann nahezu beliebig seine semantische Dichte variieren. Der Begriff »Konstellation« kommt von einer starken, eindeutigen Semantik, wenn er die Sternbilder meint. Aber er lässt sich fast komplett entleeren bis zur mehr oder weniger rhetorischen Bezeichnung für eine bestimmte Situation, ein bestimmtes Verhältnis. Im Laufe der Inanspruchnahme dieser Konstellation durch Adorno wird sich die Möglichkeit eines variablen semantischen Füllstandes als überaus hilfreich erweisen.

Im Neapel-Denkbild hat die Konstellation die Bedeutungen einer baulichen Zusammenstellung und einer sozialen Aktion. Durch die Konnotation der Sternbilder sind diese »unvorhergesehenen Konstellationen« zudem mit einem Hauch von Utopie überzogen.

Nun sind Sterne als Metapher ja nicht sonderlich originell, in den theoretischen Entwürfen der 1920er-Jahre findet man sie zuhauf. Franz Rosenzweig trägt die wesentlichen Momente seiner monumentalen Erforschung des Judentums an den Schnittpunkten und Spitzen des Davidsterns ein, der als *Der Stern der Erlösung* im Titel steht. »Selig sind die Zeiten, für die der Sternenhimmel die Landkarte der gangbaren und zu gehenden Wege ist und deren Wege das Licht der Sterne erhellt«,[140] ist der erste Satz von Lukács' *Theorie des Romans*, es ist eine Verlustanzeige. Auch Benjamin hat die Sterne schon einmal programmatisch in Anspruch genommen, der Wahlverwandtschaften-Aufsatz endet mit der berühmt gewordenen Hoffnung für die Hoffnungslosen, die sich in dem Stern materialisiert, der über ihnen ›wegfährt‹.[141]

Die Konstellation ist aber mehr als lediglich ein weiteres Beispiel für die Sternenmetaphorik. Sie bezeichnet den Prozess, durch den etwas überhaupt erst »Sterncharakter« erhalten kann und zwar etwas von Sternen weit Entferntes: Sie bezeichnet das Sich-Fügen von kaputten, porösen Dingen zu etwas erstaunlich Neuem, so wie es Sohn-Rethel in seinen alltagskulturellen Beobachtungen beschrieben hat. Diese Verwandlung von kaputtem Ding zum Stern mag als Vorbild die Erzählung eines literarischen Geheimtipps gehabt haben. Benjamin hatte sich wenige Monate vor dem neapolitanischen Treffen einige »nachgelaßne Sachen von Kafka« zur Rezension geben lassen und Scholem von seiner Faszination für diesen Autor geschrieben, die schon seit 1915, dem Erscheinen von »Vor dem Gesetz«, währte.[142] Bereits 1920 war Kafkas Band *Der Landarzt* erschienen, in dem sich die Erzählung »Die Sorge des Hausvaters« befindet, deren Held ein Prototyp des kaputten Dinges ist.[143] Der später so berühmt werdende Odradek ist ein unnützes, rätselhaftes Ding, es sieht aus wie eine Zwirnspule, kann sich aber in einen Stern verwandeln. Die Spule ist »sternartig«, aus der »Mitte des Sternes kommt ein kleines Querstäbchen hervor«, das sich in einer vertrackten Kombination mit anderen »Ausstrahlungen des Sternes«[144] verbindet, so dass Odradek sogar stehen kann.

Knapper lässt sich die Metamorphose von Müll zum Stern nicht schildern.

Was Benjamin und Sohn-Rethel mit dem Begriff der Konstellation dieser Erzählung hinzufügen, ist das Moment der Anordnung. Nicht dem einzelnen Ding ist die Verwandlung gegönnt. Sie entsteht vielmehr durch die Zusammenstellung der porösen Dinge – eben deren Konstellation. Das Sternbild, das sich dabei ergibt, ist aber nicht nur Index für irgendetwas unbestimmt Transzendentes. Es soll vielmehr eine bestimmte »Wahrheit« darstellen. Denn mit dem Begriff der Konstellation wird die Struktur der Porosität ehrgeiziger. Sie bescheidet sich nicht mehr damit, stilistisches Prinzip zu sein. In der »Erkenntniskritischen Vorrede« des Trauerspielbuches, mit der Benjamin genau zu dem Zeitpunkt ringt, als er Lacis kennenlernt, macht er die Frage nach der Darstellung zum wesentlichen Moment emphatischer Erkenntnis, nämlich der Wahrheit des jeweils untersuchten Gegenstandes: »Denn nicht an sich selbst, sondern einzig und allein in einer Zuordnung dinglicher Elemente im Begriff stellen die Ideen sich dar«.[145]

In einer früheren Fassung der Vorrede treibt es Benjamin beim Sich-Annähern an diese Darstellungsform philosophischer Deutung von einer Metapher zur nächsten: Zunächst ist diese Zuordnung ein Mosaik, dann sind es die den Sinai bedeckenden Steine, anschließend bemüht Benjamin dafür die Mutterschaft, einen reißenden Strudel oder die Sonne.[146] Der entscheidende Vergleich aber wird erst in der späteren Fassung eingefügt:[147] »Die Ideen sind ewige Konstellationen und indem die Elemente als Punkte in derartigen Konstellationen erfaßt werden, sind die Phänomene aufgeteilt und gerettet zugleich«.[148]

Auf einer inhaltlichen Ebene mögen das Trauerspiel und die von Lacis forcierte kommunistische Option miteinander konkurrieren, wie die Herausgeber der *Gesammelten Schriften* Benjamins feststellen.[149] Und es ist folgerichtig und hilfreich, die Entwicklung vom Trauerspielbuch zur *Einbahnstraße* als Bruch zu verstehen.[150] Denn auf der Ebene der untersuchten Gegenstände ist es natürlich ein gewaltiger Unterschied, ob es um barocke Bezeichnungstechnik oder um die Materialität des gegenwärtigen Alltagslebens geht. Aber dennoch wandert das neapolitanische Alltagsspektakel als theoretische Selbstvergewisserung bereits in die »Erkenntniskritische Vorrede« des Trauerspielbuches. Denn mit der Konstellation hat Benjamin den zentralen Begriff für eine neuartige Deutungstechnik gefunden und sogleich paradigmatisch auf die aktuelle Untersuchung angewandt. Die Wahrheit über das barocke Trauerspiel ergibt sich nicht in einem argumentativen Nacheinander von Aussagen, die über bestimmte Elemente getroffen werden, sondern im Zugleich einer auch disparate Elemente zusammenzwingenden Konstellation. »Nicht die abschließende ›Station‹ allein, sondern erst das ›Sternbild‹ aller bringt die ›Idee‹ der Trauerspiel-Allegorie zur ›Darstellung‹, ohne sie in einem Ergebnis-Satz zu ›haben‹«,[151] schreibt Winfried Menninghaus.

Die Struktur einer derart gestalteten theoretischen Arbeit ist denn auch keine fließende. Das Trauerspielbuch ist »so gebaut, daß jeder der dicht gewobenen und in sich undurchbrochenen Abschnitte gleichsam Atem schöpft, von neuem anhebt, anstatt nach dem Schema des durchlaufenden Gedankengangs in den nächsten zu münden. Dies literarische Kompositionsprinzip vertritt kaum einen geringeren Anspruch als den, Benjamins Vorstellung von der Wahrheit selber auszudrücken« (11, 571), schreibt Adorno. Die offene Struktur der Porosität, die im Neapel-Denkbild die Dichte der Beschreibung ermöglichte, wird als Konstellation nun auch für einen genuin theoretischen Text fruchtbar gemacht.[152] Auch hier gibt es wieder die Entsprechung von untersuchtem Gegenstand und der Methode seiner Untersuchung: Die Allegorie, die Dinge und Namen als Bedeutungen für etwas anderes entfremdet, wird mit eben dieser Technik einer Zusammenstellung entfremdeter Dinge zur Darstellung gebracht. Dem »Heben« der »Bedeutungsrequisiten« auf eine neue Ebene in der allegorischen Technik entspricht das Sichtbarwerden der Wahrheit des barocken Trauerspiels durch die Anordnungskunst Benjamins. Eine neapolitanische Kunst. »So wie der melancholische Allegoriker den Trümmern der dissoziierten Welt neue Bedeutung verleiht, setzt auch der durchaus nicht melancholische Neapolitaner die Trümmer zu einem neuen funktionierenden Ganzen zusammen«, schreibt Carl Freytag und verbindet damit Sohn-Rethels Neapel-Beobachtungen mit Benjamins Wahrheitsentwurf: »Der Neapolitaner ist Realallegoriker.«[153]

Adorno beteiligt sich an dieser Ausweitung der Konstellation zum Instrument philosophischer Deutung. Schon im Wozzeck-Aufsatz geht es um nichts Geringeres als um »Wahrheit«. Das erfahren wir nicht unbedingt von dem Aufsatz selbst, sondern von Adornos groß angelegter Verteidigung. Denn dem Aufsatz ist das größtmögliche Unglück widerfahren: Sein »idealer Leser«, Arnold Schönberg, vermag nichts mit ihm anzufangen. Schönberg formuliert seine Kritik nicht direkt, er äußert sich brieflich Berg gegenüber, und der lässt es dem Autor zukommen. Der Brief ist bedauerlicherweise nicht erhalten, aber wir verdanken ihm die außerordentlich informative Apologie, die Adorno Berg übermittelt. Wir erfahren, dass der Aufsatz eine konstruktive Mitte hat, was implizieren würde, dass alle Abschnitte eben doch gleich weit von ihr entfernt sind. Und diese Mitte ist die Wahrheit, die Wahrheit Schönbergs, »deren musikalisches Maß er gefunden hat«.[154] Also genau der, der sie als idealer Leser jetzt nicht wiederzufinden vermag in Adornos Darstellung. Aber uns geht es ja genauso. Dass in diesem Aufsatz welche Wahrheit auch immer konstellativ umkreist wird, kommt uns bisher nur als Behauptung entgegen. Immerhin aber benennt diese Behauptung den Anspruch, den mit Benjamin auch Adorno an seine Darstellungskunst stellt.

In seiner akademischen Antrittsvorlesung von 1931 benutzt Adorno den Begriff der Konstellation programmatisch, allerdings mit einer bemerkenswerten semantischen Entleerung: Echte philosophische Deutung habe ihre Elemente »so lange in wechselnde Konstellationen, oder, um es mit einem minder astrologischen und wissenschaftlich aktuelleren Ausdruck zu sagen: in wechselnde Versuchsanordnungen zu bringen, bis sie zur Figur geraten, die als Antwort lesbar wird, während zugleich die Frage verschwindet« (1, 335).[155]

Die Konstellation ist längst als zentraler Begriff für Adornos Philosophie identifiziert. Sie steht in den Interpretationen allerdings ein wenig im Schatten des anderen wesentlichen Begriffs, des »dialektischen Bildes«; meist gilt sie als das ausdrucksschwächere Synonym für diese Art von Bild.[156] Der Konstellation haftet etwas Undeutliches an, das macht sie in der Rezeption vielseitig verwendbar, dadurch wird sie aber auch eigentümlich unscharf.

Susan Buck-Morss macht in ihrer Studie *The Origin of Negative Dialectics* vor, wie gut die Konstellation zu den angrenzenden Metaphern von Rätsel, Hieroglyphe und den beliebten Schlüsseln, mit denen in der *Negativen Dialektik* das Geheimnis geöffnet werden soll, passt.[157] Und sie gibt einige Anhaltspunkte dafür, auf welche Weise die Zusammenstellung solcher Konstellationen zu leisten wäre: Eine möglichst differenzierte Aufsplitterung der Phänomene, das Herauslösen aus ihren angestammten Zusammenhängen und Neu-Zusammensetzen zu ungewohnten Kombinationen.[158] Aber ist das nicht ohnehin die Minimaldefinition von Konstellation?

Wenn die Regeln dieser neugefundenen Technik der Konstellation in Adornos Texten beschrieben werden sollen, bleibt zumeist nur die negative Bestimmung übrig, dass sie eben eine Alternative zur gewöhnlichen diskursiven Argumentation bieten soll. Wie diese Alternative genau auszusehen hätte, lässt sich dann aber anscheinend nicht mehr theoretisch präzise beschreiben, sondern obliegt dem Talent und der Persönlichkeit des Konstellators: »Auf einmal passen alle Aspekte zusammen und die Lesart überzeugt, wobei dies nicht planbar ist, sondern soziologische Phantasie, begriffliche Strenge und exemplarisches Lernen auf der Grundlage eigener Leidenserfahrungen erfordert«,[159] heißt es beispielsweise in einer kürzeren Zusammenfassung zu Adornos Werk. Dann aber rückt dieses konstellatorische Wunderwerk in die Nähe einer Geheimlehre, der man bestenfalls nacheifern kann, wie es Rolf Tiedemann, der Herausgeber der *Gesammelten Schriften* Adornos, tut, wenn er zur Begründung für seine editorische Entscheidung, die Fragmente zum ungeschriebenen Beethoven-Buch nicht in chronologischer Reihenfolge, sondern nach Sinneinheiten zusammenzustellen, die Konstellation beschwört.[160] Und Axel Honneth gesteht angesichts der Undeutlichkeit der Konstellation ein: »viele der methodologischen Formulierungen, die Adorno verwendet, um diese Idee einer ›deutenden Gruppierung‹ näher zu charakterisieren, bleiben indes vage und sind daher von nur geringer Hilfe«.[161]

Ist die Konstellation, sind die »wechselnden Versuchsanordnungen« vielleicht tatsächlich nur ein Freibrief für ein wildes Denken, das über die Konfrontation zur gewöhnlichen Rationalität hinaus keine weitere Regelhaftigkeit auszubilden weiß? Ist sie nur der kleinste gemeinsame Nenner des theoretischen Reagierens auf den Druck einer unübersichtlich gewordenen Moderne, für die die Erfahrung Neapels ein Beispiel abgibt?

Mit diesem Reagieren sind die Teilnehmer des neapolitanischen Treffens im September 1925 ohnehin spät dran. Später werden mindestens Benjamin und Adorno die Modernisierungsschübe des 19. Jahrhunderts einholen, die für sie vor allem an den Namen Baudelaire gebunden sind. Dabei werden sie alle möglichen Metaphern von Modernität ausnutzen: Metaphern, die dem Durcheinander, der Komplexität einer Wirklichkeit Rechnung tragen, die sich nicht mehr in linearen Figuren fassen lässt: das Kaleidoskop, das Prisma, das Gewebe.[162]

Die erste Figur, die dieses Durcheinander annimmt, ist für die späteren kritischen Theoretiker aber die Konstellation, die von den 1920er-Jahren an ein vielfältiges, untergründiges Nachleben führt.[163] Als »détournement« – der »Entfernung ästhetischer Artefakte aus ihren Zusammenhängen und ihre Umleitung in neue, selbstentworfene Zusammenhänge«[164] – machen beispielsweise die Situationisten das Prinzip der Konstellation zur subversiven kulturellen Praxis. Als »bricolage« verwandelt Claude Lévi-Strauss das Sohn-Rethelsche Entfremden und Neuzusammensetzen ins Charakteristikum vermeintlich wilden Denkens: So wie sich der Neapolitaner aus dem technischen Müll etwas zurechtbastelt, besteht laut Lévi-Strauss die Eigenart des mythischen Denkens darin, »strukturierte Gesamtheiten zu erarbeiten [...] durch Verwendung der Überreste von Ereignissen: ›odds and ends‹, würde das Englische sagen, Abfälle und Bruchstücke, fossile Zeugen der Geschichte eines Individuums oder einer Gesellschaft«.[165] Roland Barthes schreibt in schöner Klarheit über die strukturalistische Tätigkeit: »Der strukturale Mensch nimmt das Gegebene, zerlegt es, setzt es wieder zusammen.«[166] Alexander Kluge, einer der Virtuosen in der Inanspruchnahme einer nichtlinearen, konstellativen Dramaturgie, stellt diese in die Tradition von Döblin und Dos Passos.[167] In seinem jüngsten Roman hat Péter Nádas, um ein letztes Beispiel zu nennen, ein »heiliges Nebeneinander« aller möglichen Erzählstränge probiert, um »vollkommene Freiheit«[168] für die Darstellung eines zerrissenen Jahrhunderts zu haben.

Die Konstellation scheint eine wahre Wunderwaffe zu sein, aber als bloße Rekombinatorik, als bloßer Gegensatz zum linearen Denken ist sie viel zu weit gefasst, um genauere Regeln für ihre Wirkweise geben zu können. Sie scheint das Formprinzip eines ästhetischen Denkens zu sein, erreichbar durch Sensibilität und Einübung.[169] Möglicherweise springt uns die Wahrheit des Wozzeck-Aufsatzes ganz einfach deshalb nicht ins Auge, weil Adornos Talent für diese Darstellungskunst zu jenem Zeitpunkt noch nicht ausgereift ist? Die folgenden Seiten sollen darauf ein klares Nein ermöglichen. Der Konstellation in Adornos Variante liegt eine klare Regelhaftigkeit zugrunde. Um ihr auf die Spur zu kommen, müssen wir von Capri aus den Blick etwas weiter nach Osten richten: weg von Neapel, hin zur Amalfiküste.

Postkarten schreiben

Tourist zu sein ist ein leidiges Geschäft. Da scheint man es endlich geschafft zu haben, endlich hat die Flucht vor den nachfolgenden Touristenwellen, die das Besondere des Ortes zunichte machen, ein Ende. Das letzte Klischee von Neapel ist, dass es widerständig gegenüber allen Klischees ist: »Was soll ich von Neapel sagen, wo alles Reiz ist und doch so wenig Genuss«,[170] fragt sich schon von Platen, und der Historiker Ferdinand Gregorovius, für den Neapel »geradezu etwas Abstoßendes«[171] hat, stellt das nicht Fassbare, das uneinholbar Originale der Stadt als Negativbefund fest: »Man hat so viele Darstellungen neapolitanischen Lebens, so viele fleißige und geistreiche Bücher, aber ihrer tausend könnte man zuvor gelesen haben und stünde doch vor dem Wechsel der Erscheinungen ganz unberaten da.«[172] Das Paradies für jeden Tourismus-Flüchtigen. Und nun? Alles von sich werfen und eine Latteria aufmachen?

Am Ende reicht es dann doch bloß wieder für eine Ansichtskarte, mit der man seine Reiseerinnerungen verwaltet. Die aus dem Urlaub mit meist überschaubarem Nachrichtenwert verschickte Postkarte ist ein reizvolles alltagskulturelles Phänomen, und als solches hat sie Benjamins Interesse erweckt. 1926 ist Benjamin von Kracauers kurzen Porträts von »Versatzstücken der kleinbürgerlichen Traum- und Sehnsuchtsbühne«, wie dem Regenschirm oder dem Klavier, begeistert. Wenn Kracauer diesen Versatzstücken weiter nachgehe, werden die beiden sich, so hofft Benjamin, »vielleicht an einem Punkte begegnen, den ich seit einem Jahr mit aller Energie visiere, ohne ihm [sic] ins Zentrum treffen zu können: die Ansichtskarte.«[173] Tatsächlich exekutieren wird diese Idee aber Adorno. Zu einer Gelegenheit, die sich dafür nicht unbedingt aufzudrängen scheint: in seinem Essay über Franz Schubert, das er für die Zeitschrift *Die Musik* zum 100. Todestag von Schubert schreibt, im Jahre 1928, kurz bevor er mit Gretel ein weiteres Mal nach Neapel reist.

Die Ansichtskarte, so heißt es in diesem Essay, reihe sich ein in eine seit dem 19. Jahrhundert herrschende Mode der »Miniaturlandschaft als bürgerliches Gebrauchsobjekt jeglicher Art« (17, 23). Adorno kommt deshalb im Rahmen eines Essays über Musik auf die Ansichtskarte zu sprechen, weil er sie mit der musikalischen Praxis der Potpourris vergleicht. Motive aus Schuberts Musik werden zu Potpourris zusammengefügt ohne Ansehung ihres eigentlichen Sinns in dem Kontext, aus dem sie herausgelöst werden. Potpourris sind seltsame musikalische Wesen, sie verhelfen Schuberts Musik zu einem zweiten Leben, aber um den Preis der Wahllosigkeit. »Die vollständige Vertauschbarkeit alles thematisch Einzelnen dort zeigt an die Gleichzeitigkeit aller Ereignisse, die ohne Geschichte aneinanderrücken« (ebd.). Von diesem Geist sind laut Adorno die zur gleichen Zeit wie die Potpourris aufkommenden Ansichtskarten. Auch sie sind »Surrogat« der Wirklichkeit, sie zeigen eine von Geschichte unversehrte Welt.

Dem mag man problemlos zustimmen. Gerade auf Postkarten hat die entleerte Welt nun einmal überhaupt nichts verloren. Gerade auf Postkarten soll die Welt sich als sinnhaft erweisen, man will ja nun nicht umsonst die abgebildete Gegend bereist haben. In einer Zeit, als sich schräge Spaßpostkarten noch nicht durchgesetzt haben, wird man geflissentlich darauf geachtet haben, dass keine Spuren von Verfall oder Modernisierung das abgebildete Idyll beeinträchtigen. Urlaubspostkarten sind gleichsam Ikonen jeder touristischen Fluchtbewegung. »Eine Ansichtskarte ist das trockene Bruchstück einer feuchten Wirklichkeit, eine szenische Darstellung, die ihre Kulissen verbirgt, ein Stück Welt, das gefriergetrocknet wurde und im besten Licht präsentiert wird, ein ausgestopftes Tier – bloßer Schein«,[174] schreibt Michel Onfray.

Wenn die kritischen Theoretiker Postkarten aus dem Golf von Neapel verschicken, dann kapituliert ihr Einfallsreichtum zumeist an der Einförmigkeit des Angebots. Wenn Adorno Kracauer von »unseren tragischen Stätten« aus grüßt, dann auf der Rückseite des Neapel-Ansichts-Klassikers, den der Umschlag dieses Buches ziert und der auch schon von Ernst Jünger im April 1925 benutzt wurde, als er seiner Mutter davon berichtet, dass »sich das Wetter sehr gebessert« habe und »der kalte Wind verschwunden«[175] sei. Benjamin hat sich die Postkarte mit den Capreser Faraglioni-Inseln (S. 20) und die mit dem Mussolini-Zitat (S. 31) gleich mehrfach zugelegt, er bleibt weit hinter dem Kuriositätenfundus zurück, den er bei späteren Reisen in Anschlag bringt.

Man muss auf die imaginären Postkarten ausweichen, will man »sehen«, welche Art Ansichtskarte vor Adorno Gnade gefunden hätte. Der Essay, in dem Adorno über die Ansichtskarte als bürgerliches Gebrauchsobjekt nachdenkt, beginnt mit einer solchen. Kurz bevor er ein weiteres Mal an den Golf von Neapel fährt, eröffnet Adorno einen Text mit einer Phantasie über eine Kraterlandschaft, mit einer Inszenierung, in der jemand aus der Tiefe eines Vulkans herausschreitet und endlich wieder das Tageslicht erreicht. Adornos Essay, der doch von Schubert handeln soll, beginnt wie folgt:

»Wer die Schwelle zwischen den Todesjahren Beethovens und Schuberts überschreitet, den ergreift ein Schauer, wie ihn ähnlich empfinden mag einer, der aus rollendem, aufgestülptem, erkaltendem Krater ins schmerzhaft feine und weiß behangene Licht kommt und vor den Lavafiguren der schutzlos gebreiteten Höhe dunkler Pflanzengespinste gewahr wird, um endlich, nah dem Berg schon und dennoch weit über seinem Haupte, die ewigen Wolken in ihrer Bahn zu erkennen. Aus dem Abgrund betritt er die Landschaft, die jenen umgibt und seine bodenlose Tiefe einzig sichtbar macht, indem sie sie mit der gewaltigen Stille ihrer Lineatur umzieht und in Bereitschaft das Licht empfängt, dem blind zuvor die glühende Masse entgegenschlug« (17, 80).

Das ist doch mal eine deutlich andere Szenerie als sie gewöhnlich auf den handelsüblichen Ansichtskarten abgebildet ist. Die unberührte Landschaft ist laut Enzensberger eines der Leitbilder des Tourismus. Der Individualreisende Adorno aber will die Spuren der Geschichte sehen, die sich in die Landschaft eingegraben haben. Ein Vulkan ist dafür bestens geeignet. Bei einem Vulkan kann man nun wirklich nicht mehr leugnen, dass sich etwas Gewaltiges ereignet hat, er ist geradezu das Mahnmal einer naturgeschichtlichen Katastrophe. Die liebliche Landschaft wurde zerrissen. Kein genaueres Gegenbild zur bürgerlichen Postkarte als einen Vulkan, der die auf ihr abgebildete Landschaft zerlöchert, ließe sich finden. Und ist es ein Zufall, dass ein Krater die Idealform der Porosität verkörpert? Er ist zwar nur ein einzelnes Loch mit Außenrum, aber immerhin ein gewaltiges. Der Krater ist Landschaft gewordene Konstellation. Über Schuberts »kreisende Wanderschaft« (17, 26) entlang dieser Landschaft heißt es im Laufe des Essays: »Der exzentrische Bau jener Landschaft, darin jeder Punkt dem Mittelpunkt gleich nah liegt, offenbart sich dem Wanderer, der sie durchkreist, ohne fortzuschreiten: alle Entwicklung ist ihr vollkommenes Widerspiel, [...] und kreisend werden die dissoziierten Punkte der Landschaft abgesucht, nicht sie selber verlassen« (17, 25).

Gleich zu Beginn des Essays ist man also bereits am Ziel angelangt. Und das müsste doch eigentlich schon des Rätsels Lösung sein, in diesem Fall des Rätsels Schubert. Zugleich beschleicht einen der Verdacht, dass die »geistige Landschaft« Bergs aus dem Wozzeck-Aufsatz doch mehr als ein bloß rhetorisches Bild sein könnte. So stellt sich erneut die Frage: Warum übersehen wir ständig die rätsellösende Anordnung? Wo zeigt sich die Wahrheit über Bergs *Wozzeck* und wo die von Schubert?

Aber so leicht ist die Landschaft ja auch nicht zu haben. Beständig schiebt sich ihre klischierte Abbildung auf den Ansichtskarten dazwischen. Und von diesen Karten zur porösen Landschaft scheint es eine beschwerliche Strecke zu sein. Der Schubert-Essay berichtet davon, dass die Landschaft der Ansichtskarte »zerschlagen« wird, nachdem sie infernalisch widergespiegelt wurde von den Potpourris. Das klingt zunächst völlig unverständlich, aber die Richtung ist klar. Man scheint dem Ärgernis der bürgerlichen Postkarte nicht ausweichen zu können, im Gegenteil, man muss durch sie hindurch. Erst durch die Zerschlagung der Postkartenlandschaft gelangt man laut Adorno zur wirklichen; das Zerfetzte benötigt zunächst das, was zerfetzt werden soll. Es lohnt sich also augenscheinlich, die Beschaffenheit dieser Postkarten genauer in den Blick zu nehmen. Umso mehr, als Adorno mit schwerem begrifflichen Geschütz auf sie schießt: »In ihnen bildet die Idee einer zeitlosen mythischen Realität dämonisch depraviert sich ab« (17, 23), heißt es im Laufe des Essays. Die Rede ist von einer Ansichtskarte. Ist das nicht ein bisschen übertrieben? Wie kommen der Mythos und die Dämonie in so eine Karte?

Spuk in Positano

Der Tourist flieht zu den einsamen, unbesehenen Orten, aber die anderen kommen immer nach, und so kommt die Flucht nie zur Ruhe, ständig werden neue Orte aufgetan. Savinio macht sich während seines Capri-Aufenthaltes an den Aufstieg zum Monte Solaro und ruft erfreut: »stachlige Aloen, Feigenkakteen säumen den Weg. Hier oben freilich sind ihre breiten, fleischigen Blätter nicht von den dithyrambischen Ergüssen enthusiastischer Besucher gezeichnet. So weit reicht die Welle des Tourismus nicht.«[176] Benjamin und Sohn-Rethel haben in Neapel ein dem Touristischen widerständiges Reiseziel gefunden. Und es gibt in den 1920er-Jahren von Capri aus ein weiteres Ziel dieser Fluchtbewegung: das an der Amalfiküste gelegene Positano.

Capri ist idealer Startpunkt für alle möglichen Abenteuer zwischen dem Golf von Neapel und der Amalfiküste. Beide Küsten, die von der sorrentinischen Halbinsel geteilt werden, sind schnell erreicht. Je nachdem, wonach einem gerade ist, stattet man dem städtischen Chaos von Neapel oder der ursprünglichen Natur der Amalfiküste einen Besuch ab. Um Neapel herum erblickte La Capria die vom hellen Tuffstein geprägte Landschaft Vergils. Östlich von Sorrent aber, entlang der Amalfiküste, befindet sich der homerische Teil, man erkennt ihn an der »unvermittelt auftretenden geologischen und morphologischen Andersartigkeit«.[177] Hier herrscht nicht mehr der Tuff, sondern der Kalkstein. La Capria schreibt: »Das Gestein wird plötzlich zu etwas Kompaktem, Eisernem, und

Positano an der Amalfiküste

der Dolomitfels stürzt jäh ins Meer ab, das in den Grotten widerhallt. In dieser Landschaft gewahrt man so etwas wie eine Entfesselung tellurischer Kräfte«.[178]

Manch einer, der es rauer wollte als auf Capri und noch nicht so durchsetzt vom monetär befeuerten Ästhetizismus, ist dann gleich in der tellurischen Landschaft geblieben – das in den Berg gehauene Positano setzt sich in den 1920er-Jahren als mentale Hauptstadt der Amalfiküste durch. Der Schriftsteller Alfred Kantorowicz charakterisiert Positano – bevor es sich als wildere Alternative zu Capri herumspricht – als »völlig entlegenen und unbekannten Ort«.[179] Brechts Bühnenbildner Caspar Neher, der sich rühmte, Positano entdeckt zu haben, meint: »Es ist ein Nest ohne jeden Komfort; dafür aber hat man das, was abzumalen sich lohnt, in Fülle. Hier gibt es nicht die knallige Schönheit von Capri oder Sorrent, kein Süditalien-Klischee. Die Natur hier ist grob, klobig, düster; sie hat den kargen Reiz der Landschaft mit Anstrengung und Mühe gestaltet.«[180]

Die Düsternis hat zur Folge, dass in vielen Reiseberichten zu Positano das Unheimliche einen breiten Raum einnimmt.[181] Gespenstergeschichten werden erzählt, man weidet sich am Spuk. Ein üblicher Vorgang, wenn »ein intellektuelles Wanderproletariat mit einer eingesessenen primitiven Bevölkerung zusammentrifft«,[182] wie Benjamin konstatiert. »Gespenster, Bohemiens und Zwischenexistenzen der verschiedensten Grade durchwalten«[183] laut Kracauer den Ort.

Benjamin wie auch Kracauer, der mit Adorno 1925 ebenfalls in Positano Station machte, verwehren sich aber gegen die Folklorisierung und die touristische Aufklärung des Gespenstischen. Beide wollen Ernst machen mit der Unheimlichkeit des Ortes und errichten eine Art Beschreibungsmonopol einer Höllenlandschaft. Gegen die üblichen »penetranten Gespenstergeschichten«[184] setzt Benjamin die eigene Anekdote eines Positano-Besuches mit Ernst Bloch und Sohn-Rethel. Ihn überkommt bei einem Nachtspaziergang plötzlich die Idee, einige Schritte ohne die anderen in »eines der ausgestorbenen Quartiere« bergaufwärts zu machen. »Ich spürte, wie ich denen da unten entglitt, trotzdem ich in Hör- und Sehweite, denkbar nah, blieb. Mich umgab eine Stille, eine Verlassenheit voller Ereignis. Leiblich drang ich mit jedem Schritte in ein Geschehn vor, von dem ich weder Bild noch Begriff hatte und das mich nicht dulden wollte. Plötzlich hielt ich zwischen Gemäuer und Fensterhöhlen, in einem Stachelwald scharfer Mondschatten inne. Um keinen Preis hätte ich einen Schritt weiter tun wollen. Und hier, unter den Augen meiner völlig ins Wesenlose entrückten Begleiter, machte ich die Erfahrung, was es heißt, einem Bannkreis sich nähern. Ich kehrte um.«[185]

Kracauer porträtiert Positano in seinem Essay »Felsenwahn in Positano« auf ähnliche Weise als Bannkreis, als unheimlich vorweltliche Landschaft. Zunächst nimmt er sich Benjamins und Lacis' strukturelles Ausufern des Porösen der realen Skelette zum Vorbild. Positano ist kegelförmig an den Hang des Monte Sant'Angelo gebaut, irgendwo mittendrin gibt es den Friedhof, er »fällt in die Stadt. Er ist ein Loch, in das die Särge geworfen werden; einfache Kisten, der Deckel klappt über ihnen zu«.[186] Bei sintflutartigem Regen kann es passieren, dass die Skelette aus der Leichenzisterne in Gärten und Häuser schwimmen. Diese wirklichen Skelette aber stecken die Struktur des Ortes an. Kracauer beschreibt Positano als »Gebeinmagazin«, als »Totenstadt, deren Hausgerippe in der stehenden Luft langsam zerbröckeln«.[187]

Bedeutsamer für den Spuk aber sind andere Protagonisten. Mehr noch als die Skelette machen Gespenster frösteln. Positano ist nicht nur Totenstadt, sondern auch Behausung der Untoten: »Zwar sind die Götter dahingefahren, aber die alten Dämonen gehen immer noch um«, »Revenants« wandeln umher, »umschweifend in den Zeiten, konservierter Bestand«.[188] Dass sich Kracauer gerade Positano als Gegenstand eines Reise-Essays ausgesucht hat und nicht etwa Pompeji, mag – neben einer Attraktion, von der wir bald hören werden – auch daran liegen, dass von dem irritierend untoten Leben ein größerer Reiz ausgeht als von der musealen Grabesruhe.

Sohn-Rethel ist der Spuk wohlbekannt. Nicht nur, weil er neben der Capri-Villa auch in Positano, im Hause seines Onkels Karl,

Unterkunft findet. Ihm begegnet der Spuk immer wieder am Ende des ersten Kapitels des *Kapital*. Der Abschnitt über den Fetischcharakter der Ware ist berühmt geworden, weil er Ideologiekritik schon an der kleinsten Einheit des kapitalistisch organisierten Wirtschaftssystems ermöglicht. Das Prinzip der Tauschbarkeit aller hergestellten Waren führt laut Marx zu »Zauber und Spuk«,[189] zu einer »phantasmagorische[n] Form«,[190] in der die an den Waren geleistete menschliche Arbeit als Natureigenschaft zurückgespiegelt wird. Das Selbstproduzierte sieht aus, als wäre es naturwüchsig: »Produkte des menschlichen Kopfes« scheinen »mit eignem Leben begabte, untereinander und mit den Menschen in Verhältnis stehende selbständige Gestalten«,[191] sie nehmen eine »von ihrer Realität verschiedne phantastische Gestalt«[192] an. Für Sohn-Rethel ist der Aufenthalt in Positano also immer auch eine Konfrontation mit einem der extremen Auswüchse der Marx'schen Bilderwelt, die er zugunsten wissenschaftlicher Exaktheit heftig befragt: »Darauf muß ich immer wieder Wert legen, daß ich damals eineinhalb Jahre damit verbracht habe, jeden Satz der ersten beiden Kapitel von Marx genau zu analysieren, jeden Begriff herauszuholen, in seine Merkmale zu zerlegen, festzustellen, ob er wörtlich zu nehmen war oder metaphorisch gemeint war. [...] Was bedeutet denn die Metaphorik da? Wodurch ist sie legitimiert?«[193]

Ein paar Jahre, bevor Sergej Eisenstein versucht, Marx' *Kapital* zu verfilmen,[194] und lange bevor Marx von Jacques Derrida einer Lektüre entlang seiner Gespenster unterzogen wird,[195] gehen die kritischen Theoretiker in Positano in den Kulissen des Warenspuks spazieren. Aber es kommt noch schlimmer. Auch in Neapel selbst, doch eigentlich dem Ort des hellen Tuffs, gibt es eine Bastion des Tellurischen, auch in Neapel stoßen Adorno und Kracauer auf einen solchen Hort von Wiedergängern und Dämonen: das berühmte Aquarium, aufgebaut und zu Weltgeltung geführt von Anton Dohrn.

Dohrn ist in den 1860er- und 1870er-Jahren ein fulminanter Manager seines Vorhabens, er gewinnt Fürsprecher, bekommt von der Stadt Neapel ein Grundstück in der Villa Reale, einem Park direkt am Meer. Als sich abzeichnet, dass die laufenden Kosten der Zoologischen Station die Aquariumseinnahmen übersteigen, etabliert er das System der Ländertische: Regierungen können in der Station einen Arbeitstisch mieten und Forscher dorthin entsenden. Befreit von Lehre und sonstigen Verpflichtungen, entwickeln die Wissenschaftler eine anregende Atmosphäre von Internationalität und Kollegialität – der junge Nachwuchswissenschaftler begegnet dem gestandenen Forscher an den Ländertischen auf Augenhöhe. Eine Atmosphäre, die auch den Ersten Weltkrieg überstand: Einige Monate vor dem Besuch Adornos tauschte beispielsweise der Student Ernst Jünger die Kanonen gegen Mikroskope.

Ein weiterer Bestandteil für den Erfolg der Zoologischen Station aber war die Tatsache, dass Dohrn nicht nur Wissenschaftler war, sondern auch Kunstliebhaber. Schon sein Vater mochte die Trennung der geistigen Sphären nicht akzeptieren, Felix Mendelssohn war Patenonkel von Alfred. Ein Raum der Station sollte den Künsten vorbehalten bleiben, Dohrn ließ Hans von Marées die berühmten Fresken malen. Nicht zuletzt durch diese Attraktion wurde das Aquarium zu einer Pflichtstation mindestens für die deutschen Gäste. Beim Besuch des Freskensaals hatte man die Visitenkarte abzugeben,[196] und in der Forschungsstation wurden diese Karten glücklicherweise gesammelt. In der Kladde zum Jahr 1925 findet sich im September die Karte von Adorno,[197] auf die noch nichts weiter gedruckt werden konnte als »Dr. philos.«, das aber immerhin in moderner serifenloser Sachlichkeit. Kracauer hat demgegenüber eine dem FZ-Redakteur angemessen repräsentative Karte mit schön bürgerlich ausgeschwungener Schrift hinterlassen; Sohn-Rethel, der über gar keine Karte verfügt, muss sich und seine Frau auf Kracauers Karte schreiben.

Zu viert also besichtigen sie den Freskensaal, aber natürlich statten sie auch dem Aquarium selbst einen Besuch ab und bestaunen »die Farne, die sich sträuben und wedeln, die würgenden Polypen und die geometrischen Muster, die Röhrensysteme, die ein ungeschöpfliches Leben bezeugen. Man wird rückverwandelt durch sie;

Anton Dohrn mit Fischern

Hans von Marées' Fresken im Neapolitaner Aquarium

Westwand

Ostwand

Nordwand

Süddwand

Sept. 1925.

20.

THEODOR WIESENGRUND-ADORNO
DR. PHILOS.

Sept. 1925.

22.

Dr. Siegfried Kracauer
Redakteur der Frankfurter Zeitung

e Alfred Sohn-Rethel
e moglie

Visitenkarten von Adorno und Kracauer

sie kommen aus der Hölle hervor, sie schnappen nach den reineren Wesen«,[198] wie Kracauer in seinem Text zu Positano schreibt. Das Unreine zeigt sich an der Gestaltlosigkeit dieser Wesen, oft sind sie nur eine schon mit den Augen schwer zu fassende Masse: »[G]rünliche Gallertklumpen«[199] präsentiert der deutschsprachige Leitfaden zum Aquarium Neapolitanum von 1905, und schon 1902 beobachtete der von dem Aquarium begeisterte junge Paul Klee unter vielen anderen kuriosen Dingen: »Ein gallertartiges feines Tierchen schwamm auf dem Rücken herum, dadurch, daß es ein liebliches Fähnchen in einem fort hin und zurück drehte«.[200]

Damit aber ist im Aquarium zu bewundern: die abstrakt menschliche Arbeit nach Marx' Definition. Gleich auf den ersten Seiten des *Kapital* heißt es über die Waren, von deren Gebrauchswert man abstrahiert hat: »Betrachten wir nun das Residuum der Arbeitsprodukte. Es ist nichts von ihnen übriggeblieben als dieselbe gespenstige Gegenständlichkeit, eine bloße Gallerte unterschiedsloser menschlicher Arbeit«.[201] Diese abstrakte Arbeit ist für Sohn-Rethel 1925, als er an dem Positaner Exposé schreibt, der hauptsächliche Stein des Anstoßes an der unvollkommenen theoretischen Ausformulierung der genialen Marxschen Lehre, hier befindet sich seiner Meinung nach der letzte idealistische Rest. Diese »spirituale ›Materie‹ der abstrakt menschlichen Arbeit«[202] ist der Grund, warum es Marx eben doch nicht geschafft hat, Hegel vom Kopf auf die Füße zu stellen, es ist der Rest von Hegels absoluten Geist, er west am »metaphysischen Ort der Marxschen Lehre«[203] und Sohn-Rethels Exposé kreist mit dem ihm eigenen Furor um die Frage, was an dessen Stelle zu treten hat.

»Alfred hat mich als erster auf die Metaphorik im Kapital hingewiesen«, schreibt ein späterer Weggefährte Sohn-Rethels und das erste der Worte, die er beispielhaft aufzählt, ist die »Arbeitsgallerte«.[204] Unwahrscheinlich, dass der Gallertenauftritt, das schwabbelig Gespenstische des Marx'schen Tauschwerts im Neapolitaner Aquarium, unter Adorno, Kracauer und Sohn-Rethel unkommentiert geblieben ist.[205]

Salvatore Lo Bianco, 1889

Zu den vielen erstaunlichen Dingen an Positano gehört, dass Gerippe und Geister nebeneinander zu besichtigen sind. Im Aquarium findet dieses Nebeneinander en miniature ebenfalls statt. Denn es gibt nicht nur die Höllenbewohner in ihren verschiedenen Becken. Es gibt auch eine Sammlung von Präparaten: Für ein zusätzliches Billett von 1 Lira kommt man in die »Ständ. Ausstellung der präparierten Seetiere«,[206] wie Griebens Reiseführer verrät, den Kracauer dabei hatte. Das »Gebeinmagazin« Positanos findet in diesem Kuriositätenkabinett eine irritierende Entsprechung.

Es ist nicht irgendeine Sammlung. Es ist eine Leistungsschau, die Präsentation einer Fertigkeit, die ein wesentlicher Bestandteil des internationalen Renommees der Station wurde. Dohrn hatte 1874 einen jungen Neapolitaner in der Station aufgenommen, den Sohn des Pförtners der Villa Torlonia, in der Dohrn wohnte. »Torillo« schien seinem Vater seltsam, er saß »immer über Büchern [...] oder bastelte oder [zeichnete] Korallen und anderes«.[207] Dohrn beschäftigt ihn, in der Station gibt es immer etwas zu tun, es besteht die Hoffnung, dass sich die Verhaltensauffälligkeit dort einrenkt. Aber nicht nur das. Salvatore Lo Bianco, wie er wirklich heißt, entwickelt eine besondere Meisterschaft im Töten der Tiere. Das ist nicht so einfach, wie es klingt. Die seltsam geformten und schimmernden Organismen ziehen sich zusammen oder verlieren die Farbe, wenn man sie nicht kunstgerecht tötet. Als zum Beispiel der Dichter und Naturwissenschaftler Georg Büchner in Straßburg das Nervensystem der Gemeinen Barbe untersucht, ärgert er sich darüber, dass beim Präparieren mit Alkohol wesentliche Farbunterschiede verlorengehen. Das macht es schwer, das ursprünglich vom Fleisch deutlich abgesetzte Nervengewebe zu lokalisieren.[208] Lo Bianco gelingt es, die Tiere derart meisterhaft sanft zu töten, dass sie Gestalt und Farbe behalten. Mit zwanzig Jahren wird Lo Bianco Chef der Konservierungsabteilung der Station.

Wenn zum Beispiel Friedrich Alfred Krupp, der kränkliche Fabrikerbe wider Willen, seinen naturwissenschaftlichen Interessen nachging, dann bekam er neben der nötigen Ausrüstung das Fachwissen von Lo Bianco zur Verfügung gestellt. Gemeinsam förderten sie mannigfaltige, für das Mittelmeer oder den Golf von Neapel bis dato unbekannte Arten zu Tage.[209]

Lo Biancos Meisterschaft im Präparieren macht sich aber eben gerade auch darin bezahlt, dass sie die Forschung an den Tieren außerhalb des Neapolitaner Standorts ermöglicht. Die Präparate wurden zu Exportschlagern: »Lobiancos Arbeit schuf der Neapler Zoologischen Station den besonderen Weltruhm, daß sie die schönsten Konservierungen herstelle«,[210] schreibt der Dohrn-Biograf Heuss.[211] Eine Selbstverständlichkeit, dass mit einer Ausstellung dieser Konservierungen auch in den 1920er-Jahren noch eine leistungsstarke Abteilung der Station gewürdigt wird.

Gebeinmagazine

Am Ende hat Adorno auf seiner Tour doch einiges gesehen. Aber wird daraus mehr als ein touristisches Amüsement? Zuletzt, kurz vor der Abreise, treffen sich alle zur philosophischen Schlacht. Kracauer und Adorno sind ohnehin immer gemeinsam unterwegs, Sohn-Rethel hat sich vermutlich schon in Positano, auf jeden Fall aber im Aquarium zu ihnen gesellt. Jetzt stößt Benjamin dazu, dessen eigentlicher Aufenthalt, bei dem er Lacis traf, bereits ein Jahr zurückliegt – im September 1925 ist er kurz erneut zu Gast. Wir haben bereits einen Blick auf sie geworfen, wie sie an ihren Knochen zerren, Kierkegaards Innerlichkeit gegen Neapels Porosität, und dann kommen auch noch Marx' Gespenster dazu, das unheimliche Positano, seltsame Höllenfische und deren Präparate; da kann man schon mal durcheinanderkommen. Was denn jetzt: Ist das Gerippe nun tot oder als Gespenst trügerisch lebendig? Adorno wird zunächst am Toten gedanklich weiterarbeiten, er ist elektrisiert von der Struktur der Porosität und Konstellation. Wir haben gesehen, wie er sie bald nach der Rückkehr zum Strukturprinzip seines ersten wirklich eigenen Textes zu machen versucht.

Aber die Gespenster wird man so schnell nicht los. Adorno wird sie für eine Weile verscheuchen können, doch sie kommen mit umso größerer Macht zurück. Und sie verbinden sich für Adorno mit einer gewichtigen strategischen Überlegung: Neapels Porosität als utopisches Konzept – schön und gut. Aber wo sitzt der Feind dieser Utopie? Einen Feind muss es ja geben, sonst wäre doch längst alles porös. Das imaginäre Neapel von Lacis, Benjamin, Sohn-Rethel und Bloch ist ein Gegenentwurf zur bürgerlichen Existenz. Auf die rhetorische Frage: »ja welches ist denn überhaupt der genauere Gegensatz zur Porosität?« gibt Bloch die bündige Antwort: »das Bürgertum und seine Kultur«.[212]

Irgendwann beginnt in Adornos von Neapel befeuerter und verwirrter Imagination eine bezwingende Idee zu reifen: Ließe sich mit der Bilderwelt des Gespenstischen nicht ein wunderbar exaktes Modell eben dieser Gegnerschaft konstruieren? Bald hat Adorno eine Vorstellung davon, was es mit der Unterscheidung von Gerippe und Gespenst auf sich haben könnte. Das Gerippe ist das poröse, tote Ding, und das Gespenst sein Gegenteil, weil es scheinhaft Leben suggeriert. Die Diagnose der eigenen Zeit verschiebt sich um einen entscheidenden Dreh: Die Gegenwart ist nicht einfach nur eine Schädelstätte, sondern nimmt sich überdies heraus, sich für lebendig zu halten. Adorno konstruiert daraus das Konzept vom bloß scheinhaften Leben. In seinem Vortrag zur »Idee der Naturgeschichte« wird er den Vorgang erfinden, dass den toten, also sinnentleerten Dingen eine neue Bedeutung, eine fremde Intention zugeschrieben wird. Er benutzt dafür das schöne Wort vom ›Einlegen‹: »Diese zweite Natur ist, indem sie sich als sinnvoll gibt, eine des Scheines […]. Sie ist scheinhaft, weil die Wirklichkeit uns verloren ist, und wir sie glauben sinnvoll zu verstehen, während sie entleert ist, oder weil wir in diese fremd gewordene [Wirklichkeit] subjektive Intentionen als ihre Bedeutung einlegen wie in der Allegorie« (1, 364).

So ist auf theoretisch schlüssige Weise der Gegner der Konstellation bestimmt: Es ist der Bürger, der die toten Dinge nicht tot sein lässt, sondern die Schädelstätte zu neuem, aber bloß scheinhaftem Leben erweckt, der die Löcher des Porösen wieder schließt und damit die Konstellation aus toten und kaputten Dingen verhindert. »Wie in der Allegorie«, schreibt Adorno und legt damit die Herkunft dieses Vorgangs offen. Der ganze Vortrag ist ein Sich-Abarbeiten an Benjamins Trauerspielbuch, Adorno präsentiert in vielen Windungen den Ertrag seiner Lektüre des Buches – einer höchst eigenwilligen Lektüre. Die späteren Auseinandersetzungen zwischen den beiden Denkern mögen zu einem guten Teil auch daher rühren, dass Adorno Benjamins Projekte immer an einem Konzept misst, das er von Benjamin gelernt zu haben glaubt, das er aber an einem entscheidenden Moment überinterpretiert.

Als im Januar 1928 das Trauerspielbuch nach langer Verzögerung endlich erscheint, empfiehlt Adorno es auch seiner Freundin Gretel zur Lektüre – eine ideale Vorbereitung auf den gemeinsamen Neapel-Urlaub im selben Jahr. Adorno schreibt an Kracauer: »Was Gretel anlangt, so war es wirklich schön mit ihr. Sie hat sich sehr entwickelt – an Benjamins Barockbuch hat sie ganz selbständig und in richtigen Kategorien Kritik geübt.«[213] Adornos eigene Kategorie des »Einlegens« aber ist geprägt von einer Erinnerung oder Auffrischung zweier Eindrücke aus dem Golf von Neapel.

Auf dem Weg von Neapel nach Positano kommt man an Sorrent vorbei, von Capri aus erreicht man mit der Sorrenter Landzunge am Schnellsten das Festland. Sorrent, das ist der Ort, an dem der 24-jährige, unter Migräneanfällen leidende Nietzsche eingeladen war, sich unter »einem milderen Himmel, unter sympathischen Menschen, wo Sie frei denken, reden und schaffen können«,[214] zu erholen. Nietzsche kuriert sich in Sorrent auch von seiner Wagner-Begeisterung und von den Leiden an den philologischen Zwängen seiner Basler Professur.[215] In Sorrent beginnt er mit *Menschliches, Allzumenschliches,* seinem ersten aphoristischen Buch, er korrigiert die »Gesammt-Abirrung« seines Instinktes[216] und legt mit dem Satz, dass es keine intelligiblen Welten gebe, die Axt an jedwedes »metaphysische [...] Bedürfnis«.[217]

Gretel 1928 auf Capri

Sorrent, das ist die Grenze zwischen dem vergilischen und homerischen Teil des Golfes, zwischen dem porösen Tuff und dem harten Kalk. In dem kurzen Text, den Kracauer zu Sorrent verfasst hat, schlägt er den Ort der Porosität zu und überträgt diese, wie Benjamin und Lacis es für Neapel tun, auf die architektonische Struktur: »Man muß sich in den Häusergekrösen verirren, da man anders ihr schwammartiges Ineinander nicht spürt.«[218]

Einlegekunst aus Sorrent

Sorrent ist aber auch die Hochburg der kunsthandwerklichen Technik, die Adorno in Anspruch nimmt, um den Gegner der Porosität zu konstruieren. In einem Protokoll zu Adornos Seminar über Benjamins Trauerspielbuch in den 1930er-Jahren heißt es: »Das Wort ›Einlegen‹ ist hier keine bloße Metapher; dem Einlegen von Intention entspricht im barocken Kunstgewerbe die Intarsientechnik«.[219] »Es werden hier kunstvolle Holzschnitzereien und Intarsienarbeiten ausgeführt«,[220] berichtet Griebens Reiseführer über Sorrent, und der Baedeker vermerkt: »EINGELEGTE HOLZARBEITEN (›Tarsia‹) in zahlreichen Läden, gut und billig.«[221] Adorno borgt sich von diesen Intarsien den Mechanismus aus: In eine Holzfläche werden andersartige Holzstücke zu einem Motiv eingelegt. Das Motiv (also der eingelegte Sinn) behauptet Eigenwert, aber er ist doch an das Material gebunden. Das Bild, das sich auf diese Weise erzeugt, ist gespenstisch genug, die behauptete Existenz ist eine scheinhafte. Wie immer sich das Motiv auch abhebt (manchmal wirkt es dreidimensional), es ist eingebannt in das, worein eingelegt wurde.

Wir werden bald sehen, wie wichtig für Adornos Konzept diese Abhängigkeit der Bedeutung von dem Material, in das sie eingelegt wird, ist. Aber dennoch fehlt für Adornos Bedürfnisse bei dieser

James Ensor: Le meuble hanté

James Ensor: La raie

Metaphorisierung eines Kunsthandwerks ein gewichtiges Moment. Erst ein weiteres Handwerk bringt das Konnotationsfeld des Ineinanders von Leben und Tod zum Schwingen, das für Adornos Modell wesentlich wird: die Präparationskunst, das Einlegen toter Tiere – und in Neapel bedeutet das: toter Fische.

Wer würde in gedanklicher oder wirklicher Nähe zur Ausstellung des Aquariums nicht an den Vorgang des Präparierens denken, wenn er im Trauerspielbuch über die Melancholie Folgendes liest: dass unter ihrem Blick der Gegenstand allegorisch wird, weil sie »das Leben von ihm abfließen [läßt und] er als toter, doch in Ewigkeit gesicherter zurück[bleibt]«?[222] Anton Dohrn wollte Lo Biancos Kunst nicht zu breit gestreut wissen, nur ausgewählte Expeditionen kamen in den Genuss eines Lehrgangs des Meisters. Irgendwann aber ließ sich dem Druck der Geldgeber nicht mehr standhalten, Lo Bianco musste seine Technik preisgeben. Seine kurze Veröffentlichung ist ein in seiner fachmännischen Nüchternheit gruseliger Bericht über die verschiedenartigen, jeweils günstigsten Etappen zum Töten der einzelnen Spezies der Meeresfauna.[223] Aber auch unter Spezialisten ist es Common Sense, dass das wahre Geheimnis sich ohnehin nicht wissenschaftlich erfassen lässt. In einem Bericht zu Lo Biancos Innovationen heißt es: »So kommt es z.B. in vielen Fällen sehr darauf an, dass die Fixirungsflüssigkeiten [sic] in dem richtigen Moment zugesetzt werden, d.h. dann, wenn das Thier sich in einer bestimmten Verfassung befindet; da der Eintritt derselben von vielen, wechselnden Nebenumständen abhängig ist und auch sehr nach den einzelnen Individuen wechselt, so muss darüber das Gefühl, ich möchte sagen, der Tact des Conservirenden entscheiden, und darin wird man es dem erfahrenen Conservator nicht so leicht nachmachen.«[224] Für Adorno wäre dieses taktvolle Töten bereits das Ziel der kritischen Anstrengung. Für die »Behandlung« des Schwamms beispielsweise braucht man keinen Experten, seine Austrocknung ist Alltagswissen: »Um die Schwämme für den Gebrauch zuzubereiten, lässt man sie einige Tage liegen, sodass alles

Weiche an ihnen verfault«,[225] heißt es im Leitfaden zum Aquarium. Die Gallerte wird weggetrocknet, bis nur noch das poröse Gerippe übrigbleibt.

Aber das Abfließenlassen von Leben ist für den Benjaminschen Allegoriker erst der Anfang. Ist der Gegenstand getötet, kann das wilde Spiel mit den beliebigen Bedeutungen beginnen: »eine Bedeutung, einen Sinn auszustrahlen, ist [der Gegenstand] von nun an ganz unfähig; an Bedeutung kommt ihm das zu, was der Allegoriker ihm verleiht. Er legt's in ihn hinein und langt hinunter«.[226] Das ist im Trauerspielbuch die einzige Spur für Adornos so programmatischen Ausdruck: »Bedeutung einlegen wie in der Allegorie«. Dieses »Einlegen« betont die zweite Hälfte der Arbeit des Präparators: Die Dinge werden eben nicht tot gelassen, sondern in einen seltsamen Zwischenzustand zwischen Leben und Tod versetzt.

Ein kleiner Bericht von Benjamin über eine Pariser Ausstellung zu James Ensor 1926, also nicht lange nach der »philosophischen Schlacht«, demonstriert, wie die beiden Arten des »Einlegens« zusammengedacht werden können. Ensors Gemälde »Le meuble hanté« zeigt ein Interieur und darin ein lesendes Kind umgeben von unheimlichen Masken. Das Kind wirkt, als wäre es in den Hintergrund verwachsen, laut Benjamin gleicht das Bild einer »geisterhaften Intarsie«.[227] Benjamin benutzt für diese Art von Interieur eine fischige Metapher: »Durch dicht verhangene Fenster bricht ein schwaches Licht ins Innere der chaotischen, mit Möbeln überfüllten Zimmer, in welchen wir wie in den Eingeweiden eines Reptils als Kinder oft am Ersticken waren«; es sind Stillleben, »auf denen etwa Fische schon maskenhaft werden«.[228] Diese Metapher ist kein Zufall, das Motivfeld speist sich aus Ensors Elternhaus in Ostende, einer Ansammlung von maritimen Devotionalien, »Seesterne, präparierte Tiefseefische«[229] sind dort unter anderem zu finden. Die Masken, die in dem Intarsien-Bild ihr unheimliches Stelldichein geben, werden laut Benjamin in Ensors Œuvre von den maskenhaft werdenden Fischen vorbereitet, bis sie sich im Interieur schließlich von ihrer Herkunft emanzipiert haben.

Dieses seltsame Ineinander in Benjamins Text von Möbel und Fisch, vom Einlegen der Intarsie und dem Einlegen toter Fische mag ein Reflex des Streitgesprächs vom September 1925 sein. Wie die Metapher von den »Konstellationen« in der Vorrede kommt auf jeden Fall auch der Satz »Er legt's hinein und langt hinunter« erst nach der Urschrift von 1924 in das Trauerspielbuch.[230] Womöglich haben Kracauer und Adorno mit ihren Reiseberichten von Sorrent und dem Aquarium Benjamin für das »Einlegen« zu interessieren vermocht und zeichnen damit auch verantwortlich für diesen irritierenden, kurzen Satz, den Adorno jetzt, drei Jahre später, mit konzeptioneller Überdehnung dort wieder herausliest.

Positano ist eine Totenstadt, doch das »Gebeinmagazin« fängt gespenstisch zu leben an. Auch die Präparate der Sammlung sind auf unheimliche Weise untot, »in Ewigkeit gesichert«. Es bedarf noch nicht einmal einer sonderlich ausgeprägten Phantasie, um die eingelegten Tiere mit den tatsächlich noch lebendigen aus dem Aquarium zusammenzudenken. Dann präsentiert die Präparatesammlung dem Besucher lauter kleine Gespenster getöteter Meeresorganismen. Aber auch in anderer Hinsicht wird dort Totes zum Leben erweckt. Die Zusammenstellung dieser Präparate insgesamt ist ein Gespenst, sie fügt lauter totem Material einen neuen Sinn, ein scheinbares Leben zu. Adorno muss in Benjamins Trauerspielbuch nur eine Seite weiterblättern, um eine Bestätigung für diese Lesart zu finden. Benjamin schreibt vom Wissensideal des Barock als »Magazinierung«,[231] später im Buch spricht Benjamin ganz ausdrücklich von Sammlungen von Gebeinen: »Daher gefielen Mittelalter und Barock sich nicht von ungefähr in sinnreichen Zusammenstellungen von Götzenbildern mit Gebeinen Toter. Eusebius weiß in der ›Vita Constantini‹ von Schädeln und von Knochen in den Götterstatuen zu berichten, und Männling gibt vor, die ›Egyptier‹ hätten ›in höltzernen Bildern Leichen begraben‹.«[232]

Nicht auszudenken, wenn Benjamin und Adorno einen der spektakulären Vorläufer dieser Zusammenstellpraxis, den barocken

Anatom Ruysch und dessen grausige Arrangements von präparierten menschlichen Missbildungen oder Leichenteilen gekannt hätten. Über eines von Ruyschs Kunstwerken heißt es: »Das Skelett im Zentrum, ein Fötus von etwa vier Monaten, hat die Augenhöhlen himmelwärts gekehrt und singt eine Klage über das Elend des irdischen Leben [...] und begleitet sich selbst auf einer Violine, die aus einem osteomyelitischen, abgestorbenen Knochenstück gemacht ist, mit einer getrockneten Arterie als Bogen. Rechts von ihm dirigiert ein winziges Gerippe die Musik mit einem Taktstock, der mit kleinen Nierensteinen besetzt ist«,[233] und so weiter und so fort.

Aber wie sind solche Kompositionen zu bewerten? Sind diese Zusammenstellungen, diese Magazine, vielleicht schon die eingeforderten und ersehnten Konstellationen aus totem Material? Im Schubert-Aufsatz gibt es eine originelle Interpretation der Potpourris aus Schuberts Motiven. Das Werk Schuberts ist »zerstreut«, in den Potpourris aber werden »Zellen« der Schubertschen Musik wieder »zusammengeschichtet« (17, 22). Die Potpourris sind also so etwas wie eine Magazinierung von toten Dingen, in diesem Fall einer nicht mehr selbstverständlich zugänglichen Musik. Es ist eine »blindlings unternommene Sammlung« (17, 22), aber dennoch kommt sie dem Schubertschen Werk eigentümlich nahe. Denn dieses war selbst porös und eine Zusammenstellung von Totem: Ihm eignete »das unorganische, sprunghafte, brüchige Leben von Steinen bereits, und zu tief ist ihm der Tod eingesenkt, als daß es den Tod zu fürchten hätte« (17, 24). Blickt Adorno in der Präparatesammlung also auf das Ideal der Konstellation?

Wenn Adorno im neapolitanischen Aquarium vor der Sammlung der Präparate steht, dann ist sein Blick nicht neutral. Denn der einst so heftig kritisierte Wahlverwandtschaften-Aufsatz Benjamins hält bezüglich der Sammelwut ein eindeutiges Bewertungsangebot bereit. In den Goetheschen *Wahlverwandtschaften* sind zum Zwecke der Verschönerung des Kirchhofes Grabsteine versetzt worden. Für Benjamin ist das der größte denkbare Frevel, ein Symptom für eine gedankenlos unternommene »Allegorisierung der Sprache«, eine sträfliche Unbekümmertheit angesichts tradierter und gewachsener Bande zwischen Zeichen und Bezeichnetem, in diesem Fall zwischen dem Mal des Andenkens und dem Menschen, dessen gedacht werden soll. »Keine bündigere Lösung vom Herkommen ist denkbar, als die von den Gräbern der Ahnen vollzogene, die im Sinne nicht nur des Mythos sondern der Religion den Boden unter den Füßen der Lebenden gründen«,[234] schreibt Benjamin. Adornos Wort von der mythisch zeitlosen Realität kommt vom Wahlverwandtschaften-Aufsatz, in dem Benjamin das Mythische als Sachgehalt des Goetheschen Buches etabliert. Denn dass der Versuch einer Befreiung vom »Herkommen« nur noch tiefer ins Mythische verstrickt – diese Gedankenfigur entwirft Benjamin schon 1923 am Personal des Goethe-Romans: »Weit entfernt, neue Einsichten zu erschließen, macht sie [die Freiheit] blind gegen dasjenige, was Wirkliches dem Gefürchteten einwohnt«.[235] Die scheinbar aufgeklärte Welt der Protagonisten wird verschattet von einer unheimlichen und unverstandenen Bedrohung, wie Benjamin sie im Bannkreis Positanos als irritierenden Schauer erlebte.

Es folgt im Wahlverwandtschaften-Aufsatz ein Abschreiten der verschiedenen Ausprägungen des Mythischen, zu dem der blindwütige Freiheitsdrang führt. Unter anderem gehört dazu die Todessymbolik, die sich in Behausungen ausprägt, die immer kleiner und enger und schließlich zu Gräbern werden. Im Zuge der Diskussion im Roman um das Grabsteinverrücken bringt ein Architekt ein kleines Kästchen, das verschiedene Grabbeilagen versammelt. Es sind also Dinge, die von Toten kommen, aber zum Zwecke der Zusammenstellung mussten die Dinge selbst noch einmal »getötet« werden, sie wurden aus ihrem ursprünglichen Zusammenhang gerissen, die Gräber mussten für die Sammlung zerstört werden. Jetzt aber, in einem Kästchen schön aufbereitet, nehmen die Bestandteile der Sammlung »etwas Putzhaftes« an, man blickt, wie es bei Goethe heißt, »mit Vergnügen darauf wie auf die Kästchen eines Modehändlers«.[236]

Die vielen Kästchen der *Wahlverwandtschaften* sind Beispiele der reichen Tradition der Naturalienkabinette. Lange Zeit war es aristokratisches Privileg, ein Kabinett aus möglichst besonderen Einzelteilen zusammenzustellen.[237] Später wurde daraus der wissenschaftlich institutionalisierte Versuch, der disparat gewordenen Welt durch Klassifizierung und Versammlung von Prototypen eine Ordnung abzutrotzen, also im Sinne Adornos wieder eine zweite, sinnhafte Natur herzustellen. Das Sammeln, so Philipp Blom, ist ein »philosophisches Projekt«, »ein Versuch, der Welt in ihrer verwirrenden Vielfalt einen Sinn abzugewinnen, ja aufzuzwingen, oder, besser noch, in der chaotischen Verwirrung die verborgene Einheit wiederzuentdecken«.[238] Die kleinen Gespenster der Präparate fügen sich also zum großen Gespenst der Präparatesammlung.

Wir werden bald sehen, welch schauderhaftes Leben »präparierte Leichen« in Adornos Werk, zum Beispiel in den *Minima Moralia* zu führen imstande sind. Im Schubert-Essay changiert die moralische Bewertung noch zwischen den nicht gänzlich zu verteufelnden Potpourris und der trügerisch zeitlosen, mythischen Postkartenlandschaft. Die Ansichtskarte wird im Essay eingeschmuggelt zunächst als biedermeierliche Genrepostkarte, gleichsam als ideologische Begleitmusik zur Verkitschung Schuberts (17, 21). Und so spiegelt auch die spätere Landschafts-Ansichtskarte wider, was das zu Kritisierende an den »Magazinen« der Potpourris ist: dass sie alle möglichen musikalischen Motive auf einmal präsentieren, dass Geschichte als Entwicklung in ihnen nicht vorkommt. Sie suggerieren eben doch ein »zweites Leben« und sind dabei nur »Surrogat«. Das neue Leben ist nur ein künstlich hergestelltes. Der nüchtern-traurige Blick des Melancholikers sieht anstelle der schönen Landschaft nur eine zerrissene, in der Gräber ausgehoben wurden und die anschließend mühsam neu begrünt wurde.

Dabei ist diese Begrünung nicht nur als Ideologie zu kritisieren. Denn immerhin wohnt dieser Idylle auch ein Versprechen inne, das zumindest sichtbar macht, wie ein unentfremdeter Weltzustand aussehen könnte. »Zweideutigkeit« heißt der Begriff, den Adorno aus Benjamins Wahlverwandtschaften-Aufsatz[239] und dem Trauerspielbuch[240] für dieses Ineinander von Täuschung und Versprechen herausliest. In Schuberts Postkartenlandschaft »ruhen ungeschieden Schicksal und Versöhnung beieinander« (17, 23). In der »Idee der Naturgeschichte« schreibt Adorno: »Ich meine das Moment der Versöhnung, das überall da ist, wo die Welt am scheinhaftesten sich darstellt; daß da das Versprechen der Versöhnung am vollkommensten gegeben ist, wo zugleich die Welt von allem ›Sinn‹ am dichtesten vermauert ist« (1, 365).

Man hat mit dieser bürgerlichen Ansichtskarte also ein erstaunliches Ding in der Hand. Wir sehen eine nur scheinhaft lebendige Welt, einen Schein, den Adorno hier zum ersten Mal als mythischen benennt. Aber wie bildet sich diese zweite Natur dann noch dazu »dämonisch depraviert« ab?

Der Benjaminsche Allegoriker verwandelt sich im Trauerspielbuch auf der langen Strecke seiner Spielerei mit den beliebigen Bedeutungen irgendwann in den hinterhältigen Intriganten aus den barocken Trauerspielen. Damit nicht genug, plötzlich springt einem der Teufel persönlich entgegen. Gänzlich tote Materie auf der einen Seite und völlige Beliebigkeit der Bedeutungen auf der anderen erzeugen das Höllenreich. »Die kluge Versatilität des Menschen«, also seine Brillanz und Gewandtheit im sprachlichen Ausdruck, setzt »dem Allegoriker das Hohngelächter der Hölle entgegen«,[241] schreibt Benjamin. Dieser Gegensatz muss Adorno begeistern. Er liest vom Schein der Freiheit, der Selbständigkeit und der Unendlichkeit als den drei »satanische[n] Verheißungen«[242] und bringt das mit dem vom Bedeutung-Einlegen erzeugten Schein zusammen, der gegen das utopische Potential der Porosität in Anschlag gebracht wurde, um die leergeräumte Welt wieder aufzufüllen.

Adorno überträgt das zunächst wieder auf sein Spezialgebiet, die Musik. Am Beginn des Schubert-Aufsatzes wird die Schwelle der Todesjahre von Beethoven und Schubert überschritten – der mittlere

Beethoven ist in Adornos Aufsatz von 1931 zu Beethovens Spätstil Beispiel für den von Benjamin im satanischen Kapitel beschriebenen »Triumph der Subjektivität und Anbruch einer Willkürherrschaft über Dinge«:[243] »Denn keine Konventionen zu dulden, die unvermeidlichen umzuschmelzen nach dem Drang des Ausdrucks ist das erste Gebot jeglicher ›subjektivistischen‹ Verfahrungsweise. So hat gerade der mittlere Beethoven die herkömmlichen Begleitfiguren durch Bildung latenter Mittelstimmen, durch ihren Rhythmus, ihre Spannung und welches Mittel auch immer in die subjektive Dynamik hineingezogen und nach seiner Intention verwandelt« (17, 14), heißt es bei Adorno.

Man sieht an diesem Zitat, dass Adorno im Bereich der Musik nicht ebenso aus der Bilderwelt des Satanischen schöpfen kann wie Benjamin, der die verschiedenen Luzifers aus den barocken Trauerspielen herbeizitiert. Aber Adorno benötigt diese Bilderwelt nicht. Er ruft die Dämonen mit der kühlen Logik seines Prozesses des Sinn-Einlegens herbei.

Denn das Modell des Einlegens von künstlicher Bedeutung in ein fremdes, totes Ding ist kein statisches. Das Ding wandert vielmehr in die auszudrückende Bedeutung ein und affiziert sie mit seiner Todeskälte. Auch für diesen Vorgang findet Adorno eine Beglaubigung im Trauerspielbuch, die eine Spur der Neapel-Erfahrung metaphorisch mitschleppt. Die Schrift, also der Träger von Bedeutung, habe – so heißt es dort – »nichts Dienendes an sich, fällt beim Lesen nicht ab wie Schlacke. Ins Gelesene geht sie ein als dessen ›Figur‹«.[244] Und diese ›Figur‹ wird die Bedeutung nun nicht mehr los. Es ist dies die materialistische Rache am idealistischen Sinn-Einleger. Denn alles Metaphysische benötigt, will es sich irgendwie in der Welt bemerkbar machen, etwas Sichtbares als seine Figur. Der Geist (im noch ungespenstischen Sinne) ist »an körperliche Figuren als seinen Ausdruck gekettet« (2, 77), wird Adorno später im Kierkegaard-Buch schreiben. In Zeiten der Schädelstätte sind diese körperlichen Figuren aber allesamt tot und machen aus dem Geist, der sich ihrer bedienen muss, ein dämonisches Gespenst.

Dieses Einwandern von Tod in den eingelegten Sinn erzeugt in Adornos Texten nichts anderes als das, was später das ›dialektische Bild‹ genannt wird: Die Subjektivität bemächtigt sich der toten Dinge, »indem sie Intentionen von Wunsch und Angst in sie einlegt. Dadurch daß die abgeschiedenen Dinge als Bilder der subjektiven Intentionen einstehen, präsentieren diese sich als urvergangene und ewige. [...] Während die Dinge im Schein zum Neuesten erweckt werden, verwandelt die Bedeutungen der Tod in älteste«,[245] schreibt Adorno später an Benjamin zur Verdeutlichung des Konzepts, das er von ihm gelernt zu haben glaubt.[246] (Man lasse sich nicht durch die Vertauschung von Subjekt und Objekt im letzten Satz des Zitats verwirren: Gemeint ist, dass der Tod, also das »abgeschiedene« Ding, die Bedeutungen in älteste verwandelt.)

Dass sich Adornos Version der theoretischen Figur des dialektischen Bildes an der Bilderwelt des Aquariums schärfen kann, hat Kracauer kurz vor der Neapelreise in einem kleinen Text für die *Frankfurter Zeitung* vorbereitet. In »Der verbotene Blick« beschreibt Kracauer den Höllenschlund einer typischen, mit vampirhaften Photographien und einem anatomischen Präparat dekorierten Großstadtkneipe. Ein unförmiges Gehäuse hängt dort an der Türwand, »[b]unte Glasscherben, die sich zu sinnlosen Ornamenten verwirren, sind in die Fläche eingelegt [!]«, daneben befindet sich ein großer Glaskasten, »wie ein Aquarium anzuschauen«. Es ist ein Pianella, in dem Puppen nach mechanischer Musik tanzen. Aber unter Kracauers Beschreibungskunst wird das Gerät zum Höllenmusik spielenden Dämon und die dargebotene Puppengesellschaft zu einem dialektischen Bild avant la lettre. Die Paare »leben nicht mehr, noch auch sind sie abgeschieden bereits zu verstaubten Mechanismen – sie sind Phantome, festgebannt vor dem Verschwinden.« Alles Neue entlarvt sich vor diesem Gaukelspiel als »Trug«, Moden und Embleme sind nur erborgt, es ist ein »Larventanz durch die Jahrtausende«.[247]

Adorno und Kracauer blicken auf die seltsamen Leichen der Präparatesammlung und auf die Becken mit den lebenden Tieren. In ihrer narrativen Phantasie werden die letzteren zu dämonischen

Ausgeburten der eingelegten Exemplare. Das Einlegen von Sinn erzeugt scheinhaftes Leben, aber das Tote wächst sich durch das künstliche Leben durch und macht es zu einem ›dämonisch depravierten‹ Abbild, deswegen kommen für Kracauer die Meerestiere ›aus der Hölle hervor‹.

Die veränderte Diagnose über den Zustand der modernen Welt, der Mechanismus des dialektischen Bildes verändert für Adorno den Schauplatz der theoretischen Imagination. Man ist nicht mehr einer Schädelstätte ausgesetzt, also umgeben von fremden, toten Dingen. Man befindet sich bei den Gespenstern, in einer Geisterwelt voller Untoter. Diese Variante der Hölle entsteht, weil die toten Dinge mit trügerischem Leben versehen werden, der Schauplatz mit dämonischen Zwischenwesen bevölkert wird. Nicht die Anhäufung von Leichen findet statt, sondern die maximale Verneinung alles Leichenhaften: das »Nicht-Sterben-Können als negative Ewigkeit« (2, 119).

Mit der Lektüre des Wahlverwandtschaften-Aufsatzes und des Trauerspielbuches bewehrt, Kracauers exakte Phantasie immer an seiner Seite, macht Adorno aus dem unheimlichen Positano, dem Sorrentiner Kunsthandwerk und den Eindrücken rund um eine meeresbiologische Forschungsstation ein wesentliches Moment seiner entstehenden Philosophie.

Das Konzept des dialektischen Bildes steht im Zentrum der theoretischen Auseinandersetzung von Benjamin und Adorno. Adorno benutzt den Begriff als erster in seinem Kierkegaard-Buch, mit expliziter Bezugnahme auf das Trauerspielbuch (2, 80). Das mag bereits ein Ertrag von »jenem denkwürdigen Gespräch«[248] von 1929 sein, das Adorno, Benjamin, Horkheimer, Lacis und Gretel Karplus im Hotel Carlton in Frankfurt über dialektische Bilder führten, und das Adorno als Epoche machend empfindet. Adorno ist 1934 begeistert von Benjamins Essay zu Kafka, aber wünscht sich eine theoretisch konsistentere Bestimmung des Verhältnisses »von Urgeschichte und Moderne«,[249] das das dialektische Bild zu leisten imstande sein sollte. Die Urgeschichte scheint ihm in Benjamins Interpretation eben nicht als Effekt des scheinbar Neuen erfasst zu sein, es ist ihm zu sehr »im archaischen und nicht durchdialektisierten Sinne gedeutet«.[250] In den Diskussionen um Benjamins Exposé des *Passagen-Werks* ein Jahr später erreicht diese Auseinandersetzung ihren Höhepunkt. Vom *Passagen-Werk* erhofft sich Adorno die gültige Ausarbeitung des Konzepts vom dialektischen Bild und die gleichzeitige Demonstration seiner theoretischen Durchschlagskraft. Deswegen läuft er Sturm gegen Benjamins vermeintlichen Rückfall in »ungebrochen mythisches Denken«,[251] Ludwig Klages und C. G. Jung werden Benjamin als rote Karten entgegengehalten.

Auch wenn die Kontroverse vielfach kommentiert ist,[252] haftet dem dialektischen Bild bei Adorno und Benjamin – genau wie der Konstellation – noch immer viel Unschärfe an. Die Bilder provozieren die Frage, ob sie von einem gesellschaftlichen Mechanismus gleichsam automatisch erzeugt werden und vom Kritiker nur noch gelesen werden müssen. Oder ob sie, wie etwa die Konstellation, durch einen kritischen Eingriff, also das Herauslösen der dann zum Bild sich fügenden Elemente, erst hergestellt werden müssen. Manchmal würden die Bilder »als geschichtlich-objektive Archetypen bestimmt, was bedeuten würde, daß das Denken die Bilder immer schon fertig vorfindet, nicht selber erst sie produzieren muß. Genau dies jedoch wird an ungezählten anderen Stellen in Adornos Œuvre von ihnen gesagt«,[253] schreibt Tiedemann. Die Frage, worin genau das erkenntnisstiftende oder gar revolutionäre Moment dieser Bilder steckt, folgt aus dieser Diskussion.

Um den Spezifika von Adornos Konzept des dialektischen Bildes auf die Spur zu kommen, um die Verschränkung von Konstellation und dialektischem Bild besser verstehen zu können, sollen beide zunächst klar voneinander geschieden, ja als gegenteilig behauptet werden. Dann löst sich auch die monierte Widersprüchlichkeit auf. Mit der Konstellation lassen sich zwar Bilder zeichnen – Benjamins und Lacis' Text zu Neapel benutzte die Konstellation als Kompositionsmittel für ein »Denkbild«. Doch für Adorno sind diese durch kritische Arbeit herzustellenden, revolutionsträchtigen Konstellationsbilder – noch – das genaue Gegenteil zu den dialektischen

Bildern, die der Kritiker vorfindet. Denn mit dem »Einlegen« von Bedeutung – das in Benjamins Texten auf diese programmatische Weise nicht vorkommt – konstruiert Adorno gerade die Verhinderung dieser Konstellationen. Konstellationen benötigen das tote, poröse Material; mit dem Einlegen wird aber genau dieses Poröse wieder dicht gemacht.

Selbstbegegnung

Das Höllenszenario führt zu einer verführerisch suggestiven Bildmächtigkeit in Adornos Schriften, behindert aber den Weg zum eigentlichen Ziel, zur Konstellation. In seinem Verlangen nach Sinnhaftigkeit verstopft der Bürger die Löcher des Porösen. Immerhin ist so der Feind, das Hindernis zur Konstellation, genauer in den Blick geraten. Wie soll diese nun aber vom dialektischen Bild aus, das doch durch die Verhinderung der Konstellation entstand, erreicht werden?

Aber womöglich sind wir kurz vor dem Ziel. Zwei dialektische Bilder kommen im Schubert-Essay (in dem der Begriff noch nicht gefunden war) zum Einsatz: die Landschaftspostkarte und die Potpourris. Letzteren kommt die erstaunliche Funktion zu, die »zweideutige Ewigkeit« der Schubertschen Landschaft zu zerschlagen, »damit sie erkannt werden kann. Es ist die Landschaft des Todes zuvor« (17, 23).

Unsere Vermutung hat uns also nicht getrogen: Die Landschaft, mit der der Aufsatz beginnt, ist zugleich sein Ziel, sie müsste sich als die Konstellation des Rätsels Schubert herausstellen. Und die Potpourris sind die zu deren Erstellung treibende Kraft, indem sie die Postkartenlandschaft »infernalisch widerspiegeln« und dadurch zur Kraterlandschaft zerstören. Aber wie soll das funktionieren?

Die Schubertsche Landschaft begegnet sich dämonisch depraviert selbst. Diese Widerspiegelung ist der dramaturgische Höhepunkt in Adornos Theorie, den er ebenfalls aus Benjamins Trauerspielbuch herausinterpretiert. Wir begegnen einem Protagonisten, der in Adornos Schriften einen beständigen, aber diskreten und kaum bemerkten Dauerauftritt hat: Shakespeares Hamlet. »Prinz Hamlet sprach einen düsteren Monolog mit einem Schädel in der Hand als stumm beredten Gegenüber«,[254] schreibt Martin Mosebach, bevor er in Neapels Katakombe von San Gennaro hinabsteigt. In der Mitte[255] von Benjamins Trauerspielbuch treffen wir wieder auf Hamlet. An ihm wird die melancholische Haltung angesichts fremder, toter Dinge – zuletzt die Begegnung mit dem eigenen Tod, ikonographisch geworden als Dialog mit dem Totenschädel – zum »Silberblick der Selbstbesinnung«. Bei Adorno ändert sich aber der Charakter dieser Begegnung. Denn es gibt ja keine Totenköpfe mehr, sie werden – wie alles Tote – laut Adornos Modell mit eingelegten Intentionen zu scheinhaftem Leben gebracht. Der Hamlet Adornos blickt also nicht auf einen Totenkopf, sondern auf ein dialektisches Bild, auf dämonisch gewordene Natur, zum Beispiel auf die Gallerten von Höllenfischen.

Es ist im Aquarium ein beliebtes Spiel, den Tieren Menschenähnlichkeit zuzuschreiben. Nach einer Weile der Beobachtung, so meint der Aquariumsführer schalkhaft, sagt man sich: »dies Gesicht kennst du doch! und es fällt einem auch wohl der gute Freund ein, an den der Fisch erinnert – was für den Betroffenen übrigens keine Schmeichelei zu sein pflegt, denn so verschieden Form und Ausdruck der Gesichter dieser Fische auch sind, ein bisschen dumm sehen sie alle aus«.[256]

Es ließe sich eine kleine Kulturgeschichte der Begegnung mit einem herausragenden Meeresbewohner schreiben, eine Kulturgeschichte der Begegnung mit dem Oktopus. Denn der Octopus vulgaris ist wohl die spektakulärste Gallerte, der man im Aquarium gegenübertreten kann, er hat fast ikonographische Qualität. Im Aquariumsleitfaden, der sich mit Vignetten schmückt, darf das Tintenfischrelief nicht fehlen, auf dem Titelbild war er ohnehin lange Zeit. »Wenn man eine Konkurrenz um den Preis der Hässlichkeit zwischen allen Bewohnern des Aquariums eröffnete, der Pulp

Werbeplakat für das Aquarium in Neapel, 1902

würde den Sieg davontragen«,[257] heißt es im Text. In der überaus launigen Einleitung wird dem Besucher gar eine Reflexion über die Ekelhaftigkeit des Pulp angetragen: »ob schließlich mit Rücksicht auf das heute so sehr cultivirte ästhetische Gefühl nicht etwa auch Wesen wie Quallen, Würmer oder gar die greulichen Pulpen zu verbannen gewesen wären, mögen die Besucher nach vollzogener Ocularinspection selber beurtheilen.«[258]

Paul Klee, der sich an den zarteren Gallerten so sehr begeistern konnte, macht die Tintenfische zu Charaktermasken des eigenen beruflichen Milieus: »Die gemeinen Polypen sehen aus wie Kunsthändler, besonders einer äugte compromittierend-vertraulich nach mir, als ob ich ein neuer Böcklin wäre und er ein zweiter Gurlitt«.[259] Der Student Ernst Jünger, der von Januar bis April 1925 in der Zoologischen Station arbeitete, den Adorno, Kracauer, Sohn-Rethel und dessen Frau also knapp verpasst haben, begegnet dem Tier mit der rohen Nüchternheit des Forschers. Ihm sind die täglichen Fangzüge der vom Aquarium beauftragten Fischer immer im Bewusstsein, er nimmt an ihnen Teil und befreit schon mal einen Mitarbeiter, bei dem ein entwischter Tintenfisch Schutz sucht. Seine wissenschaftlichen Instrumente versteht Jünger als Artillerieersatz: »Es machte mir damals, als ich den grauen Rock mit dem weißen Laboratoriumskittel vertauschte, Spaß, festzustellen, welche Ähnlichkeit die Mikroskope und Fernrohre mit den Kanonen besitzen, die ich von jeher gern sich so zierlich und präzise in ihren Lafetten schwenken sah; und es ist auch im Grunde gar kein so großer Unterschied: dies alles sind Waffen, deren sich das Leben bedient.«[260]

Im Jahre 2007 steht ein friedlicherer Gast vor dem Sicherheitsglas des Aquariums. Der Schriftsteller, seinem Urheber Ingo Schulze nicht unähnlich, ist ohnehin ein eher untypischer Italienreisender: In Pompeji läuft er vietnamesischen Besuchern hinterher, weil er nicht glauben kann, dass sie so hastig an diesen wunderbaren Manifestationen menschlicher Kultur vorbeigehen wollen.[261] Nun sieht sich Schulzes Schriftsteller dem Oktopus gegenüber, und auch ihn kulturalisiert er. Wie Tischbeins Goethe liege er da, den Kopf und

Rumpf (»es ist schwer, dies genau zu unterscheiden«)[262] nach links geneigt, die vielen Arme nach rechts ausgestreckt. Dann aber bricht die Naturgewalt sich doch noch Bahn, zunächst spielerisch: Der Oktopus begeistert mit Purzelbäumen. Als sich der Schriftsteller später noch einmal zum Glas zurückschleicht, um dem Tier seinen Dank für die Darbietung zuzuflüstern, geschieht etwas, »das mich schockierte: In wenigen Sekunden hatte er sämtliche Arme mobilisiert und weit ausgebreitet, es war eine regelrechte Tentakelexplosion, ein zum Leben erwachtes Medusenhaupt [...]. Im nächsten Augenblick reichten sie von einem Ende seiner Behausung zum anderen, wobei er mir seine weiße Unterseite zuwandte. Ich sah ihm ins Maul, in jeden einzelnen Napf.«[263] Aber der Schock verwandelt sich in Bewunderung, der Schriftsteller ist gerührt und den Tränen nahe. Das Eingedenken von Natur im Subjekt ist hier in Sekundenschnelle geleistet, und Schulzes Schriftsteller beginnt seine Variante der Mimesis: »in diesem Moment breitete auch ich die Arme aus und drückte meine Hände gegen die Scheibe«.[264]

Adorno hat diese Identifikation vorweggenommen, allerdings mit einer etwas unfreundlicheren Konnotation. Der Spuk des Fetischcharakters der Ware – im Aquarium wiederholt er sich am Menschen selbst. Die Ware tritt auf, als wäre sie Natur, dabei ist sie von Menschen gemacht. Das »ungeschöpfliche Leben« des Wassergetiers sieht aus, als wäre es Natur, dabei blicken Adorno und Kracauer darin auf die Monstrosität der bürgerlichen Welt. Die sinneinlegenden Subjekte entkommen der Dämonie, die sie selbst geschaffen haben, nicht. Sie sind selbst Bewohner der Hölle.

Adorno und Kracauer befinden sich mit dieser Phantasie in bester Gesellschaft. Wenn Benjamin später im *Passagen-Werk* die Passagen als Aquarien imaginiert,[265] dann ist das ein Reflex seiner Lektüre von Aragons *Der Pariser Bauer*, der die »menschlichen Aquarien« der Passagen in »meeresgrüne[n], gewissermaßen tiefseehafte[n] Lichtschein«[266] taucht. Adorno kann in den 1950er-Jahren Proust als Zeugen für die Metamorphose der Gesellschaft in »Meeresungeheuer« anrufen, wenn sich im Guermantes-Teil von *Auf der Suche nach der verlorenen Zeit* der Zuschauerraum des Theaters in »eine vorweltlich mediterrane [...] Landschaft« (11, 209) verwandelt, ja »sich dem Unterwasserreich maritimer Naturgottheiten« (11, 208) anähnelt. Im Aquarium blickt der Bürger auf seine eigene Fratze, er wird ›infernalisch widergespiegelt‹.

Die Entlarvung des Bürgers als naturwüchsiger Dämon ist eine nützliche Angelegenheit. Ein traditioneller Marxist mag diese Kenntlichmachung des Klassenfeindes begrüßen, aber darüber hinaus liegt ja das kritische Geschäft – die Bekämpfung eben dieses Bürgers – in den Händen des Proletariats. Daran ist Adorno aber schon – und gerade – am Beginn seiner Theoriebildung nicht interessiert. Vielmehr soll der Bürger Adressat und Ausführender der Kritik zugleich sein. Eine eigentlich unmögliche Aufgabe. Mit seiner späteren Ausweitung der bürgerlichen Rationalität auf die gesamte Menschheit[267] hat sich Adorno damit von Jürgen Habermas den Vorwurf des sogenannten performativen Widerspruchs eingehandelt. Ein Vorwurf, der auf den ersten Blick einleuchtet: Wo sollte jene Vernunft, die sämtliche Vernunft kritisiert, ihren logischen Ort haben? Eine auf sich selbst angewandte Ideologiekritik beschreibt »die Selbstzerstörung des kritischen Vermögens auf paradoxe Weise, weil sie im Augenblick der Beschreibung noch von der totgesagten Kritik Gebrauch machen muß. Das Totalitärwerden der Aufklärung denunziert sie mit deren eigenen Mitteln«,[268] schreibt Habermas.

Adornos Idee von der Begegnung mit dem Dämon, zu dem man inzwischen selbst geworden ist, löst diesen Widerspruch auf geschickte Art und Weise. Im Schubert-Essay gibt es an einer späteren Stelle ein neben der Begegnung von Landschaft und Potpourris weiteres, etwas eingängigeres Beispiel für solch ein Aufeinandertreffen; es macht den Ertrag dieser Spiegelung deutlich: »War der Affekt des Todes das Tor zum Abstieg, so ist die Erde selber, die endlich erreichte, die leibhafte Erscheinung des Todes, und vor ihr erkennt die sinkende Seele sich selbst [...], unentrinnbar in den Naturzusammenhang eingetan« (17, 30). Die sinkende Seele erkennt sich selbst als Natur. In dieser Begegnung liegt für das Subjekt die Chance, sich vom Konstellations-Verhinderer zum -Ermöglicher zu wandeln. Es erschaudert angesichts der eigenen Naturwüchsigkeit und mit diesem Zugewinn an Reflektion ist die Naturwüchsigkeit bereits minimal überschritten. Vom »Augenblick des Schauders, wo Natur ihrer selbst als Totalität und damit als mehr als Natur innewird«,[269] spricht Adorno in seinem unvollendeten Beethoven-Buch.

Die Doppelgängerbegegnung ist eine geniale Erfindung, Freuds Übertragungshass nicht unähnlich. Erst die Spiegelung erzeugt eine Angriffsfläche außerhalb der allgemeinen Verstrickung, zu der man selbst gehört – erst durch die Spiegelung des eigenen Dämons an etwas anderem kann man diesen sehen. Für einen kurzen Moment reißt die Mauer des von Sinn Verbautem auf und man erkennt die Wahrheit über den eigenen Zustand. »Du ekelst dich vor dir selber«, heißt es in Kracauers Großstadtkneipe: »Das aber ist es: daß eine Begegnung hier statt hat zwischen Wesen, die nicht eigentlich existieren, daß du, der du auch nur Phantom bist in der nichtigen Leere, heimgesucht wirst von verwunschenen Figuren, die den Durchgang verwehren und dich hineinziehen in ihre Verlorenheit.«[270] Adornos berühmte Formel vom »Eingedenken der Natur im Subjekt« (3, 58) hat in dieser Selbstbegegnung ihren Ursprung. Wir bitten »den Beschauer, eins von diesen Thieren scharf ins Auge zu fassen, wenn es zufällig an der Glasscheibe des Beckens sitzt«,[271] kann man im Aquariumsführer lesen.

Wenn Ernst Jünger dem Oktopus gegenübertritt, ist klar, wer diese Begegnung nicht überleben wird. Jünger verfolgt fasziniert den Farbwunder erzeugenden Schwanengesang seines Forschungsobjekts, am Ende verleibt er sich das Tier ein und ehrt den Gefallenen durch den Genuss seines Fleisches.[272] Adorno kehrt den Duellverlauf um. Hat das Subjekt die Begegnung mit sich selbst im Modus der Selbsterkenntnis vollzogen, kann es den Prozess der Sinn-Einlegung rückgängig machen. Besserung durch Selbsterkenntnis kann in diesem Fall nur bedeuten, dass die Ursache des Übels abgeschafft wird, das heißt allerdings: man selbst. Sich selbst als naturwüchsig zu erkennen – gut und schön, aber erst durch den eigenen Tod nimmt das Subjekt die von ihm eingelegte Intention wieder zurück und gibt das Material frei. Erst dann ist die Gallerte zum porösen Schwamm ausgetrocknet. »Du könntest dir denken – es ist nicht schwer, sich das auszumalen –, daß ein junger Bursche vor dem Phantom Selbstmord verübte«, schreibt Kracauer über die Höllenspelunke.[273]

Diesen produktiven Suizid überträgt Adorno zunächst wieder auf die Musik. Eines der eindrucksvollsten Beispiele dafür gibt in Adornos Schriften deshalb der sterbende Beethoven. War Beethoven in seinen mittleren Jahren noch der Archetyp aufbrausender Subjektivität, so ist der sterbende das Vorbild dafür, wie gegen die eigene Willkürherrschaft anzugehen ist.

Weil Thomas Mann Adorno als Musikexperten für seinen *Doktor Faustus* in Anspruch genommen hat, findet sich dort die schönste Dramatisierung dieses Vorgangs – er wird zum Gegenstand einer der berüchtigten Vorträge des Musiklehrers im kulturell nicht allzu regen Kaisersaschern. Wendell Kretschmar poltert als liebenswerte Mischung des überartikulierten Adorno und des stotternden Kracauer durch Beethovens Opus 111. Beim Wort »Tod« bleibt der Stotterer hängen, es ist das wichtigste Wort des ganzen Vortrags, denn nur durch den eigenen Tod gelingt es dem Komponisten, das Material selbst sprechen zu lassen: »Unberührt, unverwandelt vom Subjektiven trete die Konvention im Spätwerk öfters hervor, in einer Kahlheit oder, man möge sagen, Ausgeblasenheit, Ich-Verlassenheit, welche nun wieder schaurig-majestätischer wirke, als jedes persönliche Wagnis«,[274] doziert Kretschmer. Und später, im Furor des Zu-Gehör-Bringens der Sonate auf einem »recht minderen Pianino« schreit er hinaus, was sich dank dieser »Ausgeblasenheit« (dem schönsten denkbaren Gegenteil von Aufgeblasenheit) musikalisch ereignet: »Hören Sie die stehengelassene Konvention? Da – wird – die Sprache – nicht mehr von den Floskeln – gereinigt, sondern die Floskel – vom Schein – ihrer subjektiven – Beherrschtheit – der

Schein – der Kunst wird abgeworfen – zuletzt – wirft immer der Kunst – den Schein der Kunst ab.«[275]

In Adornos eigenen Worten klingt das so: »Die Gewalt der Subjektivität in den späten Kunstwerken ist die auffahrende Geste, mit welcher sie die Kunstwerke verläßt. Sie sprengt sie, nicht um sich auszudrücken, sondern um ausdruckslos den Schein der Kunst abzuwerfen. Von den Werken läßt sie Trümmer zurück und teilt sich, wie mit Chiffren, nur vermöge der Hohlstellen mit, aus welchen sie ausbricht. Vom Tode berührt, gibt die meisterliche Hand die Stoffmassen frei, die sie zuvor formte. [...] darum die Konventionen, die von Subjektivität nicht mehr durchdrungen und bewältigt, sondern stehengelassen sind« (17, 15f.).

Nach dem Rückzug des Subjekts also sind die toten Dinge wieder befreit, sind endlich wieder derart ungestört tot, dass sie sich zur Konstellation zusammenstellen lassen können.

Wohnraum sprengen

Erfinder dieser Sprengung von ›Hohlstellen‹ ist die vielleicht schillerndste Gestalt, der Adorno und Kracauer auf ihrer Reise begegnen: der Schweizer Gilbert Clavel, eines der »vielgestaltigen Zwischenwesen«, die sich um Neapel herum tummeln. Clavel ist verwachsen und leidet an Tuberkulose, er gehört zu denen, die wegen ihres Gesundheitszustandes in den Süden Italiens gekommen sind. Zwei Jahre nach Adornos und Kracauers Besuch stirbt er, erst 44-jährig. Der futuristisch beeinflusste Maler Fortunato Depero, mit dem ihn eine intensive künstlerische Freundschaft verband, porträtierte ihn so: »ein kleiner buckliger Herr, mit einer Nase, die so gerade wie ein kleiner Meerengel war, mit Goldzähnen und femininen Schuhen, sein Lachen klang gläsern und näselnd.«[276] Clavel ist ein Universalkünstler. Neben einigen Erzählungen hat er einen Kurzroman verfasst, *Ein Institut für Selbstmorde*, der nur in italienischer Übersetzung erscheint, er liest sich wie Kafka auf Drogen. Das titelgebende Institut bietet drei verschiedene Mittel an, sich im Zustand des Halluzinierens zu suizidieren: Saufen, Wollust und Opium. Gemeinsam mit Depero, der das »Selbstmordinstitut« illustriert, entwickelt er ein sogenanntes plastisches Theater, dessen Prototyp *Balli Plastici* mit Erfolg in Rom gespielt wird, aber keinen weiteren Aufführungsort findet. Clavels größtes Kunstwerk aber, das ihn die letzten zwanzig Jahre seines Lebens beschäftigt, ist ein alter Sarazenen-Turm in Positano.

An skurrilen Bauvorhaben fehlt es im Dreieck Neapel, Capri, Positano wahrlich nicht.[277] Schon Anton Dohrn verfolgte mit seinem Aquarium ein monomanisches Projekt. Mit Abstand am berühmtesten ist Axel Munthes Villen-Anlage San Michele geworden. Aber je nachdem, wie geschickt die wenige Zeit, die touristische Ausflügler nach Capri mitbringen, genutzt wird, lässt sich beispielsweise noch die Besichtigung der Reste von Tiberius' Villa Jovis anhängen oder etwa ein Besuch der ganz in der Nähe gelegenen Villa des schillernden Baron Jacques von Adelswärd-Fersen, der sich 1923 mit einer Überdosis Rauschgift umbrachte: »Den pompösen Bau mit der dorischen Vorhalle, deren vier kannelierte Säulen durch ein eingearbeitetes Mosaik aus Goldplättchen in der Sonne leuchten, widmete er der Liebe und dem Schmerz«,[278] schreibt Stefanie Sonnentag.

Positano ist auch unter wohnlichen Gesichtspunkten ein Gegenentwurf zu den Capreser Villen. Natürlich gibt es auch dort »ordentliche« Häuser, das von Alfred Sohn-Rethels Onkel Karl zum Beispiel. Und doch lässt es sich in Positano noch etwas ursprünglicher hausen; Kantarowicz etwa schrieb, er lebe »in einem abseitigen, seit Jahrhunderten unbewohnten, bis auf ein Feldbett, einen wackligen Tisch und zwei lahme Stühle, die ich mir ausgeliehen hatte, unmöblierten, in den Felsen des Monte Angelo eingehauenen Gewölbe, hundert Meter über dem Meer.«[279] Die Löcher, die Benjamin und Lacis von San Martino aus in den Felsen von Neapel entdecken – in Positano werden sie von den zivilisationsmüden Gästen aus dem Norden bewohnt.

Bucht von Positano

Der Turm bei Positano, 1909

Der Turm bei Positano nach dem Ausbau

Gilbert Clavel verbindet Luxus mit Ursprünglichkeit, er haut sich von dem Sarazenen-Turm aus in das Felsengewölbe hinein und macht daraus einen spektakulären Palast. Alles an diesem Projekt ist einzigartig. An der Amalfiküste gibt es mehrere solcher Sarazenen-Türme, die so heißen, weil sie im 16. Jahrhundert den Spaniern dazu dienten, die Küste vor Angriffen der Sarazenen zu schützen. Gilberts Bruder René behauptet später, dass unter all den von ihnen besuchten Türmen keiner eine so ausgefallene fünfeckige Form gehabt habe.[280] Zum Zeitpunkt des Kaufes stand der Turm isoliert auf einem Felsen vor der Küste, man konnte ihn also für die ersten Arbeiten nur auf dem Meerweg erreichen. »In der Epoche seines Verfalls« war der Turm, wie Kracauer schreibt, »ein abgebrochener Zahn; Clavel hat ihn bis zum Wurzelende ausgebohrt und eine Krone ihm aufgestülpt«.[281]

Die Bautätigkeit wird zum lebenskünstlerischen Großprojekt. »Der ganze Turmbau war für meinen Bruder ein architektonisches Problem, in dem er gewissermassen seine geistigen Ideen auskristallisierte«,[282] schreibt René Clavel. An dem Turm arbeiten mehr Menschen mit, als Kracauer in seinem Essay suggerieren möchte, aber dennoch wird das ganze Vorhaben von einem Autodidakt angeführt, der »seine Baukunst aus sich selbst heraus entwickelte und seine praktischen Kenntnisse in beinahe 20jähriger Baupraxis mit seinem Bauführer erlernte«,[283] wie René bemerkt. Einen 35 Meter langen Spiral-Gang ins Meer konstruiert Clavel beispielsweise ohne Zeichnungen allein mit Kompass und Wünschelrute.

Kracauer und Adorno besuchen Clavel 1925 zu einem günstigen Zeitpunkt. Denn der Turm ist bereits bewohn- und besichtigbar, neben der konkurrenzlos schönen Lage bestechen auch die Innenräume durch moderne Sachlichkeit; die *Berliner Illustrirte* hat bereits von der Turmanlage als »einer der märchenhaftesten Besitzungen und eine[r] der großartigsten Felsarchitekturen der Welt«[284] berichtet. Zugleich sind 1925 die Bauarbeiten noch voll im Gange, Adorno und Kracauer werden Zeugen des Spektakels, mit dem Clavel mehrere Wohnungen um den Turm herum, Räume in den Felsen dahinter und alles verbindende Geheimgänge zu erschaffen versucht. Ein Spektakel ist es wegen der Methode, derer er sich dabei bedient. Er sprengt. Das Sprengen ist unter den gegebenen Bedingungen die einzig mögliche Technik und im Neapolitaner Umland eine übliche Etappe beim Häuserbau: »Erst wurde der felsige Grund gesprengt, um unterirdisch die unerlässliche Zisterne für den Vorrat an Regenwasser anzulegen. Mit den dabei gewonnenen Steinen und dem Mörtel aus Puzzolan und Kalk wurde der Rohbau errichtet«,[285] beschreibt Claretta Cerio am Beispiel des Fischers Spadaro das Prozedere. Es handelt sich also um denselben Vorgang der Baustoffgewinnung wie schon in Neapel, womöglich mit etwas rigiderer Methode.

Das liegt am Material, an der von La Capria konstatierten »geologischen und morphologischen Andersartigkeit«. Kalk gehört zu den sogenannten Sedimentgesteinen. Auch hier bewährt sich die Natur als Baumeister, die Kalkmineralien sind organische Ablagerungen oder Reste von chemischen Prozessen. Kalkstein zeichnet sich gerade durch eine Verringerung der Porosität, die dem Tuff eignet, aus: »Die überdeckten Sedimente unterliegen dem Einfluss des Grundwassers, das in hohem Maße Minerale gelöst hat, die in den Poren der Sedimente ausgefällt werden können und die einzelnen Komponenten miteinander verkitten – ein chemischer Prozess, der als Zementation bezeichnet wird. Eine Folge der Zementation ist die Verringerung der Porosität, oder anders ausgedrückt, die Abnahme der offenen Poren zwischen den Komponenten in Relation zum Gesteinsvolumen«,[286] heißt es in einem Handbuch zur Allgemeinen Geologie. Der Tuff des Vergilschen Golf ist bereits porös, dem Kalk der Amalfiküste muss man – wie dem von der Wassergallerte verstopften Schwamm – die zuzementierte Löchrigkeit erst wieder abringen.

Entsprechend benutzt Clavel das Sprengen als selbstverständliche bauliche Technik, die Kollateralschäden durch allzu weit herumfliegendes Gestein sind ganz normal. Sein Bruder bringt einmal aus Amerika den Tipp mit, wie man dieses Problem minimieren könnte: »In New York legte man auf die Sprengstäbe grosse, aus Ka-

Gilbert Clavel bei der Arbeit

beln geflochtene Matten, die hochfliegen, aber das Herumfliegen der Steine im Zentrum der Häusergruppen verhindern.«[287] Eigentlich ist diese Sprengerei also nichts Besonderes. Sie ist zudem natürlich bei weitem nicht die einzige bauliche Tätigkeit. Es geht auch um Zementanlieferung, um Dichtungsmittel, um Holzbögen. Aber das Sprengen ist das Diffizilste: »Die Höhlungen nehmen viel Zeit in Anspruch und machen wie immer mehr Mühe wie das Bauen.«[288] Und man kann sich vorstellen, dass für die durchreisenden Besucher das Sprengen das spektakulärste Moment dieser expressiven Baukunst ist.

An Kracauers Porträt von Clavel kann man ablesen, wie stark der Eindruck war, den der Besuch hinterlassen hat. Sein Text ist hochpoetisch und ambivalent. Später in diesem Buch soll die darin beschriebene Verwandlung Clavels in einen Dämonen eben der Art, die er bekämpft, nachvollzogen werden. Aber für einen kurzen Moment macht Kracauer in seinem Essay aus dem kleinen buckligen Bauherren einen Freiheitskämpfer und das Sprengen zu dessen wirkmächtigster Waffe.

Der Feind, gegen den Clavel in Kracauers Phantasie angeht, ist eben das Element, das die Poren des Gesteins verstopft und dessen monströse gallertenhafte Auswüchse man dann im Aquarium bestaunen kann: das Wasser. Womöglich hat Clavel auch vor den Gästen Kracauer und Adorno über das Meerwasser auf die Weise gesprochen, wie er es in seinem Tagebuch aufgeschrieben hat: »Ich sehe Wassersäulen vor Felsen in Staub zerstieben. Berge von Gischt eilen über scharfe Steinhaufen, und zerrissen rauschen sie zurück. Tausendemale im Tage vollzieht sich diese Vernichtung, und tausendemale im Tage wandelt eine neue Kraft Schaumflocken in Wellenberge. Was sind Tage, was Menschen und ihre Jahre? In einer stillen Sommernacht versinkt ein Fels, ganz leise, ganz leise [...]«[289] Immer wieder trotzt Clavel alleine in seinem Turm zerstörerischen Unwettern, da erscheint das Meer schon mal »wie eine klaffende Eiterwunde eines sich blutigbraun wälzenden Tierkörpers«.[290]

In Kracauers Text wird daraus das »Meerwasser, ein nixenhaftes Geheimnis«,[291] das »feucht-zerstörerisch nach innen« dringt.

Das Sirenenzimmer
Von oben können Blumen gestreut werden.

Und die einzige Möglichkeit, ihm beizukommen, besteht darin, Hohlräume zu sprengen. Nur die freigesprengten »offenen Gruben« halten es von dieser Zerstörung ab, »künstliche Hohlräume allein hemmen seine salzigen Attacken«,[292] wie Kracauer schreibt. Die Wasser-Gallerte wird weggesprengt zur Schädelstätte, der Fels wird wieder porös. Auf diese Weise verwandelt sich mit dem »Sprengen« über das architektonische Lebensprojekt eines futuristisch inspirierten Schweizers und dessen kunstvoll poetischer Beschreibung in Kracauers Essay eine übliche neapolitanische Baupraxis in eine der wesentlichen Metaphern der Philosophie Adornos.

Denn Adorno überträgt dem späten, dem sterbenden Beethoven die Aufgaben von Clavels Sprengmeister. Die Subjektivität »sprengt [die Kunstwerke], nicht um sich auszudrücken, sondern um ausdruckslos den Schein der Kunst abzuwerfen. Von den Werken läßt sie Trümmer zurück und teilt sich, wie mit Chiffren, nur vermöge der Hohlstellen mit, aus welchen sie ausbricht«, hieß es. Gesprengt wird das, was durch den Prozess des Einlegens zur zweiten Natur und durch das Einwandern der schlackigen Figur dämonisch geworden ist. Und so wie Clavel »Hohlräume«[293] in seinem Felsenturm erzeugt, schafft Beethoven »Hohlstellen« im gesprengten Kunstwerk.

Die große Herausforderung bei diesem Verfahren: Als Verursacher des Wegzusprengenden muss sich das Subjekt mitsprengen. Die Porosität ist nicht einfach nur herumliegender Baustoff. Sie ist das Gerippe, das von monströser Bürgerlichkeit übriggeblieben ist. Die Konstellation ist niemals einfach vorhanden oder verfügbar, sondern immer erst der Effekt eines Zusammenbruchs, einer Clavelschen Sprengung. Sie stellt nicht Totes zusammen, sondern gerade Sterbendes. Die »facies hippocratica der Geschichte [liegt] als erstarrte Urlandschaft dem Betrachter vor Augen«,[294] heißt es in Benjamins Trauerspielbuch. Porosität meint nicht das Ergebnis, sondern den Prozess des Sterbens. »In die Gärten und Häuser rieseln Skelette«,[295] schreibt Kracauer über Positano; die Schädelstätte ist wieder hergestellt. »Neapel sehen und sterben«[296] – Benjamin und Lacis zitieren den berühmten Ausruf am Ende ihres Denkbildes.

Deswegen sind auch im Motto von Louis Aragon, das Adorno dem Schubert-Essay voranstellt, die »constellations« nicht einfach verfügbar, sondern müssen dem Menschen abgenötigt werden, durch das immerhin nicht undrastische Mittel des Kopfabreißens.[297] Der enthauptete Körper spritzt »in mächtigen Stößen den dreifachen Strahl seiner kräftigsten Arterien in die Luft«,[298] heißt es in Aragons *Der Pariser Bauer*, bevor dieses Bild in den von Adorno als Motto benutzten Text mündet: »Der ganze, zu nichts mehr dienende Körper war völlig transparent geworden. Allmählich wurde der Körper zu Licht. Das Blut zum Strahl. Die Glieder erstarrten in einer unverständlichen Geste. Und der Mensch war nur mehr ein Zeichen unter den Sternbildern«,[299] im Original: »constellations«.[300]

Die Positaner Dämonologie hat, wie gesagt, bei Adorno eine gewisse Latenzzeit. Im Wozzeck-Aufsatz kündigt sich das Moment der Doppelgängerbegegnung zwar bereits an, allerdings noch ohne Doppelgänger. Das einsame – im Wozzeck-Aufsatz expressionistische – Subjekt möchte sein Leiden, seine Einsamkeit zum Ausdruck bringen und sieht sich einer musikalischen Tradition gegenüber, die alles schon benutzt und damit für den subjektiven, originellen Ausdruck unbrauchbar gemacht hat. Der Künstler muss in seinem Ausdrucksdrang das Material immer weiter aufsplittern, bis sich laut Adorno ein Umschlag ereignet. Das musikalische Material emanzipiert sich durch sein gänzliches Aufgesplittertsein vom Ausdrucksbegehren des Komponisten, das dieses überhaupt verursacht hat. Und der Komponist muss, wenn er an diesem von ihm contre cœur initiierten Prozess teilhaben will, sein expressives Leiden durch »konstruktiven Willen« ersetzen: »Mit dem Augenblick, in dem die punktuelle Harmonik und ihr konstruktives Formkorrelat von der Herrschaft der psychologischen Expression sich unter dem konstruktiven Willen emanzipieren, ereignet sich ein Umschlag« (18, 462). Mit diesem Umschlag aber wird der Komponist zum (sich selbst mitsprengenden) Clavel: »Das sprengende Individuum aber hört auf, bloß Individuum zu sein« (18, 462). Das ist wieder die kompositorische Leistung, die Adorno beim späten Beethoven so idealtypisch vollzogen sieht. Es ist keine Befreiung auf Seiten des – sich im Gegenteil zurückziehenden – Subjekts. Es ist eine Befreiung auf Seiten des musikalischen Materials, das in diesem Umschlag porös gemacht wird.

Eben dieser Umschlag aber, dieser katastrophische Zusammenbruch der subjektiven Intentionen, der zur Erstellung der porösen Konstellation führt, ist der »theologische Realitätsgehalt«,[301] die Wahrheit, die als Mitte des Wozzeck-Aufsatzes umkreist wird. Damit lässt sich erahnen, was Adornos Wozzeck-Aufsatz – unterhalb der konventionell zu lesenden Oberfläche – eigentlich »konstelliert«. Er präsentiert lauter Variationen des Umschlags, des subjektiven Zusammenbruchs, des katastrophischen Sprengens, des Porös-Machens. Wir haben, wie bei Benjamins und Lacis' Neapel-Aufsatz, eine Porosität als Bühne, ein Loch in der Mitte, das als Wahrheit umspielt wird. Diese Wahrheit ist aber lediglich die Wahrheit über das Poröswerden, also des Zusammenbruchs, und mit einer Konstellation aus lauter kleinen Porositäten wird diese »Wahrheit« umkreist.

Die einzelnen Abschnitte des Aufsatzes sind allesamt Variationen dieser konstruktiven Mitte, also Variationen über den Zusammenbruch. Im ersten Absatz findet der Umschlag von einer traditionsermöglichenden Lehrer-Schüler-Verbindung hin zur Einsamkeit des Lehrers wie Schülers statt, angesichts der nurmehr ein musikalisches Handwerk weitergegeben werden kann. Dieses Handwerk, eben die Technik der Variation, ist nun aber wiederum ein Zusammenbrechen-Lassen der konventionellen Unterscheidung von Thema und Variation, das Variative überwuchert diesen Gegensatz, so dass es am Ende gar keine eigenständigen Themen mehr gibt: Porosität pur. Im dritten Abschnitt wird das Duell zwischen originalitätssüchtigem Künstler und widerstrebender Tradition hinübergeführt in die Konstellation der Trümmer der kaputtgegangenen musikalischen Formen. Am Ende des Aufsatzes wird gar das bisherige kompositorische Werk Bergs als Übergang, als beständiger fruchtbarer Zusammenbruch inszeniert, und die Oper *Wozzeck* als Übergang hin zum Kammerkonzert, also als das Material, das für die Konstellation des Kammerkonzertes relevant wird.

Auch die Tatsache, dass es genau drei Abschnitte sind, die den Aufsatz strukturieren, ist Bestandteil der Sprengung. Denn die Dreiteilung ist ein Rest der Sonatenhauptsatzform, die aus Exposition, Durchführung und Reprise besteht. Dem Umbruch im Kleinen, der den Gegensatz von Thema und dessen Variation zugunsten bloßer Variation durchbricht, entspricht im Großen das Ausufern der Durchführung, die traditionell der Ort der Variation der in der Exposition vorgestellten musikalischen Themen war. So gibt es denn auch in Adornos Aufsatz noch Spuren von Einleitung und Fazit als Entsprechungen von Exposition und Reprise. Der mittlere Absatz des Aufsatzes ist als Durchführung demgegenüber mit seiner Bestimmung der totalen Variation der programmatischste und der von allen Absätzen umkreisten Wahrheit am nächsten. Und doch wird diese Wahrheit, der Umbruch hin zur Porosität von jedem Absatz selbstständig und aufs Neue zur Darstellung gebracht.

Das neu gefundene Modell philosophischer Deutung und essayistischer Stilistik ist in dem frühen Aufsatz zu *Wozzeck* also schon nahezu komplett ausgearbeitet. Allerdings fehlt noch eine entscheidende Verknüpfung. Denn die zweite Natur der musikalischen Konvention, gegen die sich der ausdruckswillige Komponist auflehnt, um sie dann durch Rückzug zu sprengen, ist noch nicht mit dem Mechanismus des Dämonisch-Werdens zusammengedacht. Zwar ist am Ende des Aufsatzes vom »Abgrund Mensch« die Rede, aber noch als bloße Referenz an die Büchnersche Textvorlage.

Die Uraufführung von *Wozzeck* wird für Berg ein großer Erfolg. Adorno besucht die Premiere und gemeinsam mit Benjamin die zweite Vorstellung, von der er einen detaillierten brieflichen Bericht an Berg abliefert.[302] Eine Aufführung bringt gegenüber dem bloßen Partiturstudium mannigfaltige neue Erkenntnisse, so dass Adorno im selben Brief gleich die Möglichkeiten für einen weiteren Essay über die Oper eruiert. Aber es gibt noch einen Grund, ein weiteres Mal die Darstellung der Wahrheit der Bergschen Oper anzustreben. Denn die philosophische Schlacht in Neapel hört nicht auf, bei Adorno nachzuwirken. Das mentale Umgruppieren ist in vollem Gange, ja es hat an Intensität zugenommen: »Seit Herbst vorigen Jahres – der großen Auseinandersetzung mit Walter Benjamin in Neapel – ist meine Philosophie in einer heftigen Entwicklung begriffen, deren erste Zeichen der Anbruch-Aufsatz bereits brachte. Bei nachdrücklicherem Denken aber stellte sich mir die Unvollständigkeit, Unzulänglichkeit meiner bisherigen Kategorien immer schlagender heraus«,[303] schreibt Adorno im März 1926.

Was im Herbst des Jahres zuvor noch zur Erfindung und zum schnellen Ausprobieren eines neuen Stilideals geführt hat, erzeugt nun eine theoretische Suchbewegung, die sich in ihrer Überambitioniertheit verheddert. Adorno muss Berg bald gestehen, dass er mit dem Vorhaben eines zweiten Wozzeck-Aufsatzes nicht zurande kommt. »[V]on den metaphysischen Ansatzpunkten durch die Erkenntnistheorie hindurch durch eine positive Geschichtsphilosophie und politische Theorie«[304] – so skizziert Adorno die Strecke, die er sich vorgenommen hat, Annäherung an den Kommunismus einbegriffen. Adorno wird zunächst damit scheitern. Und versucht sich zu sortieren. Da er immer noch vor allem Komponist werden will, legt er sein Hauptaugenmerk zunächst auf die Konstellation, die er neben der schriftstellerischen auch in eine kompositorische Technik verwandelt hat: Er erkennt, »daß nichts in Musik schwerer wiegt als die formkonstruktive Phantasie – schwerer in der Tat als jene

Personalität und Innerlichkeit des ›Einzelnen‹ selbst (die sie freilich dialektisch voraussetzt!), auf der ich jahrelang kierkegaardisch herumgeritten bin.«[305]

Doch allmählich reichert Adorno dieses Modell mit Dämonie an. Der »Abgrund Mensch« war im ersten Wozzeck-Aufsatz noch nicht mit dem Duellpartner der »großen Überlieferung« (18, 461) verbunden. In Adornos Analyse von Schönbergs Bläserquintett aber kommt die traditionelle Form der Sonate bereits aus einem »dunklen emotionalen Grunde«, sie hat einen »triebmäßigen [...] naturalen Ursprung« (17, 144). Im zweiten, 1929 schließlich doch geschafften, erneuten Aufsatz zu *Wozzeck* ist der Abgrund, aus dem die Dämonen als objektive Charaktere aufsteigen, dann schon die »Subjektivität« (18, 474).

Im ein Jahr zuvor geschriebenen Schubert-Essay findet die Begegnung mit dem eigenen Dämon bereits statt. Allerdings wird diese Szene von keinem Subjekt vollzogen, sondern vom untersuchten Gegenstand selbst. Der – behauptete – Vorgang aber ist derselbe: Die Potpourris, das dialektische Bild, spiegeln die Dämonie einer zweideutig ewigen Postkartenlandschaft wider und zwingen sie, deren Wahrheit herauszugeben, sich zur Konstellation ihrer selbst zu fügen. Sie tun es gemäß dem höllischen Schauplatz »infernalisch«. Und was ist das Ergebnis dieser Konstellation? Adornos Antwort: »Es ist die Landschaft des Todes zuvor« (17, 23).

Endlich. Von der Ansichtskarte bis zur Todeslandschaft, die den Schubert-Essay eröffnet, haben wir mit Adorno einen langen Weg zurückgelegt. Die Potpourris aus Schuberts Musik waren dabei behilflich. Aber hat das darüber hinaus noch irgendetwas mit Schubert zu tun? Immerhin heißt der Essay lapidar »Schubert«. Es geht nicht um irgendeinen Teilaspekt in Schuberts Werk oder Leben, etwa die Gefahren und Chancen seines Nachlebens in den Potpourris der von ihm geschaffenen Musik oder Ähnliches. Es scheint um nichts weniger als den ganzen Schubert zu gehen. Wenn man dafür aber nur etwa zwanzig Seiten zur Verfügung hat, ist es dann nicht leichtfertig, so viel Raum auf die Beschreibung einer Kraterlandschaft aufzuwenden? Andersherum gefragt: Wenn die Konstellation wirklich eine Methode zur Wahrheitsfindung des untersuchten Gegenstandes sein soll – was ist dann die Wahrheit Schuberts? Beim Wozzeck-Aufsatz war es die Erzählung darüber, wie es zur musikalischen Porosität kommt, es war die Darstellung des Zusammenbruchs in Permanenz. Bei Schubert ist es: die Kraterlandschaft.

Will man einen Vulkanbesuch beschreiben, scheint man dramaturgisch festgelegt. Egal wie und egal, wie weit man kommt: Man wandert von außen dem Kraterrand entgegen. Adorno aber gelingt es, diese Minimalanforderung an eine anständige Kraterbesteigung zu unterlaufen. Wer immer da zu Beginn des Schubert-Essays wandert – er kommt aus der anderen Richtung, er kommt geradewegs aus dem Abgrund. Eine Phantasie, die möglicherweise davon angeregt wurde, dass Adorno mit dem Zeitpunkt seines Vesuvbesuches Glück hatte. In den Jahren von 1924 bis 1926 konnte man als Vesuvbesucher auf den Boden des Kessels hinabsteigen und am »Eruptionskegel vorbei hindurchgehen«[306] und wieder zurück.

Wenn im Schubert-Aufsatz vom Kraterabgrund, dem man 1925 so erstaunlich nahe kommen konnte, die Rede ist, von der chtonischen Tiefe, aus der der Besucher hervorkommt – dann aber immer nur im Modus des Verfehlens von etwas. Denn erst außerhalb des Abgrunds empfängt man das Licht, »dem blind zuvor die glühende Masse entgegenschlug«. Im Abgrund war eine Macht am Werk, deren Aktivität enorm, aber erfolglos war, wenn es darum gehen sollte, das Sternenlicht zu sehen. Die Sterne leuchten nur dem Abgrund-Entronnenen, während die im Abgrund wütende, »eifernde Hand« vergeblich »nach deren unerreichbarem Schein griff«. Der Dämon, der da in der bodenlosen Tiefe sein Unwesen treibt, ist niemand anderer als das sinneinlegende Subjekt. Es ist das Subjekt, das die fremde Welt, indem es ihr seine Ausdruckskraft »einlegt«, zu einer heimischen machen möchte. In diesem speziellen Fall heißt dieses Subjekt Beethoven. Neun Jahre vor dem Aufsatz über den Spätstil Beethovens hat Adorno noch nicht zwischen dem mittleren und späten Beethoven unterschieden. Beethoven insgesamt ist für ihn

Vesuvkrater in den 1920er-Jahren

noch Prototyp des ausdrucks-gewaltigen, ja -gewalttätigen Subjekts. Das also ist »die Macht des tätigen Willens«, die eifernde Hand, die die Lavamassen gegen die Sterne schleuderte und durch diesen Willensausbruch den Vulkan erst entstehen ließ. Das Ganze spielt sich in der Unterwelt ab wegen der Funktionsweise des dialektischen Bildes, das jeden eingelegten Sinn mit der Todeskälte dessen, in das eingelegt wurde, affiziert.

Es scheint in Adornos Beschreibung ein großes Glück zu sein, wenn man es geschafft hat, diesen Abgrund zu verlassen, und die Landschaft, die ihn umgibt, erreicht hat. Denn erst in dieser Landschaft, so heißt es bei Adorno, wird man des Lichtes gewahr, um das sich die eifernde Hand vergeblich bemühte. »Dagegen erhoben sich in kühlem, grünsilbrigem Glanz die mondbeschienenen Zacken in der unregelmäßigen Felsumrandung des äußeren Kraters. Von der überwältigenden Schönheit dieser astronomischen Landschaft, die nur die ausgeglühten Farben der Edelsteine zu kennen schien, konnte ich mich lange nicht losreißen«,[307] schreibt Sohn-Rethel über seine Vesuvbesteigung ein Jahr nach Adornos Neapel-Besuch.

Aber diese Schönheit ist kein Selbstzweck. Das besondere Licht beleuchtet nun endlich die »Wahrheit«, auch wenn es auf den ersten Blick eine Enttäuschung sein mag: denn als Wahrheit wird lediglich der Abgrund und die Erzählung davon, wie es zu ihm kam, beleuchtet. Die Landschaft, die durch den Ausbruch überhaupt erst entstanden ist, umrahmt dieses klaffende Loch, wir wüssten von ihm nichts ohne die »gewaltige Stille« der »Lineatur« dieser Landschaft. Es ist die den Krater umkreisende Konstellation. Deswegen ist von dem monströsen Subjekt im Abgrund auch nur in der Vergangenheitsform die Rede, denn die Konstellation ist erst möglich, nachdem das vom Subjekt verursachte dialektische Bild gesprengt ist. Und nur durch die Konstellation wissen wir – nach dessen Untergang – von der Existenz des dialektischen Bildes.

Deswegen hat die Landschaft der Konstellation so wenig Eigenes zu bieten, deswegen macht sie lediglich das »dämonische Bild« der Tiefe offenkundig. Sie macht den Abgrund kenntlich, indem sie ihn umkreist. Das ist der Zusammenhang von dialektischem Bild und Konstellation: Letztere ist die Zerstörung des Ersteren. Nur in diesem Sinne ist die Konstellation bei Adorno zum dialektischen Bild gehörig: Sie erzählt von nichts anderem als dem dialektischen Bild, sie ist dessen Fortsetzung, aber nur durch dessen Zerstörung.[308]

Damit aber wird endlich klar, was mit der »Wahrheit« der Schubertschen Landschaft gemeint ist, wie sich das Rätsel »Schubert« auflöst. Es wird der Mechanismus von dialektischem Bild und Konstellation offenkundig, der zum Offenkundigwerden dieser Wahrheit erst geführt hat. Die Sprengung und Konstellation der Landschaft der Schubertschen Musik durch das dialektische Bild der Potpourris führt zu nicht mehr, aber auch nicht weniger, als zur Erkenntnis über das Wechselspiel von dialektischem Bild und Konstellation. Die »Wahrheit« der Konstellation ist der Bericht darüber, wie man zu ihr gelangt. Am Rande des Vesuvkraters entdeckt Adorno eine Illustration seiner gerade entstehenden Theorie. Der Vesuv, das ist die größte anzunehmende Porosität, ein einzelnes Loch mit Außenrum. Adorno transferiert Benjamins und Lacis' soziale Struktur auf ein Naturschauspiel und geht damit zurück an den Ursprung dieser Struktur. Denn das Gestein war ja der Ausgangspunkt für die Bestimmung der Porosität im Neapel-Denkbild, und porös ist es, weil es Magmagestein ist. Adornos Konzept einer Naturgeschichte findet hier ihr mächtiges Bild: Was aussieht wie eine höllische Urlandschaft, ist Abfallprodukt gesprengter Bürgerlichkeit.[309] »Der Boden (etwa 1100 m ü. M) zeigt die mannigfaltigen Formen der erkalteten Lava und der Schlackentrümmer«,[310] hält der Baedeker fest. Sohn-Rethel ist beschreibungsmächtiger: »Die Lava war in den Formen von Gliedmaßen erstarrt, von Schlangen in allen Größen und Windungen, von Krokodilen und sonstigen glatten, unbehaarten Leibern, wirklich wie Höllengekröse«,[311] womit er Kracauers Wort vom »Gekröse«[312] des Clavel-Turms wieder aufnimmt.

Ein wesentlicher Grund für die starke Suggestivität der Texte Adornos ist dieses Ineinander von Konstellation und zu ihr führender Sprengung, das Ineinander von ständigem Kreisen und dramaturgisch spannungsgeladener Narration. Die Texte üben insgesamt und in den einzelnen Abschnitten mit der fortlaufenden Wiederholung des Kreisgangs der Kraterumrundung eine halluzinative Wirkung aus. Zugleich aber besteht der Inhalt dieser Umkreisungen aus dem Abschreiten des Kreisradius. Es ist der Gang aus dem Abgrund heraus zu seiner durch ihn erst entstehenden Umrandung und in diesem Gang wird die hochdramatische Geschichte vom dämonisch werdenden Subjekt und seiner Sprengung erzählt.[313]

Im Schubert-Aufsatz zum Beispiel wird zunächst ein großer Kreis abgeschritten, am Ende kommt es zur Höllenfahrt in den Abgrund. Die Begegnung mit dem »dämonischen« Doppelgänger, dem bereits zitierten Selbsterkennen der »sinkenden Seele« als »unentrinnbar in den Naturzusammenhang eingetan«, macht jene Sprengung subjektiver Dämonie möglich, die zum Krater erst führt, mit dem der Essay beginnt. Dieser Kreis des Gesamtessays besteht aber aus drei Absätzen, die ihrerseits den Abgrund umkreisen und in dieser Umkreisung wiederum jeweils davon erzählen, wie es zur Ermöglichung dieser Umkreisung kommt – Adorno macht Ernst mit Hegels Idee von der Bauart des Großsystems als Kreis, der sich aus lauter Kreisen zusammensetzt, als »Kreis von Kreisen«.[314]

Die »kleinen« Kraterumwanderungen des Schubert-Essays sind auf unterschiedliche Weise dramatisiert. Im dritten Abschnitt erlaubt sich Adorno dann doch so etwas wie einen Höhepunkt, denn so deutlich geht es sonst nirgendwo in den Abgrund hinein und die Perspektive auf Erlösung ermöglicht dem Essay einen veritablen Schlusspunkt. Aber auch der erste Abschnitt enthält neben der einleitenden Etablierung des Vulkanbildes eine Sprengung: Die falsche Rezeption Schuberts durch die Romantik hinterlässt »Hohlräume der ausgebrochenen Subjektivität« (17, 21) in seinen Werken.

Fatalerweise ist der zweite Abschnitt im Druckbild weder der *Gesammelten Schriften* noch der Ausgabe der *Moments musicaux* von 1964 als solcher sichtbar,[315] da das Satzbild in beiden Fällen ohne Einrückungen auskommt und die Zeile zuvor rechtsbündig abschließt. Der Abschnitt beginnt nach den Worten »sondern kristallinisch«

(17, 23),[316] er ist, wie schon der mittlere Abschnitt des Wozzeck-Aufsatzes als mittlerer Kreis dichter an der Mitte, die vom Kreis des gesamten Essays umschritten wird. Nach der Zerschlagung der Ansichtskartenlandschaft durch die Begegnung mit dem dämonischen Doppelgänger wird die Struktur des untersuchten Gegenstandes dort zu einer programmatischen: Die Musik Schuberts wird angesprochen als der bereits zitierte »exzentrische Bau jener Landschaft, darin jeder Punkt dem Mittelpunkt gleich nah liegt« (17, 25).[317] Und wie im Wozzeck-Aufsatz hat auf dem mittleren Kreisgang die Analyse des musikalischen Materials ihren hauptsächlichen Ort. Zu einem derart feinen Instrumentarium kann Adorno seinen Kreisgang verkleinern, dass er den Gegensatz von ausdrucksstarkem und passivem Subjekt, der doch zu Beginn auf (die Weise des Sterbens von) Beethoven und Schubert verteilt ist, in die Form von Schuberts Musik selbst überträgt und ihr damit ihre Charakteristik abzwingt. Es gibt auch bei Schubert die »eifernde Hand«, das Trachten nach Totalität, den »abstrakten Willen zur puren Formimmanenz« (17, 28): »Erfindung durchdringt mit konstruktiver Macht [das Sein der Formobjektivitäten] vom Subjekt aus« (17, 27). Gleichzeitig aber werden diese Formobjektivitäten, also beispielsweise die Sonatenform, brüchig gemacht: »ins Gefüge der subjektiven Intentionen« (17, 28) werden Löcher geschossen, und so findet auch in dieser mittleren Konstellation durch den Zusammenbruch der »Behauptung der Person« (17, 27) und der »Sprengung« der »Einfälle« dieser Person die Form der Konstellation ihre Begründung.

Der Tourist

Wenn Adorno den Prozess des Sinn-Einlegens und des dialektischen Bildes so eindrucksvoll darstellen kann, dann behauptet er damit aber zugleich für sich selbst, in der Lage zu sein, eine Position außerhalb des sinneinlegenden Subjekts einzunehmen. Er muss sich also den Subjekten zurechnen, die es durch die Doppelgängerbegegnung geschafft haben, jene produktive Schwäche herzustellen, die den Übergang von dialektischem Bild zur Konstellation erst ermöglicht, und damit die »Wahrheit« des Prozesses von dialektischem Bild und Konstellation überhaupt erst sichtbar macht.

Deswegen gibt es zu Beginn des Schubert-Essays einen Wanderer, dem im Übertreten der Schwelle von Abgrund und die diesen umkreisende Landschaft »schauert«. Es ist der Schauer des den Schubert-Aufsatz verfassenden Subjekts, das im Anblick der eigenen monströsen Naturhaftigkeit den ersten Schritt zur Befreiung aus derselben bereits geleistet hat. Und sich dadurch überhaupt zu einer Konstellation, in diesem Fall die der Schubertschen Landschaft, befähigt. Das »Eingedenken der Natur im Subjekt« wird eben nicht, wie Habermas meint, durch die »ruhelose Entfaltung des Paradoxes« des performativen Widerspruchs »magisch beschworen«,[318] sondern durch eine gezielte Konstruktion der Doppelgänger als dialektische Bilder geleistet, an denen man dann die Passivität einüben kann.

Es ist die Einübung in eine Haltung, für die der unbedarfte Tourist nicht das schlechteste Beispiel abgibt. Der gewichtigste Unterschied zwischen Benjamins und Lacis' Denkbild und Blochs Aufsatz zu Neapel ist, dass sich ersteres nicht über die schlecht informierten Touristen erhebt. Nach der Lektüre des Bloch-Textes hat man die Chance, beim nächsten Mal von der richtigen Seite aus und kulturell informiert einzureisen. Bei Lacis und Benjamin bleiben das Unverständnis und das ungeschickte Gebaren des Touristen bis zum Ende wesentlicher Bestandteil der Beschreibung. Der Tourist gibt ein beklagenswertes Bild ab, er wird sofort beklaut, ausgenutzt, ihm wird, noch nicht einmal absichtlich, bedeutet, dass er hier nichts verloren habe. Selbst der Spruch vom Sterben, nachdem man Neapel gesehen habe, ist ein Missverständnis. Eigentlich wurde er nur ins einige Kilometer entfernte Mori weitergeschickt: »Vedere Napoli e poi Mori«. Aber der Deutsche in seinem Pathoswahn übersetzt das dann etwas inkorrekt.

Als Tourist in einer fremden Welt – das Nicht-ganz-Dazugehören ist Ausdruck des Lebensgefühls der in Neapel zusammensitzenden Philosophen. »Immer wieder hatte er dasselbe erfahren: wenn er sich mit seinem vollen Wesen einzusetzen bemühte, entglitt ihm die Wirklichkeit, verfälschte sich ihm das Wort im Mund«,[319] bilanziert Kracauers Alter Ego Georg im gleichnamigen Roman. Dabei ist der Mann Journalist, man möchte doch meinen, dass er über eine gewisse Souveränität im Umgang mit der Welt verfügt. Georg wundert das selbst: »Nun war er durch eine Ritze in die Öffentlichkeit gedrungen und dennoch nicht nach außen gelangt. Ich bin wie in einer Höhle gefangen und kann mich nicht richtig erklären.«[320]

Dieses Leiden ist nicht nur ein persönliches. Es kommt auch daher, dass die Öffentlichkeit keine überzeugenden Haltungen der entleerten Gegenwart gegenüber anzubieten in der Lage ist. Kracauer zählt drei Jahre vor der Neapelreise in einem noch metaphysisch aufgeladenen Essay einige der theoretischen und mentalen Versuche auf, die sinnentleerte Welt wieder zu füllen. Zwei davon nimmt Kracauer in den näheren Blick. Der Haltung Max Webers die des prinzipiellen Skeptikers – attestiert Kracauer in ihrer Widerständigkeit gegenüber den »Glaubensschwindlern« und ihrem Verzicht auf jegliche sinnhafte Heimat durchaus Heroismus. Aber die damit einhergehende Selbstbeschränkung ist keine Option für Kracauer. Die zweite Haltung ist die des sogenannten Kurzschluss-Menschen, der sich mit verkrampfter Ekstase gründlich in jegliches Angebot von Sinnhaftigkeit und Transzendenz hineinversenkt. Ebenfalls keine Option. Die Haltung, die Kracauer stark macht, ist die des Wartenden. Das klingt passiver als von Kracauer gemeint: »angespannte Aktivität und tätiges Sichbereiten«[321] hat dem Wartenden zu eigen zu sein, ein *»zögerndes Geöffnetsein«*.[322] Worauf genau gewartet wird und wie lange es dauert, kann man nicht sagen, sonst wäre man ja kein Wartender im strengen Sinne mehr. Sonst wäre man ja wieder einer von denen, die die Heimat im Geistigen bereits gefunden zu haben glauben und es nun als Patentrezept weiterreichen.

Hochkomisch ist es, dem Kracauerschen Georg bei dieser Haltung zuzusehen, ihn zu beobachten, wie er hilflos durch eine Gesellschaft voller »Glaubensschwindler« stolpert, durch die schwer zu überblickenden Ideologien der bürgerlichen Salons, der öffentlichen Meinung und der proletarischen Revolutionäre. Und man darf mitansehen, wie Georgs abwartende »Dummheit« gegenüber den gerade herrschenden gesellschaftlichen Strömungen immer wieder zu deren Entlarvung führt. Der Wartende macht sich nicht nur bereit für die wann auch immer hereinbrechende wahre Transzendenz, er führt auch durch das gleichsam touristische Nicht-ganz-Dazugehören die Ideologien seiner Gesellschaft ad absurdum.

Das ist manchmal ein wenig grob geschildert, wenn etwa das Beklagen der Hungersnot von dem Gemampfe eines Festbanketts rhythmisiert wird. Das ist oft beste politische Satire, wenn Georg beispielsweise die inhaltsfreie Begrüßungsrede bei einem Kongress einfach unkommentiert in die Zeitung bringt, weil er beim Rest nicht richtig aufgepasst hat, und alle diese Verzweiflungstat für einen glorios perfiden politischen Schachzug Georgs halten. Aber in den besten Momenten entlarvt sich die Gesellschaft unter Georgs erbarmungslos naivem Blick als zu »zweiter Natur« geworden: Sie verwächst sich in ihre Umgebung und wird zum passenden Hintergrund für Tapeten, Möbel oder anderes Dekor.

Das zögernde Geöffnetsein also soll die ideale Haltung für die späteren kritischen Theoretiker sein? Stellt man sie sich nicht ganz anders vor: energisch, ja wenn es sein muss, gewalttätig in die als falsch entlarvte Gesellschaft eingreifend? Benjamin scheint es vorgemacht zu haben, wenn er beispielsweise im Wahlverwandtschaften-Aufsatz das Wahrheitsgeschehen als Machismus in Szene setzt: nur »die Unterbrechung durch das gebietende Wort […] vermag aus der Ausflucht des Weibes die Wahrheit«[323] herauszuholen. Und gegen die Unentschiedenheit des Personals der *Wahlverwandtschaften*, von der wir gesehen haben, was sie an Unheimlichkeit erzeugt, setzt er den alles hinter sich lassenden Sprung des Jünglings aus der Novelle, so als wäre die »erhabne Gewalt des Wahren«[324] durchaus als Instrument eines dann eben doch möglichst rigoros handelnden Einzelnen handhabbar. Doch wird schon im Wahlverwandtschaften-Aufsatz diese gewalttätige Kritik kontrapunktiert durch eine gezielt passive Haltung. Der Sprung findet nur statt in der formalen Spiegelung des Goetheschen Romans, in der Novelle. Im Roman selbst ist die Zäsur, die die Wahrheit zuvor so brutal aus dem Weibe herausunterbrechen wollte, am Ende nur eine formale. Markiert wird sie vom Satz von der über die Häupter wie ein Stern hinwegfahrenden Hoffnung. Und Benjamin macht klar, dass diese Hoffnung nicht zum Verfügungsspielraum eines handlungsmächtigen Subjekts gehört: »nicht deutlicher konnte gesagt werden, daß die letzte Hoffnung niemals dem eine ist, der sie hegt, sondern jenen allein, für die sie gehegt wird«.[325]

Und so entwickeln die Neapel-Touristen eine Verhaltenslehre der Schwäche, entwickeln den Gestus offensiver Zurückhaltung bis hin zum möglichst lautlosen Verschwinden durch Selbstverkleinerung. Adorno hört einer Komposition Schumanns die Gebärde ab: »ich empfehle mich. Ich möchte nicht länger stören«,[326] er schätzt das immer kleiner werdende Kästchen von Goethes Melusinedichtung als »die Gegeninstanz zum Mythos, die diesen nicht schlägt, sondern durch Gewaltlosigkeit unterbietet« (11, 513). Und die sentimentalische Verkitschung Schuberts durch die Operette gehört für Adorno wesentlich zur Ermöglichung der Konstellation: »Denn so klein muß ja wohl der Mensch werden, um nicht länger die Perspektive zu verstellen, die er aufgetan hat und aus deren Bannkreis er doch nicht ganz vertrieben werden darf, sondern die er als geringste Staffage am Rande beleben muß« (17, 21).[327]

Die Ersetzung von Großspurigkeit durch Schwäche entspricht in etwa den unterschiedlichen revolutionären Haltungen, wie sie viel später Paul Celan in seiner Büchnerpreis-Rede aufstellen wird. In den Revolutionären von Büchners *Dantons Tod* sieht er ordentliche, stramme Kämpfer: Selbst auf dem Weg zur Hinrichtung haben sie »Worte, kunstreiche Worte, sie bringen sie an den Mann, es ist

[…] vom gemeinsamen In-den-Tod-gehen die Rede, Fabre will sogar ›doppelt‹ sterben können, jeder ist auf der Höhe«.[328] Eine Revolution, die sich derart aufführt, unterscheidet sich nicht groß von dem zu Revolutionierenden. Glücklicherweise gibt es noch eine andere Instanz als die der rhetorisch Versierten: »Aber es gibt, wenn von der Kunst die Rede ist, auch immer wieder jemand, der zugegen ist und […] nicht richtig hinhört«.[329] Einen Störenfried. ›Es lebe der König‹, ruft Lucile in völliger Unverantwortlichkeit der Revolution gegenüber. Und das soll auf einmal das »Gegenwort« sein, »ein Akt der Freiheit«,[330] wie Celan meint?

Die stotternden, monomanischen und metaphysisch verträumten Philosophen, die sich in Neapel treffen, sind in Wirklichkeit Luciles, sie bilden eine hochspezialisierte Eingreiftruppe der konzentrierten Passivität. In Agenten-Sprache wären sie Schläfer, unauffällige Individuen, die sich auf den Augenblick vorbereiten, an dem sie unter dem Kommando der Konstellation zu Liquidatoren ihrer eigenen aufgeblasenen Subjektivität werden. Erwünscht: ein möglichst unauffälliger, banaler Tod. In landläufiger Sprache sind sie dem allgemeinen Betrieb nicht ganz gewachsene Außenseiter. So oder so sieht diese Haltung nicht besonders gut aus: Wer traut sich denn zu, zu entscheiden, ob jemand aus ideologiekritischen Gründen dumm ist oder halt einfach nur dumm. Auch deswegen will diese Haltung gegen alle Zumutungen der Außenwirkung eingeübt werden.

Adornos Essays sind, indem sie von der Doppelgängerbegegnung nicht nur erzählen, sondern diese auch selbst inszenieren, Dokumente einer Selbstschulung, sind Abfallprodukte »moderne[r] Exerzitien«.[331] Das Subjekt Adorno setzt sich den dialektischen Bildern, die seine Untersuchungsgegenstände generieren, aus und übt sich darin, »seiner selbst mächtig« zu bleiben, statt ohnmächtig dem erstbesten Sinnangebot zu erliegen – in Adornos Terminologie: Sinn einzulegen. Und nur als derart Geschulter vermag das Subjekt Adorno überhaupt eine Position außerhalb der Schicksalsgeschichte des Subjekts einzunehmen und uns davon zu erzählen. »Nur eine von weiter kommende, ja sich dem Anblick der Totalität zunächst versagende Betrachtung kann in einer gewissermaßen asketischen Schule den Geist zu der Festigung führen, die ihm erlaubt, im Anblick jenes Panoramas seiner selbst mächtig zu bleiben. Der Gang dieser Schulung ist es, der hier zu beschreiben war«,[332] beendet Benjamin die »Erkenntniskritische Vorrede« zum Trauerspielbuch.

Ideale Vorbereitungsstätte für diese Schulung und damit für die Neapelreise ist: das theaterversessene Wien.

Das konventionelle Theater

In einem Brief an Kracauer beschreibt Adorno Wien bei einem Besuch im Jahre 1926 – also nach seinem längeren Aufenthalt als Kompositionsschüler und nach seiner Neapelreise –, als würde die Stadt in puncto Porosität Neapel in nichts nachstehen: »Lieber Friedel, nach reichlich trüber Reise bin ich hier eingetroffen und habe die Stadt im schmutzigen Schnee gefunden, der schön die Hohlräume markiert, die der Verfall und die dunklen nationellen Mächte in den geschlossenen Zusammenhang der Kultur-Konsolidität sprengte. Man hat mir erzählt, daß zahlreiche Kanäle unter der Stadt längst trocken gelegt und wohnlich eng, von Lumpenproletariat besiedelt seien, das die Zugänge durch eigne Portiers bewachen ließe.«[333] Aber das ist bloße Rhetorik, man sieht daran, wie handhabbar und beweglich die Beschreibungskategorie der Porosität schon kurz nach ihrer Erfindung geworden ist. Denn Wien ist auf dem Weg zur glücklichen Selbstaufgabe des Subjekts nicht das Ziel, sondern nur die erste Etappe – sie verwandelt den kess Versierten in den weltabgewandten Eigenbrötler.

Schon als Adorno seinen Kompositionsunterricht angetreten hatte, war ihm Gottfried Kellers *Die Leute von Seldwyla* als literarische Referenz für das Wien jener Zeit in den Sinn gekommen: jenes Örtchen, das absichtsvoll abgelegen vor sich hin existiert, mit einem fragwürdigen abgeschotteten Wirtschafts- und Entlohnungssystem.

In der ersten Novelle dieser Sammlung speist eine dreiköpfige Familie gemeinsam Kartoffelbrei aus einer Schüssel – Bruder und Schwester versuchen jeweils, die leckere Butter durch klug angebrachte Tunnel, Höhlen und Mulden vom Fresspartner weg auf ihre Seite der Schüssel zu lotsen.[334]

Wien schmort im eigenen Saft – so findet es Adorno vor, als »Kulturinsel gewissermaßen, die durch Inzest mit Haltung vertrottelt und objektiv um so mehr schon vergessen ist, je monomanischer sie sich für sich selbst interessiert«.[335] Adorno muss für Berg den Geheimboten in erotischen Dingen spielen, er begleitet in musikalischen Salons fragwürdige Diven am Klavier, er bekommt von Alma Mahler, die ihn immerhin beeindruckt, zweimal den gleichen Brief. Alles in allem: eine rückständige, kulturduselige, sich mit »Sensationen mühsam erhitzende [...]«[336] Stadt. Selbst die kritischen Interventionen eines Karl Kraus vermag Adorno in den 1920er-Jahren nicht anders denn als Schmierentheater anzusehen: »Den Karl Kraus hab' ich gehört; nebbich eine prophetische Gestalt, aber dafür ein großer clownisch-priesterlicher Komödiant. Etwas Ästhetenhafteres als seine Art, moralisch in Erscheinung zu treten, kannst Du Dir nicht vorstellen.«[337] In *Die Welt von Gestern* beschreibt Stefan Zweig eindrücklich, wie sehr sich in Wien die theatrale Sphäre an die Stelle der Politik geschoben hat. Das Burgtheater ist der Schauplatz der Staatsaktion, der Ministerpräsident mag unerkannt durch die Straßen gehen, aber jeder kennt die Theaterdiven und -größen, auch wenn er sie im Theater nie gesehen haben mag.

Wien ist die Metropole für jenes bürgerliche Theater, zu dem die Commedia Neapels den Gegenentwurf darstellt. Der Bühnen-Guckkasten zirkelt das ästhetische Geschehen ordentlich von der Wirklichkeit ab und behauptet sich als eigenständige Realität.[338] Es ist die theatrale Form, die Meyerhold als Schauspieler gelernt und praktiziert hat,[339] bevor er sich zum radikalen Umbau der Theaterpraxis entschied.

Das Schlimme für den unbedarften Besucher der Theaterstadt Wien: Man wird selbst zum Ästhet, zum Zuschauer einer bestenfalls spektakulären, aber nicht mehr wirklich relevanten Gesellschaft. Am Ende sitzt man im Parkett vor einer lauen Inszenierung der eigenen Lebensführung. Adorno meldet an seinen Freund: »Ich fühle mich durchaus typisch, als junger Mann, der etwas von der Welt sehen, für sich selber sorgen muß; aber die Wesensschichten werden nicht wesentlich tangiert davon, sondern bleiben in ihrer eigenwilligen Privatheit beschlossen; ja alles, was ich sehe und erfahre, geschieht mir wie aus ganz weiter Ferne und bleibt eigentümlich unwirklich. Stadt und Leute kommen mir wie eine erdichtete Provinz vor, die, aufdringlicher als es ein ästhetischer Mensch darstellen dürfte, die Fragwürdigkeit einer bloß ästhetischen Haltung demonstrieren soll.«[340]

An eigenen Liebeleien konkretisiert sich der »Ästhetizismus als moralisches Problem«,[341] gar als »Hauptmotiv meines Lebens«. Und doch: Im selben Atemzug, mit dem er sich lustvoll über Wien beschwert, entwirft er, noch weit weg am Horizont erst sichtbar, ein Projekt, das die Rückständigkeit zumindest theoretisch fruchtbar machen soll. Adorno schreibt: »Es wäre schon lohnend, den Zusammenhang oder die Strukturenbeziehung der wirtschaftlich rückständigen Kleinbürgerlichkeit und des psychologischen Individualismus *metaphysisch* zu durchleuchten: wie sich die ›Person‹ der existentiellen Gemeinschaft hier wie dort ablöst vom Sinn und der Gemeinschaft, denn auch im Ökonomischen ist doch wohl die Eigenbrödelei, die romantisch an der ›Unmittelbarkeit‹ festhält und damit aus der Produktion ausscheidet, ein Phänomen der Ablösung.«[342]

Diese abgelöste Person begegnet uns im Wozzeck-Aufsatz wieder als der Künstler, der den Wechsel von expressionistischem Ausdruckswollen hin zur konzentrierten Passivität, die dem Konstellationswillen des freigesetzten Materials zu gehorchen hat, vollzieht. Und an dieser Stelle entdeckt Adorno das Potential der Wiener Selbstbezüglichkeit. Die Präferenz des Zuschauens gegenüber dem Zupacken prädestiniert ganz vorzüglich dazu, den für die Konstellation nötigen Rückzug des eigenen Selbst zu leisten. Und natürlich fällt es Adorno leicht, dem bewunderten Lehrer Alban Berg ein besonders herausragendes Zeugnis für die passive Haltung auszustellen: »In den zehn Jahren, die ich ihn kannte, hatte ich immer mehr oder minder deutlich das Gefühl, daß er als empirischer Mensch nicht ganz dabei war, nicht ganz mitspielte; er war das Gegenteil eines existentiellen, mit sich selbst identischen Menschen, sondern hatte eine eigentümliche Unangreifbarkeit, im großen [...] Sinn von Zuschauertum, und gerade da, wo er zu leben schien, in seinen Amouren und seinen Taktiken, trat das eigentümlich Scheinhafte hervor« (18, 511).

Im Wozzeck-Aufsatz kündigt sich bereits an, wer als Vorbild für die Passivität Pate steht: »Die gleiche große Passivität, die bei dem Österreicher Berg leise und bedeutend an Schubert mahnt, läßt im ›Wozzeck‹ wieder, von keinem Anspruch scheinhafter Autonomie durchbrochen, die Konkretion des Kleinsten und Ganzen unvermittelt geraten, das bessere Teil und geheime einer Objektivität hütend, deren lautes und falsches an ihr eben zunichte wurde« (18, 462f.).

Aber mit Schubert und Berg hat es sich Adorno leicht gemacht. Er hat mit ihnen zwar den auftrumpfenden Beethoven und damit allgemein das aufgeblasene Subjekt überwunden. Aber die beiden Weltzuschauer Berg und Schubert hatten die Schulung augenscheinlich schon hinter sich und waren von Beginn an Komplizen der Konstellation. Im Wozzeck-Aufsatz gab es den dämonischen Widerpart ohnehin noch nicht, beim Schubert-Essay war er in die Vergangenheit des Kraterausbruchs, in die bereits gesprengte »luziferische« Senkrechte verbannt.

Mit seiner zweiten Habilitationsschrift will Adorno das ganze Ausmaß der Schulung und all ihre Etappen dramatisieren. Er wählt sich dafür einen extra schweren Gegner. Jemanden, der in seiner Philosophie die ästhetische Haltung bekämpft, dem man diese Haltung erst abzwingen muss, bevor man an ihr die Eignung zur Konstellation-Ermöglichung ausprobieren kann. Den er bereits eifrig studiert hat, weil er einer der Lieblingsphilosophen seines Leselehrers Kracauer ist. Mit dem Vorläufer der Existenzphilosophie und religiösen

Philosophen Sören Kierkegaard durchleidet Adorno noch einmal die Etappen der eigenen Schulung, von der versierten Kessheit über den persönlichen Ausdruckswillen bis zur ästhetischen Haltung. »Es fließt viel Blut«, schreibt Adorno an Kracauer mitten während der kritischen Arbeit an Kierkegaard. Es ist auch das eigene.

Das Buch über Kierkegaard ist bereits die zweite Habilitationsschrift, weil es sich Adorno auch im akademischen Betrieb zu einfach gemacht hat. Immer noch will er eigentlich Komponist werden und mit seinem ersten Versuch der Habilitation lediglich den akademischen Erwartungen entsprechen. Aber das gelingt ihm einen Tick zu gut. Adornos Professor, der Neukantianer Hans Cornelius, sieht in der Arbeit eine zu deutliche Paraphrase der eigenen Positionen – und empfiehlt Adorno, die Arbeit zurückzuziehen. In seinem zweiten Versuch will Adorno diesen Fehler vermeiden. Dieses Mal ist die Habilitationsschrift »von der offiziellen Funktion ganz unabhängig und rein eine philosophische Sache meiner Intention und ich glaube, daß sie wirklich, *trotzdem* sie als Habilitationsschrift dienen muß, etwas taugt und etwas Neues und Originales ist«,[343] schreibt er an Berg. Adorno stellt eine direkte Kontinuität zu seinen musikalischen Bemühungen her: Es ist ein Buch, »das sicherlich von meinen bisherigen Arbeiten am tiefsten mit meiner und wie ich wohl sagen darf unserer Musik zusammenhängt«.[344]

Für sein bluttriefendes Exerzitium zieht sich Adorno in selbstgewählte Einsamkeit zurück. Mit Kierkegaard schließt er sich in ein Zimmer im Frankfurter Hof in Kronberg ein und beginnt den »Gang der Schulung«, der durch die Eingeschlossenheit der Immanenz hindurch den Weg ins Offene einer »Gemeinschaftsrhythmik«, wie es zu den architektonischen Konstellationen Neapels hieß,[345] freisprengt. Wer wissen will, wie die Frontlinien der neapolitanischen Schlacht zwischen Adorno und Benjamin verlaufen sind, dem mag das Kierkegaard-Buch Auskunft geben. Kierkegaard gegen Neapel, Innerlichkeit gegen Alltagsspektakel – im nächsten Kapitel soll den Stationen dieses nun von Adorno alleine gegen sich selbst geführten Kampfes nachgegangen werden.

Eine der frühesten Erinnerungen in Goethes Lebenserzählung *Dichtung und Wahrheit* handelt von einer Besonderheit seines Wohnhauses. Das alte Haus, in dem er als Kind in den 1760er-Jahren lebte, war im Parterre durchlöchert: »Für uns Kinder, eine jüngere Schwester und mich, war der untere weitläuftige Hausflur der liebste Raum, welcher neben der Türe ein großes hölzernes Gitterwerk hatte, wodurch man unmittelbar mit der Straße und der freien Luft in Verbindung kam.«[346] In so einem »Geräms« kommt man mit den Nachbarn ins Gespräch, eigentlich ist man mit einem Bein schon im öffentlichen Raum, die Häuslichkeit öffnet sich ins soziale Leben.

In der guten Jahreszeit gewannen die Straßen »ein südliches Ansehen«, wenn man Goethe glauben darf: »Man fühlte sich frei, indem man mit dem Öffentlichen vertraut war.« Süditalienische Porosität, das Durchdringen von Privatraum und öffentlichem Leben findet in so einem Gitterwerk ein schönes materielles Beispiel. Und doch bekommt man die Assoziation von Gefängnis nicht gänzlich aus dem Kopf.

Gut fünfzig Jahre später, in Goethes *Wahlverwandtschaften,* ist dann auch Schluss mit der Durchlässigkeit. Man bastelt sich im Roman seine eigene kleine Welt, gleich zu Beginn lässt Charlotte Eduard in der selbstgebauten, wohlig gemeinten, aber extrem engen Mooshütte »dergestalt niedersitzen, daß er durch Tür und Fenster die verschiedenen Bilder, welche die Landschaft gleichsam im Rahmen zeigten, auf einen Blick übersehen konnte«.[347] Das aufstrebende Bürgertum zieht sich von der großen Welt da draußen in seinen Privatraum zurück und holt sich die verlassene Welt als Bild in diesen Raum hinein. In einer Jugendschrift Kierkegaards beispielsweise versagt der Vater dem Jungen den Wunsch, nach draußen zu gehen, aber er bietet vollwertigen Ersatz: Er geht mit dem Jungen im Zimmer spazieren. Hand in Hand erleben sie die ganze Welt, eine womöglich aufregendere als die wirkliche.[348]

In Neapel ist die Porosität zwischen Innen- und Außenraum auch in den 1920er-Jahren noch intakt. In den meisten Texten der kritischen Touristen wird die Frage der Häuslichkeit als eine der Hauptgegensätze zwischen dem europäischen Norden und dem befremdlichen Süden umspielt. Sohn-Rethels *Ideal des Kaputten* beginnt mit den ständig offenen Türen Neapels. Türklinken sind sinnlose mythische Wesen, denn Türen sind nur dazu gedacht, offen zu stehen. Sollte aus Versehen ein Luftzug sie dennoch einmal zuwerfen, dann gehen sie »mit entsetztem Kreischen und am ganzen Leibe zitternd«[349] wieder auf: »Neapel mit geschlossenen Türen, das wäre wie Berlin ohne Hausdächer«.[350] Benjamin und Lacis sprechen vom »dumpfen nordischen Hauskasten«,[351] der den Neapolitanern gänzlich fremd ist: »jede private Haltung und Verrichtung wird durchflutet von Strömen des Gemeinschaftslebens. Existieren, für den Nordeuropäer die privateste Angelegenheit, ist hier wie im Hottentottenkral Kollektivsache. So ist das Haus viel weniger das Asyl, in welches Menschen eingehen, als das unerschöpfliche Reservoir, aus dem sie herausströmen.«[352] Auch die Vorstellung von Häuslichkeit ist dem allumfassenden porösen Durchdringungsprozess unterworfen: »Auch hier Durchdringung von Tag und Nacht, Geräuschen und Ruhe, äußerem Licht und innerem Dunkel, von Straße und Heim.«[353] Bloch schreibt: »die Wohnung nimmt teil am Freien, ist gleichfalls eine Mischung aus Interieur und Öffentlichkeit«.[354]

Der Hausbau ist in den Texten der kritischen Theoretiker eine zentrale Metapher. Adorno und Kracauer unterschreiben Briefe an Löwenthal als »Fürsorgeamt für transzendental Obdachlose«. Kein Zufall, dass der promovierte Architekt Kracauer sich an der Amalfiküste gerade für ein kurioses Bauprojekt am meisten begeistert. Das Poröse Neapels ist eine baustoffliche und architektonische Kategorie.[355] Und einer der berühmtesten Sätze Adornos – »Es gibt kein richtiges Leben im falschen« – beschließt in den *Minima Moralia* einen Abschnitt, der vom Wohnen handelt. Beim bürgerlichen Privatraum besteht die Aufgabe des Kritikers darin, das neapolitanische Zusammenbrechen des Gegensatzes von privater Wohnung und öffentlichen Raum in den Wohnraum selbst zu tragen, sozusagen den »dumpfen Hauskasten« von innen aufzubrechen. Benjamin hat in seiner *Einbahnstraße* die Richtung dafür vorgegeben, wenn er Lukács' Schädelstätte unauffällig in den Plüsch bürgerlicher Innenräume platziert. Denn auch die Inneneinrichtung ist »seelenlose Üppigkeit« und »wird wahrhafter Komfort erst vor dem Leichnam«: »Das bürgerliche Interieur der sechziger bis neunziger Jahre mit seinen riesigen, von Schnitzereien überquollenen Büffets, den sonnenlosen Ecken, wo die Palme steht, dem Erker, den die Balustrade verschanzt und den langen Korridoren mit der singenden Gasflamme wird adäquat allein der Leiche zur Behausung. ›Auf diesem Sofa kann die Tante nur ermordet werden.‹«[356]

Im Kierkegaard-Buch macht Adorno diese Art Wohnraum zur Spielstätte einer umfassenden Inszenierung bürgerlicher Innerlichkeit. Es ist ein Stück von maximal möglicher Langeweile. Denn es tritt nur eine einzige Person auf. Und die wird nichts weiter unternehmen, als schwermütig und stumm in ihrem Zimmer zu sitzen. Und doch vollzieht sich eine hochdramatische Geschichte, der Regisseur geleitet seinen Helden Kierkegaard in die Unterwelt, wo die Konstellation ihrem ärgsten Feind abgerungen wird.

Denn auch Benjamins Leichenbehausung wird von Adorno zur Gespenster-Hölle uminterpretiert, es greift wiederum die Logik des Schein-Einlegens: Der »seelenlosen Üppigkeit« wird die Seele untergeschoben und das Gerümpel erwacht zu trügerischer Lebendig- und Sinnhaftigkeit. Zu einem Interieur in Kierkegaards Schriften heißt es: »Alle Raumgestalten des Intérieurs sind bloße Dekoration; fremd dem Zweck, den sie vorstellen, bar eigenen Gebrauchswertes, erzeugt allein aus der isolierten Wohnung, die wieder von ihrem Nebeneinander erst gebildet wird. Die ›Lampe in Form einer Blume‹; der Traumorient, gruppiert aus dem Lampenschleier über der Krone und dem Schilfteppich; das Zimmer als Schiffskajüte voll kostbar zusammengerafften Zierates überm Ozean – die vollständige Fata Morgana verfallener Ornamente empfängt ihre Bedeutung nicht durch den Stoff, aus welchem sie gefertigt ist, sondern aus dem

Intérieur, das den Trug der Dinge als Stilleben vereint. Hier werden verlorene Objekte im Bild beschworen« (2, 65).

Diese Beschwörung aber unterliegt wieder dem Prozess des dialektischen Bildes. Die Fremdheit und Verlorenheit dessen, wo hinein die neue Bedeutung gelegt wurde, affiziert diese. Und aus den Leichen wird nichts wirklich Lebendiges, sondern es entstehen Wiedergänger. Im Gegensatz zu Schubert, der ja bei der Konstellation mithalf, müssen sich die Dinge bei Kierkegaard auch gegen den Willen des »Einlegers« durchsetzen. Kierkegaard wollte laut Adorno mit dem Bild des Interieurs eine »vag-erotische Stimmung« erzeugen. Aber die »›Illustration‹ beginnt ihr eigenes Leben, das am Text seiner Gedanken sich entzündet, um mit ihren Figuren diesen zu verzehren« (2, 64), schreibt Adorno, und, mit schöner programmatischer Knappheit: »die Gewalt der Sachen reicht weiter als die metaphorische Absicht« (2, 65).

Philosophische Deutung kann bei Kierkegaard also gelassen abwarten, bis sich die toten Dinge aus dem ihnen zugemuteten Schein herausemanzipieren und sich zur Konstellation zusammenfügen lassen. Und wie schon im Schubert-Aufsatz ist die Wahrheit, zu der sie sich fügen, nur wieder die Wahrheit über den Prozess von dialektischem Bild und Konstellation, der zu dieser Wahrheit führt. Im Kierkegaardschen Wohnraum sieht Adorno: »Innerlichkeit und Schwermut, Schein von Natur und Wirklichkeit des Gerichts; sein Ideal konkreten einzelmenschlichen Lebens und sein Traum von der Hölle, die bei Lebzeiten der Verzweifelte gleichwie ein Haus bewohnt – die Modelle all seiner Begriffe sind im täuschenden Licht später Zimmer zum schweigsamen Tableau verschworen« (2, 69).

Damit hat Adorno alle wesentlichen Momente seines eigenen Modells aus dem dialektischen Bild des Interieurs herausgelesen. »Innerlichkeit« als Rückzug aus der großen Welt, »Schwermut« als die melancholische Haltung, die in die toten Dinge der sinnentleerten Welt Sinn einlegt und damit den »Schein von Natur« erzeugt, der sich, nach erfolgter Emanzipation der Dinge, zur »Wirklichkeit des Gerichts« fügt. Und natürlich die Hölle als Schauplatz des Ineinanders von Tod und scheinhaftem Leben im dämonischen dialektischen Bild.

Im Kierkegaard-Buch überträgt Adorno den Mechanismus des Einlegens von der musikalischen Ausdrucksform auf die Sprache. Bildhaftes Sprechen möchte das Ausgesagte anreichern, möchte es veranschaulichen, durch überraschende Bezüge deutlicher machen. Aber das Bild, das man dazu verwendet, kann sich vom Auszusagenden emanzipieren und zum Bestandteil einer vom Autor so gar nicht gemeinten Wahrheit werden. »In den funktionalen Übergang von bloßer Vermeinung zu anschaulicher Erfüllung setzt sie ein heterogenes Element, das in einen anderen als den aktuellen Zusammenhang verweist«,[357] schreibt Blumenberg über die Metapher. Die Gewalt der Metaphern reicht weiter als die metaphorische Absicht.

Kracauer hat in seinem ersten Roman *Ginster* das Real-werdenlassen von Metaphern und bildhaften Vergleichen vorgemacht und eine kleine Vorstellung davon gegeben, was für eine sanft-mächtige Irritation in diesem Vorgang steckt. Ginster ist Architekt. Einer seiner Auftraggeber stellt Porzellanteller und Kaffeekannen her, »die sich mit Vorbedacht wölbten«.[358] Dieses Geschirr wird nun auf eine Weise beschrieben, die einen kleinen Tick zu weit geht, um nur den Zweck zu erfüllen, Teller und Kannen in ein neues Licht zu stellen, ihnen besondere Valeurs abzugewinnen. »Sie glichen englischen Damen, die allein Italien bereisen und auf einer Bank an einem abgelegenen Zypressenörtchen Romane lesen.«[359] Für einen Moment steht der Roman auf des Messers Schneide. Mit Ginsters Talent zur Verträumtheit könnte es jetzt auch mit den englischen Damen weitergehen. Wüsste man nicht gerne mehr über das Zypressenörtchen oder die Romane, die da gelesen werden?

Der Roman *Ginster* fängt sich wieder. Aber diese seltsame, rein in der Metaphorik angesiedelte Urlaubsszenerie ist nicht totzukriegen. Die Entwürfe des Auftraggebers werden kurze Zeit später auf dasselbe Bildfeld geschickt: »Im Vergleich mit den ausgeführten Gefäßen, die in nichts verrieten, daß sie vorher gezeichnet worden waren, wirkten die Entwürfe als riesige Übertreibungen; ihre Linienzüge erinnerten an die Reiserouten von Dampfergesellschaften.«[360] Auch im Fortgang des Romans wird Ginster nicht müde, dieses Bilderfeld aufzurufen: Das erste Zusammensein mit einem neuen Bekannten versetzt ihn »in die gleiche Spannung, die bei einer Meerfahrt entsteht, wenn am Horizont ein Pünktchen erscheint. Das Pünktchen wird zum Schornstein, und allmählich steigt der Dampfer empor. Eine Seereise schwebte Ginster schon immer vor.«[361] Man könnte vom letzten Satz dazu verleitet werden, eine psychologische Erklärung für dieses zarte, aber merkbare Eigenleben der Bilder abzuleiten: Ginster träumt nun mal von einer Seereise, deswegen fällt sie ihm immer wieder ein. Aber es ist genau andersherum. Das Eigenleben des Bildes wird so stark, dass es Ginster an seinen Wunsch zu erinnern vermag.

Auf philosophische Texte übertragen, scheint diese Verfahrensweise Ähnlichkeiten zu einer dekonstruktivistischen Lektüre aufzuweisen: Die Eigenmächtigkeit der Sprache unterminiert das vom Autor des Sprachgebildes Behauptete. In diesem Sinne wäre Adorno Dekonstruktivist avant la lettre. Tatsächlich spürt Adorno die eigensinnige »Gewalt«, die von den Metaphern und Vergleichen ausgeht, im Kierkegaard-Buch auch an der Schrift auf. Er tut das wiederum mittels eines bildhaften Vergleichs – eines Vergleichs, für den Adorno durch das Neapel-Denkbild und womöglich durch die eigene Reise-Erfahrung sensibilisiert ist: die Ratlosigkeit des Touristen angesichts eines nicht mehr aktuellen Reiseführers. »Baedeker selbst vermag ihn [den Touristen] nicht zu begütigen. Hier sind die Kirchen nicht zu finden, die besternte Plastik steht im jeweils abgesperrten Museumsflügel, und vor den Werken der einheimischen Malerei warnt das Wort ›Manierismus‹«,[362] heißt es bei Lacis und Benjamin.[363] Kierkegaard benutzt eine Reiseführer-Phantasie als Bild für eine religiöse Expedition: »Das Neue Testament als Wegweiser für den Christen wird daher [...] ein historisches Kuriosum, wie etwa ein altes Reisehandbuch für ein Land, worin seither sich alles gänzlich verändert hat« (2, 39).

Adorno präsentiert diesen Vergleich zu Beginn des – auf ein einleitendes folgenden – ersten Kapitels. Und lässt diesem Passus eine in ihrer Dichte kaum zu übertreffende Deutungsexplosion zuteil werden: »In Kierkegaards Gleichnis der Schrift ist gelegen: die unabänderliche Gegebenheit des Textes selber; dessen Unlesbarkeit als die von ›Geheimschrift‹; deren Schema als das von ›Chiffren‹; deren Ursprung in Geschichte« (2, 39). In extremer Verknappung liegt die Erzählung von der Entstehung der Konstellation vor uns: Die ›unabänderliche Gegebenheit‹ meint eine göttliche Autorisierung heiliger Texte, mit ›Ursprung in Geschichte‹ ist der Moment benannt, in dem diese Autorität zugunsten allgemeiner Vertauschbarkeit aufgegeben wird. Die verlorene Autorität wandert dann aber als Ausdrucksgehalt in die fremd gemachten Bedeutungsträger, also die Schrift, ein und macht sie zu Chiffren. Der Reiseführer, zu dem die *Heilige Schrift* gleichnishaft geworden ist, wird in seinen veralteten Angaben zur Geheimschrift.

Man sieht aber daran auch die engen Grenzen von Adornos Nachverfolgen der Eigensinnigkeit von Sprache und Schrift. Schrift entzieht sich dem Auszudrückenden und wird zur Chiffre. Aber ihre Decodierung enthüllt nur immer wieder dasselbe: die Erzählung über die Entstehung der Konstellation. Adorno setzt den Vergleich mit dem Reiseführer an den Beginn seiner interpretatorischen Arbeit, um das Modell von der Emanzipation dessen, in das eingelegt wurde – in diesem Fall die Schrift – zu etablieren. Mit diesem Modell geht er dann an die Interpretation des Interieurs heran.

Und auch das Potential der entlarvenden Metaphern ist klar begrenzt. Adorno wird sich immer nur auf die Metaphern stürzen, die das Modell der Konstellation enthüllen. Wie auch immer das Interieur möbliert gewesen wäre – Adorno hätte es wohl stets geschafft, daraus die wesentlichen Bestandteile der Konstellation zu »konstellieren«. Denn wenn man ehrlich ist, kam beispielsweise in all seinen bildgewaltigen Belegen zum Kierkegaardschen Interieur die Hölle nicht wirklich vor.

Metaphern sind für Adorno dialektische Bilder, in denen das, worin eingelegt wurde, sich gegen die eingelegte Bedeutung durchsetzt. Die Bedeutung ist in die Bilderwelt eingebannt und wird von dieser überwältigt. Aber diese formale Bestimmung schlägt bei Adorno auf den Inhalt; die derart als »mythisch« verstandenen Metaphern erzählen zugleich immer vom Mythos. Die erste verräterische Metapher, die Adorno im Kierkegaard-Buch präsentiert, ist ein Kobold, der sogleich als »mythisch-leibhaft« (2, 22) identifiziert wird – schon das erste Metaphern-Beispiel läutet das zur Konstellation führende Drama ein.

Überhaupt die Sprache: Wie sieht es denn mit Adornos eigener aus? Adornos neu gefundenes Stilideal betrifft nicht nur den Aufbau der eigenen Texte, sondern auch deren Sprache – so zumindest sein Vorhaben. Adornos Verteidigungsbrief zum Wozzeck-Aufsatz gibt dazu beredt Auskunft. Wie Beethoven um die konventionell gewordenen musikalischen Formen will Adorno Hohlräume um die sogenannten belasteten Worte legen: »Und überall, wo das Wort ›Wahrheit‹ steht, ist eine Art geistiger Hohlraum darum, aus dem es sich fremd und akzentuiert heraushebt«.[364] Das aber dürfte sich eher auf jenen Artikel beziehen, den Adorno im Kopf hatte zu schreiben, als auf den, der es dann zur gedruckten Form geschafft hat. Denn in letzterem kommt das Wort »Wahrheit« nur zweimal vor, und schwerlich in der von Adorno beschriebenen akzentuierten, »konstellierten« Weise: Das erste »Wahrheit« fällt gleich im ersten Satz, wo noch gar keine Gelegenheit bestand, eine »Art geistigen Hohlraum« zu schaffen; das zweite befindet sich in einem langen, komplizierten Satz, der eher unfreiwillig dem Wort jegliche Substanz nimmt, indem er es mit weiteren großen Worten und einer Bedeutungskaskade geradezu umstellt[365] – also das genaue Gegenteil zur Schaffung von Hohlräumen.

Der Komponist Dieter Schnebel hat schon früh auf das Musikhafte von Adornos Texten auch auf der sprachlichen Ebene hingewiesen. So wie Adorno bei Hölderlin ein »nämlich« als Gelenkstelle der die diskursive Logik unterbrechenden Parataxis identifiziert, so lassen sich auch bei Adorno Rhythmisierungen und »störende« Kopula ausmachen, gerade in den Texten der *Minima Moralia*.[366] Und natürlich lässt sich die berühmte Nachstellung des »sich« in den Texten Adornos mit viel gutem Willen als Ausdruck der Desintegration des Subjekts verstehen. Das »sich« steht weit weg, weil das Subjekt nicht bei sich selbst sein darf.[367] Aber das sind vereinzelte Irritationen. Adornos Mimesis an die Kompositionsweise des späten Beethoven oder Alban Bergs wird sich auch später eher im Bereich der Semantik vollziehen, als dass er im Medium der Sprache selbst Porosität herstellte.[368]

Und das mag auch eine Begründung dafür sein, warum in Adornos theoretischem Gebaren so wenig von der – von ihm selbst eingeforderten – Passivität zu bemerken ist. Hier ist der wirklich relevante Ort für das Aufspüren eines performativen Widerspruchs. Wenn Adorno als Autor den Prozess der Selbstzurücknahme in Gang setzt, dann tut er das mit scharfen Zuspitzungen, genau gesetzten theoretischen Pointen und einem in mehreren Arbeitsdurchgängen geschliffenen Ausdruck. Adornos Konstellationen mögen – nach einem seiner Lieblingswörter –»zart« verstanden und erfahren sein, sie sind dennoch hart formuliert.

Porosität im Medium der Sprache selbst wäre innerhalb eines größer angelegten Textes wahrscheinlich auch eine nicht zu leistende Forderung. Benjamin und Lacis konnten im Neapel-Bild noch eine Textur zur Anwendung bringen, die der Idee einer subjektlosen Konstellation nahekommt. Aber schon im Trauerspielbuch, das den »Gang der Schulung« zur konstellationsermöglichenden Passivität nachzeichnet, bedarf es eines starken Autor-Subjekts, das auch Thesen und Beweisgänge zu vollziehen vermag. Die Geschichte vom Melancholiker kann nicht in Gänze im Modus der Melancholie geschrieben werden. Die Konstellation vollzieht sich auch hier weniger im Stilistischen als vielmehr in der Struktur.

Das ist tückisch genug. Denn ist die Konstellation überhaupt in der Lage, längeren Texten ein Strukturprinzip zu geben? Wie lange und wie oft lässt sich ein mythischer Abgrund umkreisen, bis die innere Spannung verlorengeht? Das Kierkegaard-Buch ist Adornos erste größere Schrift, die nach dem Modell der Konstellation gebaut ist. Im Aufsatz zu *Wozzeck* und im Schubert-Essay ließ sich die Konstellation in drei Abschnitten dreimal wiederholen. Reicht das für ein ganzes Buch?

Was die Gewalt der Sachen in Kierkegaards Interieur zu Tage förderte, ist ja so etwas wie eine Inhaltsangabe, das Buch wird sich entlang der Bestimmungen von Innerlichkeit, Schwermut, Schein von Natur, Hölle und der Wirklichkeit des Gerichts entfalten. Man kann sich eine reizvolle narrative Dramatik hinter den Begriffen in dieser Reihenfolge durchaus vorstellen. Darüber hinaus gewinnt Adorno aus dem Prinzip der Konstellation einen Motor, der die Darstellung von Kapitel zu Kapitel zu treiben und über eine längere Strecke hinweg in Spannung zu halten vermag. Kierkegaard ist ein ungemein ergiebiger Gegner, Adorno schreitet mit ihm mehrere Höllenkreise hinab, bis sich endlich auch dieser harte Brocken zugunsten der Konstellation zurücknimmt. Und jede einzelne Station ist rhythmisiert von dem Prozess der Emanzipation des Bedeutungsträgers, in diesem Fall Metaphern, und der Begegnung mit diesen kleinen dämonischen Sprachgebilden. Das aus Neapel mitgebrachte Deutungsprinzip wird zum Sprachtheater. Diese Inszenierung soll im Folgenden abgeschritten werden.

Das Interieur also ist der Schauplatz für Adornos Inszenierung, die Inneneinrichtung und die Sprache sind die Bühnenrequisiten. Es tritt auf: der Bewohner des Interieurs, der Privatier »in der ersten Hälfte des neunzehnten Jahrhunderts«. Er ist ökonomisch weitgehend unabhängig, aber auch ausgeschlossen vom Produktionsprozess. Sein Leiden an der Verdinglichung missversteht er als existentielle Grundbefindlichkeit des Menschen. Er hält sich für autonom – ein Wesenszug, den er mit der idealistischen Philosophie teilt: »die polemisch-retrospektive Stellung zur übermächtigen kapitalistischen Außenwelt ist dem Gehalt nach privat« (2, 72). Die polemische Stellung zur Außenwelt bemüht sich darum, das Geistige möglichst frei von allen Schlacken des Äußerlichen und der Konkretheit zu halten. Diesem Spiritualismus aber wird alles Lebendige zur bloßen Allegorie, am Ende auch der eigene Leib. Dann setzt wieder der Mechanismus des dialektischen Bildes ein, wo sich das, was als Zeichenmaterial benutzt wurde, in das zu Bezeichnende hineinfrisst: »Wenn der Leib nur im Zeichen der ›Bedeutung‹ von Wahrheit und Unwahrheit des Geistes auftritt, dann bleibt dafür, bei Kierkegaard, der Geist an körperliche Figuren als seinen Ausdruck gekettet [...]. Natur, durch Geschichte vom objektlosen Innen ausgeschlossen, schlägt in diesem selber durch, und der historische Spiritualismus baut sich eine natürlich-anthropologische Organlehre« (2, 77).

Ist dieser Prozess einmal in Gang gesetzt, dann ist die Szene der Doppelgängerbegegnung nicht mehr weit. Die Haltung des von der Außenwelt Abgeschiedenen, die Schwermut, gerät zum Bild, das den Schwermütigen zu seinem Untergang begleitet: »Schwermut selber jedoch ist der geschichtliche Geist in seiner Naturtiefe und darum, in den Bildern ihrer Leiblichkeit, die zentrale Allegorie. Den in Innerlichkeit Verschlossenen muß ›die Schwermut durch die vorläufigen Stadien geleitet haben‹, gleich einer Figur des Hermes, der mit dem Stabe die Toten geleitet« (2, 91). Diese Begegnung mit der eigenen mythischen Verfassung ermöglicht die Erkenntnis über die Beschaffenheit des eigenen Selbst: »Der Dichter als der bloß natürliche Mensch: so erkennt absolute Spiritualität ihren mythischen Ursprung« (2, 96). Aber dieses Erkennen führt an dieser Stelle noch nicht zu der von Adorno einige Seiten zuvor (2, 84) angekündigten Tilgung des Subjekts. Adorno hält die Spannung. Kierkegaard vermag den Schein in der »Tiefe der Versenkung« (2, 98) zu leugnen und in diese Tiefe will Adorno noch hinunter. In einer früheren Fassung heißt es: »In diesen Bestimmungen Kierkegaards, im dämmernden Tiefenraum der Subjektivität vermengen sich Mythisches und Versöhnung, Naturimmanenz und Transzendenz, Wahrheit und Schein, Hoffnung selbst und Verlorenheit. [...] Die Kritik selbst hat sich in den Schwerpunkt hinabzuneigen, da in Kierkegaards Philosophie Mythos und Versöhnung am nächsten begegnen. Dieser Schwerpunkt ist sein Begriff des Selbst: eben der Person, die alle Kritik als ihr eigenes Mass von Wahrheit von sich fernhalten möchte. Der Akt aber, in dem hier Mythisches und Rettung sich durchdringen, wird von Kierkegaard Existieren genannt.«[369]

Diese existentielle Haltung ist für den Kritiker, der mit dem Modell des Sinn-Einlegens hantiert, eine harte Nuss. Denn es ist der Wesenszug dieser Haltung, komplett ohne Bilder auszukommen, sich auf einen minimalen Punkt zusammenzuziehen. Wie sollte da der Mechanismus der Doppelgängerbegegnung greifen? Adorno behilft sich mit einem einfachen Trick. Aus der sprachlichen Wendung »sich zu sich selbst verhalten« liest er so eine Begegnung wieder heraus: »Als ›Verhältnis, das sich zu sich selbst verhält‹ ist es aber die ›Macht, die es setzte‹ selber, und so ist seine Durchsichtigkeit Spiegelung nur wie in den Bildern des Intérieurs, als solche aber Schein« (2, 116f.). Dieses bilderlose Verdoppeln inszeniert Adorno als leere Wiederholung, die das Subjekt in einen Zustand zwingt, der die Schwermut noch verschärft: Verzweiflung. Und in diesem weiteren Beharren des Subjekts auf sich selbst, in diesem Verleugnen des Todes wird es wiederum mit einem dialektischen Bild konfrontiert, diesmal dem expliziten Bild der Hölle: »In Verzweiflung leuchten dämonisch die Urgestalten der existentiellen Wiederholung auf: Sisyphus und Tantalus als Träger von Wiederholungsmythen. Unterm Tode eröffnet sich stumm ein Bilderreich: das der zeitfernen Hoffnungslosigkeit im Verworfen-Unendlichen gestürzter Natur. Es ist das Nicht-Sterben-Können als negative Ewigkeit: […] In der äußersten Tiefe der existentiellen Dialektik: in der Apersonalität der Verzweiflung, in welche der bloße Geist des Existierenden durch die Strudel kreisender Wiederholung endlich versinkt, schlägt Kierkegaards Subjektivismus auf seinen Boden auf. Freilich wo er es am wenigsten vermeinte: nicht im ontologischen ›Sinn‹, sondern in der verewigten Sinnlosigkeit. Es ist die Ontologie der Hölle, die Kierkegaards Existenzlehre als dünne, trügerische Schicht verbirgt« (2, 119f.).

Alles treibt im Kierkegaard-Buch zur Tilgung der Subjektivität, damit sich die dann freigestellten (Sprach-)Elemente endlich konstellieren können. Das ist hier erreicht. Wir befinden uns im höllischen Positano. Wie Clavel betätigt sich Adorno als Sprengmeister des mythisch gewordenen Subjekts Kierkegaard: »Einzig das Bild der Hölle [...] reißt hier den Menschen aus der Verzauberung in seiner heillosen Immanenz, indem es ihn zersprengt« (2, 120).

Die Trümmer dieser Sprengmaßnahme sind die »Male der Hoffnung« (2, 122), und man darf gespannt sein, zu welchem Wahrheitsgehalt sich diese Male konstellieren. Adorno will die Spannung aber immer noch nicht aufgeben. Zunächst zeichnet er im nächsten Kapitel noch nach, wie die Fluchtbewegungen des sich immer kleiner zusammenziehenden Subjekts in dem von diesem verantworteten gedanklichen System aussehen.[370]

Nun hat man also das Subjekt zersprengt und das von ihm ausgebildete System gleich dazu. Aber noch immer ergibt sich nicht die Konstellation. Denn im vorletzten Kapitel demonstriert Adorno, dass selbst der eigene Untergang noch zur Befestigung des subjektiven Autonomie-Anspruchs dienen kann. Das Subjekt hat ja nichts mehr, was es opfern könnte, es »opfert sich selber: also autonom; für sich selbst: also verbleibend in seinem naturhaften Herrschaftsbereich« (2, 153). Es kommt auch hier zu einem kleinen dialektischen Bild, es ist ein Drama en miniature: Der mythische Grund und die geschichtliche Funktion des Opfers »treten auf dem Schauplatz Geist zusammen und dialogisieren den Idealismus als historisches Trauerspiel mythischen Denkens« (ebd.). Hier ist für den Entzifferer der dialektischen Bilder nichts weiter zu holen als die Diagnose der mythischen Ausprägung des Idealismus, also nur das Konstatieren der Existenz des dialektischen Bildes. Das schnell hinskizzierte Trauerspiel ist denn auch eher eine von Adorno selbst hergestellte Metapher.

In diesem Abgrund subjektiver Immanenz scheint er dem eigenen Modell nicht ganz zu trauen, die Theatermetapher ist selbst die Art von Dekor, an dem er in den analysierten Werken den Wahrheitsgehalt abliest. Außer der weitschweifig argumentierten Erkenntnis der Naturverstricktheit des Opfers will sich dieses Mal kein wirksames Gegengift einfinden. Am Ende bringt ein mythisches Zwischenwesen die Rettung, von dem als »nixenhaftem Geheimnis« andeutungsweise in Kracauers »Felsenwahn in Positano« die Rede war. Adorno präsentiert Kierkegaards Nacherzählung der nordischen »Sage von Agnete und dem Wassernixen«. Kierkegaard verfehle in seiner Kommentierung die Lösung nur knapp: Der Nix dürfte nicht zum Selbstopfer gezwungen, sondern müsste als Natur selbst zum Sprechen gebracht werden (2, 171ff.). Eine andere kritische Möglichkeit als die Clavelsche Sprengung kündigt sich hier an, der wir am Ende dieses Buches wiederbegegnen werden.

Im letzten Kapitel fügen sich die »Male der Hoffnung« des gesprengten Subjekts dann endlich zur Konstellation zusammen. Im Kierkegaard-Buch ist das Zentrum von der Mitte ans Ende gerutscht:[371] Der Verursacher des eingelegten Sinns ist nicht mehr, und so können sich die zum Träger dieses Sinns missbrauchten Worte und Dinge zu dem ihnen innewohnenden Wahrheitsgehalt versammeln. Wir als Zuschauer dieser Inszenierung des einsamen Zuschauers werden Zeuge einer erstaunlichen Dramaturgie. Denn jetzt wird alles bereits Gesehene, die gesamte Kierkegaardsche Höllenfahrt, gleichsam im Schnelldurchlauf noch einmal wiederholt und jeder Station das dort versteckte und nun freigesprengte Hoffnungsmal abgerungen. Und auch hier zeigt sich als abgerungene Wahrheit wieder der Mechanismus der Konstellation.

Also noch einmal von vorne, nur schneller: Die Schwermut war Ausdruck mythischer Selbstbehauptung. Der gesprengten Schwermut aber entwachsen Chiffren der Hoffnung. Kierkegaard schreibt von einem kleinen Jungen, der nach Maren, dem Zimmermädchen, ruft, und als Maren dann freundlich kommt, phlegmatisch bemerkt: »Nicht *die* Maren, eine andere Maren!« (2, 176). Kierkegaard will laut Adornos Lesart mit dieser kleinen Geschichte die »Hoffnungslosigkeit im autonom-unendlichen Wunsch« (2, 177) illustrieren.

Aber diese Illustration verselbständigt sich von dem, was sie ausdrücken sollte, »ohnmächtig gleitet Kierkegaards Kommentar von der eigenen Erzählung ab« (ebd.). Sie beschreibt ein Verlangen nach Konkretion, das die Autonomiebestrebung des Subjekts unterläuft: »Hoffnung im endlichen wird darin beschrieben, die an der Dingwelt, dem ›Milieu‹ mit diesem und keinem anderen Mädchen scheitert, um dennoch im Namen utopisch und konkret festzuhalten, was von entfremdeten Objekten ihr verweigert wird« (ebd.).[372]

Auch die trotzige Selbstbehauptung der »Existenz« hat eine Alternative. »Unverantwortlich gleichsam« (2, 183) versteckt sich nach Adornos subversiver Interpretation hinter Kierkegaards Theorie der Posse die Wahrheit über den Eingriff in die Einheit des Kunstgebildes; mit ihm geht ebenfalls der selbstherrliche Subjektivismus unter, der es verantwortet hat (2, 184). Und auch in diesem Abschnitt gibt es eine bildhafte Szene, die den Prozess des dialektischen Bildes hin zur Konstellation illustriert. Eine Gesellschaft von Nachtschwärmern schleicht in der Morgendämmerung nach Hause. Adorno lässt dieses Bild wie die Bilder zuvor sich vom Gemeinten emanzipieren: »Nicht schänden die befrackten Herren die reine Natur des Morgens – vor seiner Reinheit wandeln sie sich in Naturgeister vermöge ihrer Kleider als des Vergänglichsten an ihnen, wodurch Ewigkeit selber als Gehalt der Vergänglichkeit durchscheint« (2, 187).

Die gesamte, von Kierkegaard verworfene, ästhetische Sphäre hat darin ihre utopische Funktion, sich zu einem Bild von Hoffnung zu konstellieren. Dieser Sphäre ist der nächste Abschnitt gewidmet, und erneut setzt sich hier eine Metapher durch, es ist die der aufbegehrenden Schrift, das schöne Bild des Druckfehlers (2, 189). Der Bilderfeindschaft selbst zwingt Adorno das konstruktive Moment für die Ermöglichung der Konstellation ab. Denn die Bilder, die das zerspellende Subjekt konstelliert, sind eben doch immer noch Bilder. Der Bedeutungsträger hat sich zwar emanzipiert, aber er ist nach wie vor an die Bildhaftigkeit als Modus seiner Erscheinung gebunden. Konstellation jedoch benötigt die konkreten Dinge. Kierkegaards Bilderfeindschaft wohnt also über die Vernichtungs- und Auslöschsehnsucht hinaus noch der Traum einer leibhaftigen Gegenwärtigkeit inne. Auch dies lauscht Adorno einer Illustration Kierkegaards ab, in der das Heldentum des Ehemanns als moralisch weit über dem des gewöhnlichen Ritters stehend verstanden wird – es wird aber zugleich auch die Unmöglichkeit der Bebilderung dieses unscheinbaren Heldentums eingestanden. Wieder so eine Stelle, die ihren Wahrheitsgehalt nicht gänzlich freiwillig herausrückt, »die gerade das ›ästhetische Recht‹ unscheinbarer Existenz verteidigt, in der Apologie jedoch die Grenze der Bilder genauer verzeichnet, als es der mythischen Abstraktion des Selbst gelingen kann« (2, 193).

In seiner Bilderfeindschaft ist Kierkegaard auch Gegner der Phantasie. Wie zum Beispiel vermöchte sie sich Verzweiflung und Leiden vorzustellen, wenn der Phantasierende es nicht selbst erlebt hat? Der Schauspieler in Lumpen bleibt doch immer nur ein Schauspieler. Adorno macht daraus den letzten Schritt hin zur Konstellation. Denn die Anmaßung der Phantasie birgt ihr utopisches Potential: »In Phantasie übersteigt Natur sich selber; Natur, aus deren Trieb sie kommt; Natur, die in ihr sich anschaut; Natur, die in der geringsten Versetzung durch Phantasie als gerettete sich darbietet. In Versetzung: denn Phantasie ist nicht Anschauung, die das Seiende beläßt; anschauend greift sie unvermerkt ins Seiende ein als Vollzug von dessen Anordnung zum Bilde« (2, 196).

Die Momente der Konstellation, wie sie sich im letzten Kapitel präsentieren, scheinen der Lohn für eine lange, mühsame Strecke. Doch ist das gesamte Kierkegaard-Buch eine Konstellation der Philosophie Kierkegaards, die deren Wahrheit zum Vorschein bringt. Die Anweisung zur Konstellation im letzten Kapitel ist dabei der Höhe- und Schlusspunkt. Die Geschichte des Feindes der Konstellation, des selbstherrlichen Subjekts gehört jedoch ebenso dazu – zeigt sich doch darin, wie in der brodelnden Lava des Schubert-Essays, erst die Monstrosität dieses Subjekts. Die Konstellation hat neben ihrem utopischen Gestus immer auch den der Diagnose.

Die Konstellation ist die in Struktur verwandelte Neapel-Erfahrung. Auch in der Bilderwelt, mit der sie beschrieben wird, trägt sie deutliche Spuren ihrer Herkunft. Ein von Kierkegaard ›befreites‹ Bild für die Konstellation zitiert das Feuerwerk aus Benjamins und Lacis' Neapel: »So steigt eine Rakete in einem Schuß auf, steht einen Augenblick stille als ein zusammengehaltenes Ganzes, um sich dann sprühend nach allen Seiten zu zerteilen« (2, 186). Es kommt oft zu derartigen Feuerzaubern in Neapel, weil die Porosität auch das strenge Nebeneinander von normalen und Feiertagen auflöst – im Kierkegaard-Buch werden die Augenblicke der Konstellation, der »Redintegration ihrer [der Wirklichkeit] gegebenen Elemente zum Bild« (2, 197), zu »Feiertage[n] der Geschichte« (ebd.). Auch das christliche Spielzeug in Kinderhänden findet sich als Bastelbild im Kierkegaard wieder (2, 187f.).

Allerdings ist diese Ähnlichkeit in der Motivik eine kunstvolle Täuschung: Die Konstellation wird vielmehr von ihrem Feind aus angesehen. So hat die Kindlichkeit nichts zu tun mit den Kindern aus dem Neapel-Denkbild – zerstört doch die Porosität auch den Gegensatz von Erwachsen und Kindlich. Das Kind aus dem Schwermutkapitel ruft zudem nach dem Zimmermädchen, es ist ein Bürgersöhnchen. In Neapel ist überdies der Schlaf ebenfalls porös und steht im Gegensatz zum »behütete[n] nordische[n]«.[373] Genau diesen behüteten Schlaf aber benötigt der Adornosche Schwermütige, um die Bilderwelt generieren zu können, die ihn schließlich vom Behütet-Sein befreien wird und das Erwachen zu einem utopischen Moment werden lässt.

Die Konstellation des Werks von Kierkegaard konstruiert einen Blick auf die Konstellation vom unverständigen Zuschauer aus. Und wie beim Schubert-Essay heißt Verständnis oder Wahrheit wieder nur Einsicht in den Vorgang der Konstellation sowie ihrer Verhinderung und Ermöglichung im dialektischen Bild. Aber nicht nur. Denn die Entdeckung der Konstellation heißt ja auch Einsicht in die gesellschaftliche Situation, die diese erst provoziert: die grundsätzliche Verdinglichung und Entfremdung. Das Kierkegaard-Buch endet mit der Erkenntnis dessen, was diese Situation für die unfreiwilligen Hersteller der Verdinglichung, das Proletariat, konkret bedeutet: Armut. Jene Armut, die Benjamin und Lacis so eindringlich im Neapel-Denkbild beschrieben haben, ja aus der die Porosität eigentlich erst entsteht: »Das Elend hat eine Dehnung der Grenzen zustande gebracht, die Spiegelbild der strahlendsten Geistesfreiheit ist.«[374] Auch deswegen ist mit den angestrebten konkreten Dingen bei Adorno oft etwas Essbares gemeint: »Denn so wäre Seligkeit, wie dies eine, genau beschriebene Stück Braten schmeckte« (2, 180). Schon im Schubert-Aufsatz holte Adorno nicht nur die Erkenntnis über die Struktur der Konstellation aus dem Abgrund, sondern auch die »gute Speise« (17, 32) als ganz untheoretisches, körperliches »Wohlsein« (ebd.). Das Messianische, das immer so abstrakt als Hoffnung Bezeichnete, reichert sich mit konkreter Wirklichkeit an.

Der ferne Tourist kommt der angeschauten Alltagskultur nach einer langen, mühsamen Strecke näher. Der Privatier Kierkegaard mit seiner ästhetischen, schwermütigen Haltung – das ist auch ein Porträt Adornos, wie er sich nach der Wien-Erfahrung selbst beschreibt. Der Weg von der Schwermut zum schließlich konstellierten Ästhetischen ist das Selbstexerzitium des Bürgers Adorno. Es ist die einzige Möglichkeit, wie der ästhetisch befangene Bürger seine Sehnsucht mit den Bedürfnissen der Nichtbürgerlichen kurzschließen kann: »Denn das ›Ästhetische‹ lebt den Armen nicht in den Gestalten der Kunst sondern den konkreten Bildern ihres Wunsches und ihnen eröffnen sich die Bilder in dessen opferloser Erfüllung« (2, 200). Kracauers Studie zu den Angestellten hielt Benjamin für einen »Markstein auf dem Wege der Politisierung der Intelligenz«,[375] da sie eine anbiedernde Solidarität zum Proletariat gar nicht erst versuche. Für denjenigen, dem als Mitglied der Bürgerklasse nun einmal das Bildungsprivileg anhafte, sei es Unsinn, an der »Frontexistenz des wahren Proletariers«[376] teilhaben zu wollen. Nur von der Zerstörung der eigenen Behausung aus kann der Intellektuelle etwas von der sozialen Wirklichkeit erhaschen.

Im Schubert-Essay galt es, eine Ansichtskarte zu zerstören, um den freien Blick auf die wirkliche Landschaft zu bekommen. Im Kierkegaard-Buch ging es um die Sprengung des ganzen bürgerlichen Zuhauses. Adorno hat sich ins Freie gekämpft. Aber es geht ihm wie dem Sträfling, der nach mühsamem Tunnelbau erkennen muss, dass er sich den Weg in ein neues Gefängnis gegraben hat. In einer späteren editorischen Notiz heißt es zum Kierkegaard-Buch: »Die endgültige Fassung erschien 1933 im Verlag J.C.B. Mohr (Siebeck), am selben Tag, an dem Hitler die Diktatur ergriff« (2, 261).

Der Verlust der Konstellation

Wenn die rote Sonne versinkt

Niemand verlässt Neapel unverändert. Die Ingenieurin Asja Lacis »durchbricht« Benjamin hin zur *Einbahnstraße*. Adorno erfindet ein Stilideal und bekämpft den Existentialisten und Bürger in sich. Von Sohn-Rethels Kampf werden wir noch hören. Und Siegfried Kracauer beginnt wie Benjamin mit dem Projekt, die Gesellschaft entlang ihrer oberflächlichen Manifestationen zu untersuchen. Er hat schon vor der Neapelreise Revuen besucht, so nebensächliche Themen wie Langeweile glossiert und Miniaturdramen über schillernde Gesellschaftswesen wie den Eintänzer Dodo verfasst. Aber diese Betrachtungen gönnte sich Kracauer lediglich, sie wurden fast erdrückt von den wuchtigen und gewichtigen Fragen nach den Möglichkeiten metaphysischer Sinnhaftigkeit in Zeiten ihrer Verlorenheit. Dabei hat sich in seinen Schriften schon früh die Programmatik ausgebildet, dass man keine andere Wahl hat, als sich mit den Realien der so profan gewordenen Gegenwart herumzuschlagen. »Es möchte sein, daß man, um diese Realität entscheidend zu wandeln, in ihrem eigenen Medium den Hebel anzusetzen hätte, da man in ihm nur bis zur Hefe vorstoßen und die Wurzel des Unwesens ausrotten kann«,[1] heißt es in dem kurz vor der Reise veröffentlichten Essay »Gestalt und Zerfall«. Aber erst nach Neapel kommen Programm und Neigung zur Deckung, und erst mit der neapolitanischen Konstellation nimmt der »anzusetzende Hebel« wirkmächtige Gestalt an.

Das geschieht nach der Neapelreise allerdings nicht auf einen Schlag. Nach dem Zusammentreffen mit Sohn-Rethel und Benjamin entdeckt Kracauer zunächst Marx auch für sich: »den Marxismus, der als Philosophie inaktuell geworden ist und unter den Händen der offiziellen Sowjetphilosophen [...] vollends verdirbt [...] von neuem mit den echten Wahrheitsgehalten zu konfrontieren und damit zu einer großen revolutionären Theorie zu machen«, ist ihm im Mai 1926 in einem Brief an Bloch »die aktuellste Forderung«.[2] Die Marx'sche Vision vom »Verein freier Menschen« übersetzt er in diesem Zusammenhang kurzerhand in Porosität: »Je mehr Löcher und Spalten, desto unverstellter ist der Blick.«[3] Im selben Jahr beendet er seinen publizistischen Paukenschlag – die vernichtende Rezension zu Bubers und Rosenzweigs Bibelübersetzung, die er als archaisierend brandmarkt – mit dem programmatischen Satz: »Denn der Zugang zur Wahrheit ist jetzt im Profanen.«[4] Aber erst in seinem Essay »Das Ornament der Masse« von 1927 erinnert sich Kracauer an die neapolitanische Konstellation und findet damit das Instrument für diesen Zugang.

»Es ist Nacht und die Fischerboote, die weit draußen durch die dunkle Fläche schimmern sind helle Lichter. Eins – zwei, drei, immer mehr, sie ordnen sich zu Figuren, zu Sternbildern. Der Himmel über ihnen ist ebenso; helle Sterne oben und unten? Ich vergesse, daß das Meer unter mir ist, ich sehe nur die Lichter«,[5] schreibt Gilbert Clavel einmal in sein Tagebuch. Kracauer muss erst nach Paris reisen, um sich eine ähnliche Erfahrung wieder ins Bewusstsein zu rufen. Über das Bild des Eiffelturms schiebt sich eine Capri-Impression, man muss ihn laut Kracauer »von dem Concorde-Platz aus sehen, der an das Meer bei Capri erinnert, auf dem die Laternen der Fischerboote sich nachts mit den Gestirnen vermischen.«[6] Auf diese Weise wird die Konstellation auch als Beschreibung für die irritierenden Lichtereffekte der modernen Großstadt nutzbar. Kracauer schreibt: »Namen stehen und liegen in der funkelnden Wildnis. Große und kleine, schmale und breite; man muß sich an ihnen emporwinden wie an Strickleitern oder unter Lebensgefahr von Buchstaben zu Buchstaben hüpfen. Die Verschiedenheit ihrer Dimensionen treibt ihnen die Bedeutung aus; erhalten bleiben die einzelnen

Züge der Wortbilder. Das O läuft dreifach gekoppelt um, und ruhmsüchtig pflanzt sich das M auf die Dunkelheit. Die Elemente der bekannten Sprache sind zu Kompositionen vereinigt, deren Sinn sich nicht mehr entziffern läßt.«[7]

Das »Ornament der Masse« schließlich beschreibt ebenfalls solche profanen Kompositionen, es handelt von den Figuren, die Revuegirls und die massenhaften Menschenaufläufe in Stadionshows bilden. Kracauer verbietet sich jeglichen Anflug jenes ironischen Tones, mit dem er sonst Phänomene dieser Art bedenkt. Sie werden als Effekte der Rationalisierungsvorgänge der kapitalistischen Gesellschaft ernst genommen und als deren ästhetisches Abbild gerechtfertigt, denn: »Der Ort, den eine Epoche im Geschichtsprozeß einnimmt, ist aus der Analyse ihrer unscheinbaren Oberflächenäußerungen schlagender zu bestimmen als aus den Urteilen der Epoche über sich selbst«,[8] wie der erste Satz lautet.

Aber was kommt dann, nach der Exposition von Tiller Girls und Stadionmassen? Es folgt im Essay ein derart extremer Bruch, dass man kurzzeitig das Gefühl haben könnte, aus Versehen in einen anderen Text gerutscht zu sein. Denn der »Geschichtsprozeß«, in den die aktuelle Epoche eingeordnet wird, ist nicht der Prozess von Industrialisierung, Klassenkämpfen, oder, was schon weiter gefasst wäre, der Epoche der Neuzeit oder Aufklärung. Der extremen Aktualität der Tiller Girls folgt vielmehr in einem scharfen Schnitt der Kampf der Menschheit gegen die Naturkräfte, gegen die vielfältigen Metamorphosen, die die Ideologisierung von unentrinnbarem Schicksal und Naturwüchsigkeit durchläuft – der Kampf gegen das mythologische Denken.

Die kapitalistische Epoche ist laut Kracauer ein gewaltiger Fortschritt in diesem Kampf um Entzauberung, das Massenornament hat an diesem Fortschritt Anteil. Es befreit den einzelnen Menschen von jeglichem ideologischen Anspruch, von jedem Rest von Naturwüchsigkeit, es ist ein Selbstzweck, der sich nicht zum Marsch oder anderem Nationalprunk gebrauchen lässt: »Die Sternbilder meinen nichts außer sich selbst, und die Masse, über der sie aufgehen, ist nicht wie die Kompanie eine sittliche Einheit.«[9] Ja, selbst der Mensch als naturhaftes Wesen bleibt, wie in Adornos Motto zum Schubert-Aufsatz, von dieser Befreiung nicht verschont: »Reste nur des menschlichen Komplexes gehen auch in das Massenornament ein.«[10] Die Benennung der Massenornamente als »lebendige[...] Sternbilder«[11] verrät deren Herkunft. Es sind die Konstellationen aus dem Neapel-Denkbild und sie haben ihren utopisch-kritischen Impetus von ihnen: Die Auslese der menschlichen Reste und deren »Zusammenfassung im ästhetischen Medium erfolgt nach einem Prinzip, das die gestaltsprengende Vernunft reiner als jene anderen Prinzipien vertritt, die den Menschen als organische Einheit bewahren«,[12] schreibt Kracauer mit deutlichem Clavelschen Anklang.

Das kühne Zusammendenken von Menschheitsgeschichte und den Beine schwingenden Damen ist ebenfalls ein Ertrag der Konstellation, die wiederum nicht nur für den Gegenstand, sondern auch für die Form seiner Analyse fruchtbar gemacht wird. Denn dem Profanen ist seine Wahrheit nicht einfach abzulesen. Es bedarf eben der konstruktiven Arbeit der Konstellation, das Vorgefundene anzuordnen. Die Wirklichkeit ist keineswegs »in der mehr oder minder zufälligen Beobachtungsfolge der Reportage enthalten, vielmehr steckt sie einzig und allein in dem Mosaik, das aus den einzelnen Beobachtungen auf Grund der Erkenntnis ihres Gehalts zusammengestiftet wird«,[13] schreibt Kracauer später zu seiner Studie über die Angestellten. Das Gegeneinanderschneiden von mythologischem Denken und Stadionshows im Ornament-Aufsatz leistet ein solches Mosaik und macht in Kracauers schriftstellerischer Entwicklung Epoche.

Es gibt einen weiteren wirkungsmächtig gewordenen Essay, der, viel später und unter dann bereits veränderten politischen Vorzeichen, das Prinzip der Konstellation in der zeitgenössischen Populärkultur entdeckt: Benjamins *Das Kunstwerk im Zeitalter seiner technischen Reproduzierbarkeit,* dem mit dem Terminus der »Zweiten Technik« ein deutlicher Reflex des neapolitanischen Umgangs mit den technischen Dingen anhaftet. Während die erste Technik noch

Naturbeherrschung zum Zwecke hat, will die zweite laut Benjamin »ein Zusammenspiel zwischen der Natur und der Menschheit«[14] ermöglichen. Sie erweitert den revolutionären »Spielraum«,[15] der im Neapel-Denkbild zum Schauplatz der neuen, unvorhergesehenen Konstellationen wurde. »Die gesellschaftlich entscheidende Funktion der heutigen Kunst ist Einübung in dieses Zusammenspiel. Insbesondere gilt das vom Film«,[16] schreibt Benjamin weiter. Dementsprechend macht er die Technik des Films als konstellative gegenüber den traditionellen künstlerischen Techniken stark: »Der Maler beobachtet in seiner Arbeit eine natürliche Distanz zum Gegebenen, der Kameramann dagegen dringt tief ins Gewebe der Gegebenheit ein. Die Bilder, die beide davontragen, sind ungeheuer verschieden. Das des Malers ist ein totales, das des Kameramanns ein vielfältig zerstückeltes, dessen Teile sich nach einem neuen Gesetze zusammenfinden.«[17] Auch diese Technik bewährt sich als Bollwerk gegen Ideologismen, in diesem Fall gar gegen die faschistisch benutzbare Auratisierung konventioneller Kunst. Und mit dem unverkennbaren Einfluss der »freie[n] Montage von willkürlich ausgewählten, selbständigen [...] Einwirkungen (Attraktionen)«[18] Sergej Eisensteins hat neben Asja Lacis ein weiterer Schüler Meyerholds an der Figur der Konstellation Anteil.

Die Konstellation kommt von der Praxis der »kleinen Leute«, vom Spektakel des Alltags. Kracauer macht sie nutzbar für die Beschreibung einer neu sich regenden Populärkultur der modernen Großstadt. Und Benjamin nimmt sie für die modernste, aber grundsätzlich massentaugliche ästhetische Technik in Anspruch. Adorno geht von Beginn an einen anderen Weg, wenn er das Alltagsspektakel in eine einsam zu erwandernde Landschaft verwandelt. Aber könnte nicht wenigstens jetzt, nachdem mit Kierkegaard das bürgerliche Individuum sein letztes Duell glückhaft verloren hat, die von ihm freigesetzte Konstellationskraft auch bei Adorno ans Kollektiv übergehen?

In seinem Aufsatz »Über den Fetischcharakter in der Musik und die Regression des Hörens« von 1938 gibt Adorno, wie Kracauer im »Ornament«, ein überaus fassliches Porträt der Protagonisten der im Entstehen begriffenen Populärkultur. Vieles daran erinnert an die neapolitanische Improvisationskunst. Unter den modernen Hörern finden sich zum Beispiel der Bastler und der patente Kerl, die einen unkonventionellen Umgang mit technischen Dingen an den Tag legen: Ihre Geschicklichkeit ist die »des Autoschlossers, der auch den Lautsprecher und das elektrische Licht reparieren kann. Die neuen Hörer ähneln den Mechanikern, spezialisiert zugleich und fähig, die Spezialkenntnisse an unverhoffter Stelle außerhalb der gelernten Arbeit einzusetzen« (14, 44). Auch das Prinzip der Konstellation kommt vor als Beschreibung der Radioproduktion und -rezeption, als Praxis des Arrangements (14, 28) und als Hörvorgang: »Die Emanzipation der Teile von ihrem Zusammenhang und allen Momenten, die über ihre unmittelbare Gegenwart hinausgehen, inauguriert die Verschiebung des musikalischen Interesses auf den partikularen, sensuellen Reiz« (14, 37).

Überhaupt die Hörer: Die für die Konstellation so wesentliche Haltung der Passivität scheint sich mit der Populärkultur zu demokratisieren. Im Gegensatz zur Sammlung gegenüber dem auratischen Kunstwerk »versenkt die zerstreute Masse ihrerseits das Kunstwerk in sich«,[19] meint Benjamin im Kunstwerkaufsatz. Die Zerstreuten verändern ihre Wahrnehmung auf eine Weise, die dem Kampf »gegen die heutige Gesellschaftsordnung«[20] gemäß ist. Kracauer schreibt der Zerstreuung, die die Berliner Revuen und Lichtspielhäuser bieten, ebenfalls revolutionäres Potential zu. Sie vermittle die Unordnung der Gesellschaft und erhalte die für einen »Umschlag« notwendige Spannung aufrecht.[21] Und Adornos Fetischaufsatz handelt auf langer Strecke die Dekonzentration als adäquate Rezeptionsweise von Radiomusik ab.

Aber der Titel von Adornos Aufsatz macht von Anfang an klar: Es ist keine freundliche Beschreibung; auch alle anderen genannten Punkte, die zu einer Aktualisierung der Konstellation gehören könnten, sind von Adorno als vernichtender Abgesang gemeint. Adorno wehrt sich gegen die Idee des Konzepts der Konstellation als eines populären mit Händen und Füßen. Man mag es jemandem, dem von den Nazis die Lehrerlaubnis entzogen wurde und der sich während des Schreibens des Fetischaufsatzes in der Oxforder Emigration befindet, nicht verdenken. Ist die politische Entwicklung der 1930er-Jahre nicht schlagender Beweis dafür, dass es mit der Revolutionierung der Masse nicht weit her ist? Sind Kracauer, dessen »Ornament der Masse« ja noch dazu aus den 1920er-Jahren stammt, und Benjamin in dieser Hinsicht nicht einfach zu hoffnungsgläubig, zu naiv?

Aber so leicht lassen sich die beiden Entwürfe einer populärkulturellen Konstellation nicht abtun. Kracauer wie Benjamin ist völlig klar, dass der revolutionäre Impetus sofort wieder unter Druck gerät. Das von der Masse gebildete Ornament mag in seinem Zerstören von Naturwüchsigkeit ein gutes Stück Fortschritt hin zu einer gänzlichen Rationalisierung sein, die dann die reine Vernunft zum Vorschein bringen würde. Aber es ist ein zu kleiner Schritt und als solcher wird das Ornament sofort zur Beute des Bedürfnisses, es wieder mit Sinn zu versehen. Rhythmische Gymnastik und andere Ideologien des Körperkultes beliefern die reine Körperlichkeit mit »schmucke[n] Seelengehalte[n]«.[22]

Es greift also wieder der Mechanismus der sogenannten zweiten Natur, der den Prozess der Konstellation schon einmal ins Stocken brachte. Ebenso arbeiten die Lichtspielhäuser gegen die revolutionäre Zerstreuung, diese wird »mit Draperien umhängt und zurückgezwungen in eine Einheit, die es gar nicht mehr gibt«,[23] »die Mannigfaltigkeit der Effekte, die ihrem Wesen nach voneinander isoliert zu werden verlangen«, werden »zur ›künstlerischen‹ Einheit zusammen[geschweißt], die bunte Reihe der Äußerlichkeiten in ein gestalthaftes Ganzes«[24] gepresst. Und auch in Benjamins Kunstwerkaufsatz besteht eine Pointe ja gerade darin, dass das revolutionäre Potential des Films wieder zurückgenommen und für die faschistische Massenmobilisierung missbraucht wird. Die Masse kommt zu ihrem Ausdruck, aber noch lange nicht zu ihrem Recht. Und solange das filmproduzierende Kapital in den falschen Händen ist, wird laut Benjamin auch das Potential der filmischen Ästhetik behindert: Die Filmindustrie ruft ein Startum ins Leben, »um das ursprüngliche und berechtigte Interesse der Massen am Film – ein Interesse der Selbst- und somit auch der Klassenerkenntnis – auf korruptivem Wege zu verfälschen«.[25]

Mit diesem Gegeneinander von revolutionärem ästhetischem Potential und seiner gesellschaftlichen Verhinderung könnte sich Adorno doch ohne weiteres einverstanden zeigen.[26] Aber er schlägt einen anderen, ja gegensätzlichen Weg ein. Denn im »Fetischcharakter« kündigt sich eine kühne Konzeption an: die von der Usurpation der Konstellation. An einer Stelle scheint es einen schwachen Reflex der Selbstbegegnungsszene zu geben, wenn der passive Hörer sich an den Titel des Schlagers zu erinnern versucht, wenn die Erinnerung »wie im Lichtkegel eines Scheinwerfers [...] schmerzhaft überdeutlich« wird und er sich auf den Titel »besinnt«. Was dann passiert, lässt aufhorchen: Denn Adorno spricht von einer »Schrift«, die unter dem Tonbild des Schlagers liegt – das aber ist die Metapher von der chiffrierten Geheimschrift, die im Kierkegaard-Buch doch die Konstellation anzeigte. In diesem Fall ist diese Schrift aber »nichts anderes als die Warenmarke des Schlagers« (14, 36). An einer anderen Stelle wird ebenfalls das konstellative Prinzip, einzelne Elemente aus ihrem Zusammenhang zu reißen, abgetan als bloße Machination einer neu auftretenden Macht: der monopolistischen Produktion.[27]

In der *Dialektik der Aufklärung* ist die feindliche Übernahme der Konstellation dann gänzlich vollzogen. Adorno schreibt dort dem Film das Zusammenstellen der emanzipierten Bedeutungsträger, der Schriftzeichen zwar wiederum zu: »Je loser der Zusammenhang in Handlung und Verlauf, umso mehr wird das abgesprengte Bild zum allegorischen Sigel. Optisch selbst nähern die aufblitzenden, vorübergleitenden Bilder im Kino der Schrift sich an« (3, 332). Diese Konstellation führt nun aber nicht mehr zum Wahrheitsgeschehen, sondern gerät zum Kommando der Herrschenden: »Der neue Zusammenhang, in den die zugerichteten Bilder als Buchstaben treten, ist allemal der des Befehls« (3, 333). Was ist mit der so utopisch aufgeladenen Neapolitaner Konstellation geschehen, dass sie in die Hände des Faschismus gefallen zu sein scheint?

Barocke Astronomen

Die neapolitanische Konstellation ist als theoretische Figur kein Garant für Erfolg. Sie ist vielmehr geradezu riskant. Benjamin und Kracauer können sie für programmatische Texte zur Populärkultur fruchtbar machen, wenn sie die Eigenarten der Konstellation eher fürs Schriftstellerische nutzen als für die theoretische Konzeption. Aber schon dem Trauerspielbuch von Benjamin, das seine Habilitationsschrift sein sollte und das die Konstellation als Strukturprinzip in Anschlag bringt, stehen die akademischen Institutionen ratlos gegenüber – es wird abgelehnt. Und in seinem Kierkegaard-Buch ummäntelt Adorno das Prinzip der Konstellation im einleitenden Kapitel mit einer akademisch anschlussfähigen Herangehensweise: mit der Lukács'schen Korrektur der Hegelschen Dialektik, bevor er dann die verräterischen Metaphern als die eigentliche Methode installiert.

Die Konstellation als alleiniges strukturelles Gerüst macht jedes theoretische Vorhaben schwierig. Einer der Miterfinder der Konstellation führt das Scheitern eindrücklich vor. Alfred Sohn-Rethel musste nicht wie Benjamin und Kracauer erst auf Capri zum Marxismus verführt werden. Seine Idee, die Abstraktion nicht nur des körperlichen Arbeitens, sondern auch des geistigen aus dem Warentausch herzuleiten, hat vor Capri begonnen und hört mit Capri nicht auf. Mit Ausbruch des Faschismus muss Sohn-Rethel zwar eine Zwangspause einlegen. Durch Vermittlung seines Ziehvaters Poensgen gelangt er in die Höhle des Löwen: Er wird wissenschaftlicher Mitarbeiter im Mitteleuropäischen Wirtschaftstag in Berlin, einer Schaltstation der deutschen Großindustrie, wo er die Kriegsvorbereitungen aus nächster Nähe beobachten kann. Erst unter den unwürdigen Bedingungen des Exils in Luzern, Nottingham und später in Paris versucht er, an seine theoretische Arbeit anzuknüpfen und in Kontakt zum Institut für Sozialforschung zu kommen. Dieses konnte sich als eine der wenigen Institutionen retten und mit bescheidenen Honoraren die prekären Existenzen der vormals locker assoziierten Mitarbeiter zumindest ein wenig unterstützen.[28]

Sohn-Rethel schickt 1936 wieder ein Exposé an Adorno, der diesmal enthusiastisch reagiert: »Lieber Alfred, ich glaube nicht zu übertreiben, wenn ich Ihnen sage, daß Ihr Brief die größte geistige Erschütterung bedeutete, die ich in Philosophie seit meiner ersten Begegnung mit Benjamins Arbeit [...] erfuhr.«[29] Er vergleicht sich und Sohn-Rethel mit Leibniz und Newton: zwei Genies, die unabhängig voneinander auf dieselbe umstürzende Idee kommen.

Dabei handelt es sich doch ›nur‹ um die systematische Ausgestaltung jener subversiven Arbeit am Gegebenen, die von Neapel ihren Ausgang nahm. Dass es keine ›Erste Philosophie‹ geben solle, die sich als ursprüngliche versteht, sondern dass die wahrhaft kritische Methode dem zu Kritisierenden zu seiner eigenen Wahrheit verhilft, »daß es uns *konkret* gelingt den Idealismus zu sprengen: nicht durch die ›abstrakte‹ Antithesis von Praxis (wie noch Marx) sondern aus der eigenen Antinomik des Idealismus«,[30] begeistert Adorno. Aber das ist doch genau die Subversion, die Sohn-Rethel bei den Neapolitanern beobachtete, bevor sie jeder der Neapel-Urlauber auf seine Weise als Konstellation zum Erkenntnisinstrument verwandelte!

Adornos Beteuerung der Gemeinsamkeit der theoretischen Intentionen ist der Beginn einer schrecklichen Quälerei. Adorno kann in Richtung des Entscheiders Horkheimer nur Empfehlungen geben, und der ist von Anfang an skeptisch. Adorno versucht immer wieder, Sohn-Rethel in seinen Exposés eine größere Klarheit abzuringen, Sohn-Rethel scheitert jedesmal aufs Neue daran. Natürlich arbeitet er unter desaströsen Bedingungen, in Brandbriefen macht er Adorno drastisch deutlich, dass er um das tägliche Brot für sich und seine Familie ringen muss. Dennoch rührt ein Teil seines Nicht-zurande-Kommens auch von der Tücke des formalen Ehrgeizes her. Denn der Miterfinder der Konstellation ist mit ihrer strukturellen Herausforderung überfordert: »was mir ein geordnetes Referat über mein Exposé so außerordentlich erschwert, ist der Umstand, daß mein Exposé nach seiner eigenen Gestalt gar keinen fortlaufenden Gedankengang durchführt, sondern in jedem seiner Kapitel die ganze Absicht von neuem in Angriff nimmt.«[31] Immer wenn er versucht, ordentlicher, gewöhnlicher oder einfach nur pragmatischer zu schreiben, kann er doch »der Anziehungskraft nicht widerstehen [...], die mich dabei jedesmal in den inneren Wirbel hineinzieht«.[32] Er befürchtet, dass die lineare Gedankenführung das, was er theoretisch erreichen möchte, gerade verfehlt: »so muß ich Horkheimer darin die Gedanken, auf die es ankommt, auf eine vollständig andere, nicht abstrakt resumierende, sondern konkret ausführende Weise nahebringen«.[33] Er wird »von immer neuen Attacken, genannt Exposés«[34] geplagt, ständig muss er Adorno bis an die Grenze der Zumutbarkeit um weiteren Aufschub bitten, die »Klärung der Darstellungsweise«[35] verlangt nach immer weiteren Anläufen. Sohn-Rethel versinkt im Mahlstrom des eigenen Anspruchs, Adorno weiß sich am Ende nicht anders zu helfen, als ihn mit der bereits zitierten Charakterisierung als monomanischer Geisteskranker Horkheimer gegenüber in Schutz zu nehmen.

Adorno ist ein solches Scheitern nicht unbekannt, und als Gefährdung ist es ständig präsent. Als Kompositionsschüler mit akademischer Ambition sitzt er ohnehin zwischen allen Stühlen – die Formidee der Konstellation ist nicht gerade hilfreich bei dem Vorhaben, sich auf einem Feld zu etablieren. Das neue Stilideal, das zum ersten Mal im Wozzeck-Aufsatz zur Ausführung gelangte, ist mindestens von Schönberg schmählich verkannt worden. Auch der Versuch, die Redaktion der musikalischen Zeitschrift *Anbruch* dauerhaft an sich zu reißen, um seine Vorstellung von der Zweiten Wiener Schule als programmatisch neues Modell des Komponierens durchzusetzen, war nicht von Erfolg gekrönt. Und im akademischen Feld geriert sich Adorno von Anfang an als institutioneller Außenseiter. Mit stolzer Lakonie berichtet er Kracauer von dem Minitumult bei seiner Antrittsvorlesung: »Wertheimer bekam vor Wut und Aufregung einen Weinkrampf; Tillich fand die Form anstößig wegen ihres bestimmten Tones; Mannheim schimpfte und Horkheimer (samt Leo, der sich völlig zu dessen Tsetser und Trabanten entwickelt hat) war es nicht marxistisch genug. [...] Das alles ist ja gar nicht verwunderlich. Ich passe nicht herein, ich will keine Wissenschaft machen und keine Weltanschauung, sondern eben etwas prinzipiell anderes, was zu den akademischen Kategorien ganz disparat steht und was die Leute erbittert«.[36]

Dabei bettet er in dieser Vorlesung das Programm der Konstellation noch einigermaßen akademisch redlich in eine Besprechung der jüngeren Philosophiegeschichte ein, und er gibt sogar ein Beispiel für eine rätsellösende »wechselnde Versuchsanordnung«. Das Ding-an-sich-Problem würde sich erübrigen, wenn man die Elemente der gesellschaftlichen Wirklichkeit so anordnen könnte, dass der Fetischcharakter der Ware sichtbar würde. Kritische Befragungen zu seiner Vorlesung nimmt Adorno vorweg und neutralisiert sie auf nicht ungeschickte Art und Weise.

Beim Vortrag ein Jahr später über »Die Idee der Naturgeschichte« vor der Frankfurter Ortsgruppe der Kant-Gesellschaft lässt sich beobachten, was passiert, wenn der institutionelle Rahmen ein wenig gelockert ist. Adorno erlaubt sich hier bereits formal eine Konstellation. Der Vortrag konstelliert die Begriffe »Natur« und »Geschichte«, ein logischer, systematischer Fortgang wird suspendiert zugunsten des bloßen Aneinanderhaltens: Adorno verfolgt die Intention, »diese beiden Begriffe zu einem Punkt zu treiben, an dem sie in ihrem puren Auseinanderfallen aufgehoben sind« (1, 345). Anstatt aber dieses Verfahren zu begründen, wird bloß hastig behauptet: »Ich kann diese Begriffe nicht in der herkömmlichen Weise auseinander entwickeln. Das, worum es sich hier handelt, ist von einer prinzipiell anderen logischen Form als Entwicklung aus einem ›Entwurf‹, dem Momente von allgemeinbegrifflicher Struktur konstitutiv zugrunde liegen. Diese andere logische Struktur selber ist hier nicht zu analysieren. Es ist die der Konstellation« (1, 359).

Wem wäre es zu verdenken, wenn er die neue Logik angesichts dieser argumentativen Verweigerung als beliebig und willkürlich verdächtigte? Es ist also beileibe nicht so, dass vor der Machtübernahme der Faschisten Adornos Konzept als vielversprechende Innovation im Gefüge des Instituts für Sozialforschung etabliert gewesen wäre.

So wenig zugehörig zum Institut fühlt sich Adorno, dass er nach der Machtergreifung unabhängig plant und 1934 nach Oxford emigriert. Wie im Mittelalter fühlt er sich dort, zurückgestuft als einfacher Student, und seiner Muttersprache beraubt. Jeglicher Phantasiehorizont ist ihm laut eigener Aussage genommen[37] – was vermag ein so hoffnungsgeladenes Konzept wie die Konstellation noch auszurichten, wenn die Zeitläufte alle Hoffnung zunichte machen?

Über einen Umweg nimmt er dann doch Kontakt zu Horkheimer auf. Er schreibt an Löwenthal seine Begeisterung über Horkheimers düstere Aphorismensammlung *Die Dämmerung*. Horkheimer versteht das versteckte Ansinnen und ruft Adorno zur gemeinsamen Arbeit für das ebenfalls emigrierte Institut. Er ruft im Groll, weil sich aus seiner Sicht Adorno zu eigenbrötlerisch und ohne die gemeinsame Arbeit im Sinn zu haben, nach Oxford begeben habe. Nach vielen diplomatischen Winkelzügen und einem Treffen zwischen Adorno und Friedrich Pollock, der immer noch Horkheimers Vertrauter und inzwischen geschäftsführender Leiter des Instituts ist, ist die Missstimmung ausgeräumt. Und Adorno, der mit einiger Vehemenz auf seine Rolle als Ausgeschlossener hinzuweisen nicht müde wurde, darf sich endlich als vollwertiges Mitglied der Institutsgemeinschaft fühlen. Er nimmt diese Rolle mit großem Eifer an. Und, lange Zeit vor der amerikanischen Erfahrung, mit großen Erwartungen an die Möglichkeiten eines theoretischen Kollektivs.

Horkheimer hatte 1931 in seiner Antrittsvorlesung als Direktor des Instituts für Sozialforschung die Zukunft der Sozialphilosophie als Zusammenarbeit der verschiedenen Wissenschaftsdisziplinen skizziert: »Vielmehr kommt es heute darauf an, [...] auf Grund aktueller philosophischer Fragestellungen Untersuchungen zu organisieren, zu denen Philosophen, Soziologen, Nationalökonomen, Historiker, Psychologen in dauernder Arbeitsgemeinschaft sich vereinigen«.[38] Adorno unterwirft sich dieser Programmatik mit Haut und Haar. Eine Arbeit über Jazz beispielsweise ist laut Adorno als Einzelperson gar nicht mehr zu leisten, nur als »arbeitsteilige Kollektivarbeit«[39] verschiedener Disziplinen, darunter mindestens »Oekonomie, Sozialforschung im engeren Sinn, musikalische Analytik, Musikgeschichte, Psychologie«.[40] Später plant Adorno ein Buch über Populärkultur, das natürlich nur aus Beiträgen der jeweiligen Spezialisten bestehen könne, darunter Sohn-Rethel und Kracauer.[41]

Adorno betreibt in Europa Institutspolitik, er reist nach Paris, um bei den Teilnehmern des Neapolitaner Treffens, Benjamin, Sohn-Rethel und Kracauer, die dorthin emigriert sind, nach dem Rechten zu sehen. Ein Vergnügen ist das nicht, nicht nur wegen des quälenden Ringens mit Sohn-Rethel um die Abgabe eines ordentlichen Exposés. Auch die bereits geschilderten Querelen um Benjamins Konzeption des Passagen-Werks fallen in diese Zeit, und die Krise in der Beziehung zu Kracauer hat sich dramatisch zugespitzt. Adorno hält Kracauers Buch über Jacques Offenbach für gänzlich missglückt,[42] einen Beitrag Kracauers für die *Zeitschrift für Sozialforschung* kürzt er bis zur Unkenntlichkeit.[43]

Trotz alledem: So sieht nun einmal der innere Kreis aus, und solch ein Kollektiv bedarf einer scharfen Abgrenzung nach außen. Das intellektuelle Umfeld wird in Freund und Feind aufgeteilt, in der theoretischen Arbeit wird die Polemik zum probaten Mittel. Eine erste Trennlinie wird Adorno in einem Artikel für die Institutszeitschrift gegen Kurt Mannheim ziehen, der als Erfinder der Wissenssoziologie und Professor für Wirtschafts- und Sozialwissenschaften im selben universitären Haus von Anfang an ein Antipode von Horkheimers Konzept war. In seinem breit rezipierten Buch *Ideologie und Utopie* löst sich Mannheim stärker vom Marxschen Verständnis des Ideologie-Begriffs, als es Horkheimer und Adorno akzeptieren können.[44] Nun will Adorno als Erfüllungsgehilfe und zum Nutzen der einzig wirklich kritischen Soziologie zum theoretisch klärenden Schlag ausholen.

Die Notizen, die diesem Text zugrunde liegen, sind das erste, was Adorno schrieb, als er »aus Deutschland heraus war, vermutlich mit deutlichen Spuren der Hitlerpsychose«.[45] Es ist laut eigener Einschätzung, »die schärfste Marxistische Arbeit, die ich bisher unternahm«,[46] und es scheint, als wäre das Modell der Konstellation dem kämpferischen Pragmatismus nun endgültig zum Opfer gefallen. Adorno kritisiert die Beschwichtigungen und Neutralisierungen der Mannheimschen Soziologie und hält ihnen die Grundprinzipien eines dialektischen Materialismus entgegen: Soziologie müsse »in ihrer Anlage und Bewegung die Bewegungstendenzen der Wirklichkeit selbst« (20, 34) ausdrücken, sie müsse die »realen Bewegungsgesetze der Gesellschaft zureichend fassen und mit ihnen die widersprechenden Fakten erschließen« (ebd.).

Mannheim, so unterstellt ihm Adorno, wisse sehr wohl, dass seine Kategorien zur Wirklichkeitsbeschreibung nicht hinreichen, und deswegen unternehme er ständige Selbstkorrekturen, die, würde man sie nur konsequent weiterverfolgen, von selbst zur dialektischen Methode führten. Für diese Selbstkorrekturen hat Adorno einen Vergleich parat, der überraschend nur dann ist, wenn man nicht ohnehin auf der Suche nach der verlorengegangenen Konstellation ist: Sie haben »ähnliche Funktion wie vormals die ›Epizykeln‹ mancher barocker Astronomen« (20, 43), wie kleine Kreise also, die die Abweichungen im theoretischen Konstrukt der Planetenbahn-Berechnung abzumildern helfen. Das also ist der kümmerliche Rest der zuvor doch so strukturmächtigen Konstellation? Ist sie nun endgültig semantisch entleert und durch das gut marxistische Aufzeigen der Bewegungsgesetze der Gesellschaft ersetzt?

Wie sollte es denn auch anders sein? Ist es nicht angesichts der politischen und gesellschaftlichen Entwicklung dringend geboten, mit den Sperenzchen von mühsam in Szene gesetzten Wahrheitsgeschehnissen aufzuhören? Wie könnte sich ein Konzept aus den 1920er-Jahren in die analytische Arbeit eines Instituts fügen, das um Erklärungsmodelle für den Faschismus ringt? Höhepunkt der Institutsarbeit wird aus Adornos Sicht das gemeinsame Schreiben mit Horkheimer sein. Für Horkheimer ganz genauso. Die Versicherung, dass alle Mühsal der institutspolitischen Arbeit nur ein Hinauszögern des eigentlich Wichtigen, des gemeinsamen Verfassens ist, ist ein Basso continuo im Briefwechsel der beiden. Zu enthusiastisch, zu beschwörend ist diese Versicherung, als dass sie bloß höfliches Ritual sein könnte. Ist es nicht Vorbedingung für diese Zusammenarbeit seitens Adornos, ein wie auch immer reizvolles, aber mit Sprengungen und Dämonen viel zu verspielt literarisches Konzept aufzugeben?

Es gibt, neben Adorno und Kracauer, neben Sohn-Rethel und seinem russischen Schulfreund, neben Benjamin und Lacis, ein weiteres lesend sich befeuerndes Freundschaftspaar. Horkheimer findet in Friedrich Pollock einen Komplizen und Anstifter in der Emanzipation vom Elternhaus. Sie haben ebenfalls ihr Capri, aber sie fahren nicht dorthin. Die Île heureuse ist (und bleibt) expressionistisch geträumter Sehnsuchtsort. Von allen schwärmerischen Lesegruppen im Umkreis der Kritischen Theorie ist die von Horkheimer und Pollock die stabilste. Es zeigt sich, wie nützlich nüchterne Verabredungen dafür sind, Schwärmerei auf eine solide Grundlage zu stellen. Die beiden schließen schon früh einen Freundschaftsvertrag, als Vorbild und Keimzelle für »die Schaffung der Solidarität aller Menschen«,[47] mit dem es die beiden schaffen, bis zum Tode Pollocks zusammen zu bleiben.

Rolf Wiggershaus konnte noch 1994 einen Aufsatz über Pollock als den »letzten Unbekannten« der Frankfurter Schule schreiben. Neben Adorno, Horkheimer, Marcuse, Fromm, ja selbst neben dem ebenfalls viel zu unbekannt gebliebenen Löwenthal erscheint Pollock als der »Mann im Hintergrund«.[48] Respekterheischend das Talent, für die Sache die eigene Ambition beiseite zu lassen. Dass

Adorno spätestens in Los Angeles die Rolle des Theoriepartners für Horkheimer übernimmt, findet Pollocks grollfreie Zustimmung: »Nur unter Deiner unmittelbaren Aufsicht kann (Teddies) Produktivkraft für unsere Arbeiten fruchtbar werden.«[49]

Doch ist inzwischen Pollocks theoretischer Beitrag für die Kritische Theorie gewürdigt. Wenn Adorno für die Musik, Löwenthal für die Literatur und Horkheimer für die Neujustierung des Begriffs der Theorie selbst zuständig war, so war Pollocks Spezialgebiet die Ökonomie. Die Bedeutung, die der Ökonomie in der Erneuerung der marxistischen Theorie zugesprochen wurde, zeigt sich schon darin, dass Pollock nach Horkheimers programmatischem Einleitungsessay den ersten Band der *Zeitschrift der Sozialforschung* eröffnet. Titel: »Die gegenwärtige Lage des Kapitalismus und die Aussichten einer planwirtschaftlichen Neuordnung«. Zu jenem Zeitpunkt, 1932, ist die Überwindung der kapitalistischen Wirtschaftsordnung noch eine anzustrebende Option. Pollock schreitet die Möglichkeiten ab, wie sich Monopolisierungstendenzen als Etappe auf dem Weg zu einer Planwirtschaft herausstellen könnten und verwahrt sich gegen die marktkonforme Argumentation, das für unmöglich zu halten.

Doch mit der Etablierung des Faschismus und der erzwungenen Emigration lässt sich dieser Optimismus nicht halten. Es setzt sich vielmehr der Verdacht fest, dass es den neuen Machthabern gelungen ist, die planwirtschaftlichen Tendenzen an sich zu reißen und für die eigenen Zwecke zu nutzen. Pollock reagiert mit seiner Theorie auf diese Entwicklung, seine ökonomische Analyse konstatiert »für die monopolkapitalistische Phase des Kapitalismus die Liquidation der Zirkulationssphäre und die zunehmende Kapazität des Kapitalismus, seine Krisenhaftigkeit planerisch in den Griff zu bekommen«,[50] wie Manfred Gangl schreibt.

Das neue monopolistische Wirtschaftssystem ist keine konsequente Zuspitzung des liberalen Kapitalismus und damit keine neue – wie auch immer desaströse – Etappe auf dem Weg zu dessen Zusammenbruch mehr. Vielmehr geht Pollock von einer handstreichartigen Übernahme aus, die jede Hoffnung auf die selbstzerstörerischen Kräfte des Kapitalismus ersterben lässt. »Doch Planwirtschaft und Staatsinterventionismus, die zunächst ein Versprechen auf den Sozialismus zu enthalten schienen, änderten ihren Stellenwert und standen am Ende für das Gegenteil der ursprünglichen Hoffnungen«,[51] schreibt Wiggershaus.

Der Schematismus, den Pollock bei seinen Überlegungen anwendet, und der Vorrang der ökonomischen Analyse vor der politischen Bewertung führen innerhalb des Instituts zu Missverständnissen und heftigen Diskussionen. Adorno wird sich 1941 während der Vorbereitungen zur programmatischen Ausgabe über den »Staatskapitalismus« der *Zeitschrift für Sozialforschung* bei Horkheimer über die undialektische Herangehensweise Pollocks beschweren.[52] Denn der beschreibt in seinem Beitrag, was passiert, wenn die Planwirtschaft den Kapitalismus nicht ablöst, sondern von den Herrschenden zu dessen Befriedung benutzt wird: Die Gesellschaft erzeugt sich nicht mehr durch das immer wieder neu zu beginnende Spiel der Kräfte. Das Primat der Ökonomie wird ersetzt durch das der Politik. Und die kommandiert. Die Machtstrukturen, die sich im liberalen Kapitalismus implizit durch die verschiedensten Vermittlungen der sozialen Akteure etablierten, liegen nun offen zutage und werden direkt von der politischen Macht vollstreckt.

Adorno und Horkheimer behagt diese Diagnose zunächst nicht,[53] weil sie jegliche Hoffnung auf die revolutionäre Bewegung der internen Widersprüche zunichte macht. Aber erst mit der Aneignung dieser Diagnose werden sie die Matrix kreieren, auf der sie die *Dialektik der Aufklärung* schreiben können. »Hier erst beginnt im strengen Sinne die ›Kritische Theorie‹«,[54] schreibt Gangl völlig zurecht.

Adorno integriert diese Diagnose bereits 1936 unterhalb der argumentativen Ebene in die Struktur seiner Konstellation. Die war bis dahin eine kuriose Variante einer marxistisch geprägten Zusammenbruchstheorie. Die Produktivkräfte würden zu einem menschenwürdigen Zustand führen, wenn nicht die bürgerlichen Subjekte mit dem

Prozess des Einlegens die Produktivkräfte fesseln würden. Doch gerade durch diese Fesselung kommt es zur Begegnung mit dem eigenen Dämon und zur Sprengung dieser fesselnden Subjektivität. In dieser Sprengung bewahrte die Konstellation, in wie starker Verkleinerung auch immer, das messianische Element, das Adorno zur Hoffnung auf einen menschenwürdigen Zustand säkularisierte.

Was aber, wenn genau dieser Umschwung in sein Gegenteil verwandelt wird, wenn gemäß der Pollockschen Diagnose am Ende der liberalen Ära nicht deren folgerichtiger Zusammenbruch, sondern deren Usurpation durch den Monopolkapitalismus steht? Adorno wird später, in den *Minima Moralia*, den Moment dieses Scheiterns sehr früh ansetzen, schon mit der Stabilisierung der Währung (4, 64), also der Einführung der Rentenmark 1923. Sie beendete laut Adorno das Chaos, das nach der Logik der Zusammenbruchstheorie das kapitalistische System zum Einsturz gebracht hätte. Diese Einschätzung stimmt mit Sohn-Rethels Beschreibung der letzten Inflationsjahre überein, die dem Durcheinander, das dann abgeschafft wurde, eine klare Referenz zuwies: »Du kannst dir nicht vorstellen, wie die Welt aussah, wie der Alltag sich abspielte, in diesem letzten Stadium der Inflation. Wo zwischen Zivilleben und Kriminalität überhaupt keine Grenze zu ziehen war. Das war ein Feld von Abenteuern, diese Stadt. Nichts ging seinen normalen Weg. Ich habe das später in Neapel wieder erlebt.«[55]

Adorno reagiert auf die »Abschaffung Neapels« mit theoretisch waghalsiger Konsequenz: Das Modell der Konstellation wird nicht hinfällig. Es wird von der monopolistischen Ära usurpiert. Und in der Beschreibung dieser Usurpation behält es seinen gesellschaftsdiagnostischen Nutzen. Der erste Essay, der diese theoretische Volte zur Geltung bringt, ist vielleicht Adornos berüchtigster: »Über Jazz«. Am Ende schreibt Adorno das als kollektive Arbeit angekündigte Projekt dann doch wieder alleine,[56] es ist, nach der Mannheim-Polemik, »das erste Ausführlichere, was der Autor, nach der Erstarrung der ersten Jahre unterm Faschismus, zustande brachte« (17, 10). Adorno schert die Jazz-Musik darin derart rigoros über den kritischen Kamm, dass ihn schon Kracauer zur Unordnung und zur Differenzierung ruft. Die rhetorischen Mühen, die Adorno auf sich nehmen muss, um dem Jazz trotz seines Verbotes durch die deutschen Faschisten faschistische Tendenzen zuzuschreiben, machen den Essay zur leichten Beute von Spott und Entsetzen. Die Definition der Ehe durch den Asketen Kant (»Verbindung zweier Personen verschiedenen Geschlechts zum lebenswierigen wechselseitigen Besitz ihrer Geschlechtseigenschaften«) und die Kritik des Jazz durch den elitären Zwölftonspezialisten Adorno: zwei Klassiker in der ewigen Bestenliste der schlimmsten Zumutungen weltfremder Philosophiererei.[57] Aber in welchem Maße die Vorwürfe an den Text auch zutreffen mögen: Das folgende Kapitel soll zeigen, wie sich im Schatten dieser inhaltlichen Zumutungen eine neue Ära in Adornos Theorie formiert. Im Jazz-Aufsatz probiert Adorno zum ersten Mal die Idee aus, die Struktur der Konstellation als geklaute darzustellen.

Das Unglücksarsenal des Funktionierenden

Tiberius ist so etwas wie der Schutzheilige der Insel Capri, Benjamin nimmt ihn in Anspruch, um das eigene Nicht-Wegkommen zu rechtfertigen. Savinio wandelt in seiner Reiseerzählung über weite Strecken auf den Spuren des allgegenwärtigen Geistes von Tiberius. Eine unfreundliche und tendenziöse Geschichtsschreibung hat schon zwei Generationen nach Tiberius' Tod damit begonnen, ihn als Lustgreisen zu verunglimpfen. Tiberius sei nach Capri gegangen, um endlich hemmungslos seinen perversen Neigungen frönen zu können, die sich vorzüglich auf junge Knaben richteten. Diese Imago von enthemmter Sexualität ließ sich zu Zeiten der Entdeckung der Blauen Grotte mühelos wieder aufrufen: Gregorovius bezeichnet den Ort des von ihm befeierten Auffindens der Blauen Blume als »Insel des grausamen Wollüstlings Tiberius«.[58]

Der Nonkonformismus, der eine so starke Anziehungskraft auf Künstler und Bohème ausübte, war auch ein sexueller. Die Flucht

Fischer an der Amalfiküste

vor der heimatlichen Enge war nicht selten auch eine vor den konventionellen Sexualvorstellungen, in denen unter anderem Homosexualität keinen Platz fand. Platen verband diesen Impetus von Beginn an mit dem Blick auf die ursprüngliche Männlichkeit der Fischer – die anfängliche Praxis bei der Beschwimmung der neu entdeckten Grotte, einen Knaben nach Münzen tauchen zu lassen, passte dazu nicht schlecht: »Nicht zuletzt das Bild des jungen, nackten Männer-Körpers, dessen reizende Konturen sich im himmlischen Silberblau des Wassers spiegeln, gehört über Generationen hinweg zum Faszinosum der Blauen Grotte.«[59] Wie schon bei Tiberius entzünden sich angesichts der Villenmauern der Wahl-Capreser Phantasien von wahlweise entfesselter oder perverser Sexualität. Noch ein gegenwärtiger Reiseführer spricht über die »wilden Jahre« Capris zwischen 1820 und 1930 mit einem deutlich vernehmbaren Unterton der Empörung: »Und die, die es herzog, betrachteten Capri oftmals als einen Fluchtpunkt, wo man den engen bürgerlichen Moralvorstellungen und der sozialen Kontrolle der Heimat entronnen war, wo man folglich ein Treiben ganz nach eigenem Gusto entfalten konnte, das oft genug wenig Rücksicht auf die Capresen nahm.«[60] Anschließend werden ein paar der üblichen Verdächtigen aufgezählt, darunter zum Beispiel der Baron Jacques von Adelswärd-Fersen, der, weil er »tableaux vivants«, lebende Bilder, aus der antiken Überlieferung mit jungen Männern inszenierte, schon einiges hinter sich hatte (Selbstmordversuch und Fremdenlegioneintritt nach Verurteilung in Paris), bevor er nach Capri kam. Und dort seine Gewohnheit mit den lebenden Bildern fortsetzte.[61] Friedrich Alfred Krupps Tod im Jahre 1902 war möglicherweise Selbstmord, nachdem er von Capri aus anonym »homosexuell-pädophiler Umtriebe bezichtigt« worden war.[62]

Enthemmte und fragwürdig gemachte Sexualität ist aber nicht nur ein Import derer, die August Kopisch und Platen hinterherspringen. Vielmehr wird sie von den nordischen Gästen immer schon dem Sündenbabel Neapel zugeschrieben. Unter den vielen, bunten Attraktionen, die Gregorovius bei seinem Neapel-Besuch aufzählt, gehören auch die »losen Mädchen«, die »sehr ominös bei einem Glase Schwefelwasser ihr Liebesabenteuer«[63] anknüpfen. Hans Christian Andersen vertraut 1834 seinem Tagebuch an: »Mein Blut ist in starker Bewegung. Ungeheure Sinnlichkeit und Kampf gegen mich selbst. Ist es wirklich eine Sünde, diese mächtige Lust zu befriedigen, dann will ich sie bekämpfen. Noch bin ich unschuldig, aber mein Blut brennt. In Träumen kocht mein ganzes Inneres.«[64]

Gustave Flaubert gibt 1851 dem Vesuv die Schuld für die Erhöhung seiner Libido: »In der wollüstigen Parthenope [= Neapel] komme ich nicht zur Ruhe. Ich bin verrückt wie ein Esel ohne Packlast. Schon beim bloßen Kontakt mit meinen Hosen bekomme ich eine Erektion. Vor ein paar Tagen war ich soweit heruntergekommen, daß ich sogar die Waschfrau vernascht habe, die findet, daß ich molto gentile bin. Vielleicht ist es die Nähe des Vesuv, die mir im Arsch einheizt«.[65] Axel Munthe erklärt sich die lüsterne Grundstimmung Neapels als das Komplement zum übermäßigen Wüten des Todes. Unter dem Eindruck der Cholera-Epidemie von 1884 schreibt er: »Wo immer dies Gleichgewicht [zwischen Leben und Tod] gestört ist durch ein großes Sterben, sei es Pest, Erdbeben oder Krieg, beginnt die wachsame Natur sofort, die Schalen ausgleichend, neue Wesen aufzurufen, die Stelle der Gefallenen einzunehmen. Im Zwang unwiderstehlicher Naturgewalten fallen sich Männer und Frauen in die Arme, blind vor Sinnenlust, ahnungslos, daß es der Tod ist, der an ihrem Beilager steht, seinen Liebestrank in einer Hand, in der anderen den Kelch ewigen Schlafes.«[66]

Lacis' und Benjamins Neapel-Text beginnt mit den unsittlichen Vergehungen des Priesters, die im Typoskript noch deutlicher als »sodomitische« benannt werden,[67] und kulminiert in einer knapp gehaltenen Ahnung von erotischer Gefährdung. Das Sprechen mit den Händen, und wie die Finger den Körper dabei mit einbeziehen, diese »Aufteilung kehrt wieder in ihrer wählerisch spezialisierten Erotik«.[68] Und es ist fast ein mitleidiger, ja menschenfreundlicher Akt, dass der Fremde weitergeschickt wird, denn »hier wäre er verraten und verkauft«.

Nach der Armut ist Sexualität das zweite Konkretum, das der in seiner Innerlichkeit Gefangene an Neapel erfahren kann. So wie im Kierkegaard-Buch mit der Inszenierung der Konstellation als Wahrheitsgeschehen am Ende das Nicht-mehr-hungern-Müssen als einziges »Material« ausgespuckt wird, läuft in Adornos Jazz-Aufsatz alles auf die leibhaftige Empirie der Sexualität zu. Allerdings wird dieser Sturmlauf hin zur Konstellation dieses Mal scheitern.

Im Kierkegaard-Buch führte die Entzifferung eines dialektischen Bildes solange zum nächsten, bis am Ende dessen Elemente freigestellt waren und sich zur Konstellation versammeln konnten. Jetzt aber, in Zeiten, wo der Monopolismus selbst Agent des Modells geworden ist, kommt es nicht mehr zum Vollzug der utopischen Konstellation – das Modell bleibt zuvor stecken. Und Adorno kann nur in potentiell unendlichen Etappen diese Verhinderung nachzeichnen.

So definiert Adorno den Gegenstand seiner Untersuchung, den »Jazz«, denn auch: als Stilllegung des Mechanismus des dialektischen Bildes, streng fokussiert als bestimmter Klang. Der Jazzklang ist nicht an eine bestimmte Kompositionsweise oder ein bestimmtes Instrument gebunden, sondern definiert sich durch seine Funktion, »durch die Möglichkeit, das Starre vibrieren zu lassen, oder allgemeiner durch die Möglichkeit der Herstellung von Interferenzen zwischen Starrem und Ausbrechendem« (17, 76). Die Positionen sind dabei klar verteilt: Das Starre ist die Gesellschaft und das Vibrierende oder Ausbrechende ist das Subjekt, das sich dieser Gesellschaft entgegensetzen oder ihr entfliehen will. In Adornos früherer Konzeption hat das Subjekt in starre Dinge seinen subjektiven Ausdruck eingelegt und damit eine scheinhafte zweite Natur geschaffen. Jetzt ist der Agent des Einlegens die bereits vorhandene zweite Natur, die Gesellschaft. Alles ist starr und das Subjekt wird benutzt, um den Schein von Vibration zu erzeugen. Früher brachte das Subjekt mit seinem Sinn-Einlegen einen Prozess ins Rollen, der am Ende größer war als es selbst. Jetzt ist der Prozess des Einlegens ein Trick der starren Gesellschaft, und der Automatismus hin zur

Konstellation ist aufgehalten – das Jazz-Vibrato ist »dem starren Ton, die Synkope dem Grundmetron bloß eingelegt« (17, 86), wie Adorno schreibt.

Dieses Vibrato wird nun in allen möglichen Aspekten des Jazz durchgespielt. Dabei vollziehen sich die einzelnen Abschnitte nach immer demselben Prinzip. Das scheinbar »Vibrierende«, also das gesellschaftlich fortschrittliche, utopische Moment, wird in jedem einzelnen Schritt als *bloß* Eingelegtes entlarvt. Im ersten nach den einleitenden Abschnitten ist dies die unmittelbare Gebrauchsfähigkeit des Jazz. Gemäß dem Prinzip des Vibrato taugt seine Sachlichkeit »nicht mehr als ein aufgeklatschtes Ornament, das darüber betrügen soll, wie sehr er bloße Sache ist« (17, 78). Auch der Eindruck, dass er eine genuin demokratische Musikart sein soll, dechiffriert Adorno als Täuschung: »die Attitüde seiner Unmittelbarkeit, definierbar durch ein starres Tricksystem, täuscht über die Klassendifferenzen« (17, 79). Ebenso ist die vermeintliche Möglichkeit einer plebiszitären Rezeption »bloßes Dekorum; nachgesungen werden nur die faßlichsten und rhythmisch trivialsten Melodien« (17, 80f.).

Die Irrationalität von Erfolg und Misserfolg der Jazz-Stücke könnte die Hoffnung nähren, dass kein wie immer geartetes System darauf Einfluss hat. Aber diese Irrationalität ist laut Adorno nur die zerstörerische, die dem System ohnehin eignet. Und die Vokabeln, die dazu dienen, dieses Chaos in ein schöpferisches umzumünzen – »Inspiration, Genialität, Schöpfertum« (17, 81) etc. – sind nur wieder »depraviert magische [...] Formeln«, die zum Vibrato benutzt werden. Die nächsten beiden Abschnitte zeigen die Herkunft dieses Vibratos in Adornos Philosophie, indem sie einerseits das vermeintlich Ursprüngliche des Jazz als maskierte moderne Unterdrückung entziffern,[69] andererseits das Gesetz des Marktes aufzeigen, dass etwas »gleichzeitig stets dasselbe sein und stets das Neue vortäuschen« (17, 84) muss. Beide Male sieht man das dialektische Bild von Geschichte am Werk, wenn dem Immergleichen etwas scheinhaft Neues eingelegt wird und das Neue die Fratze des scheinbar Uralten annimmt.

Aber könnte die gesellschaftliche Innovation des Jazz nicht darin liegen, dass die Komposition gar nicht so sehr das Entscheidende ist, dass das ästhetische Wirken vielmehr in der Reproduktion, in der Kunstfertigkeit des Arrangeurs oder der Aufführung liegt? So wie die Neapolitaner sich einst auch nicht darum scherten, wofür etwas gut sein sollte, sondern es für die Konstellationen zweckentfremdeten? Aber nein, auch hier gilt laut Adorno der Mechanismus des stillgestellten dialektischen Bildes: »Reiz und Kunststück, die neue Farbe und der neue Rhythmus werden dem Banalen bloß eingelegt – so wie das Jazzvibrato dem starren Ton, die Synkope dem Grundmetron bloß eingelegt ist; ja diese Interferenz des Jazz ist die Leistung des Arrangements an der Komposition« (17, 86). Aber ist dann wenigstens die Arbeitsteilung vorbildhaft für zukünftige ästhetische Produktionsprozesse? Keinesfalls. Denn auch die ist laut Adorno eine Romantisierung »im Sinne vager Avanciertheit, im Sinne jenes ›Tempos der Zeit‹« (17, 87).

Die Jazzindustrie holt sich mit dem Amateur das unbedarfte Publikum in den Produktionsprozess, und um dessen Dilettantismus auszubügeln, bedarf es Spezialisten für die weiteren Produktionsschritte, die dann als fortschrittliche Arbeitsteiligkeit camoufliert werden. Überhaupt der Amateur: Sein Wesen wird im nächsten Abschnitt als »das subjektive Korrelat jener objektiven Formstruktur« (17, 89), die als Kernstruktur des Jazz bestimmt wurde, enthüllt: »Die Hilflosigkeit des vom spezialisierten Handwerk Ausgeschlossenen, der vor der Musik wie vor einer gesellschaftlichen Macht gleichsam Angst hat und aus Angst ihr sich zu adaptieren trachtet, ohne daß es ihm doch gelänge – diese Hilflosigkeit ist ein so wesentliches Ingrediens wie das versierte Normalbewußtsein des Habitués. Es gehören denn auch, als Konstituentien der Form Jazz selber, Hilflosigkeit – das wimmernde Vibrato – und Normalbewußtsein – die Banalität – zusammen« (ebd.).

An einem kleinen Beispiel zeigt sich in diesem Abschnitt deutlich der Gegensatz zwischen Adornos früherer und seiner jetzigen Ausprägung des Konstellationsmodells. Druckfehler waren im Kierkegaard-Buch noch Chiffren, die sich vom subjektiven Ausdrucksbedürfnis emanzipierten und damit Bestandteil der Konstellation des Ästhetischen waren. Im Jazz-Aufsatz gehören sie zum Vibrato, das das Starre durch scheinbaren Dilettantismus auflockern soll.

Am anderen Ende des Spektrums, bei der Versiertheit des Geschmacks, die dem Jazz laut Adorno innewohnt, sieht es nicht viel besser aus, auch hier zeigt sich das Vibrierende als vom Starren benutzt: »Aber das Individuelle, das [...] dem Jazz eingelegt wird, verdankt sich nicht sich selber und gehört sich nicht zu. Längst ist es erstarrt, formelhaft, verbraucht – das Individuelle nun so sehr wie die gesellschaftliche Konvention zuvor« (17, 91).

Im darauf folgenden Abschnitt weitet Adorno das rein klangliche, physikalische Modell zu Stilbegriffen aus; die Interferenzerscheinung zwischen Leben und Starre wird verteilt auf Salonmusik und Marsch als Vorgaukeleien von Individualität beziehungsweise Gemeinschaft.[70] In den Zwischenraum von Salon und Marsch platziert Adorno die Behandlung des Gehens durch den Jazz. Dabei scheint überraschenderweise ein kurzer Moment echter bürgerlicher Emanzipation auf. Tanz wird entmythologisiert zum bürgerlichen Gehen, wie es in den Salons als Habitus eines neuen Selbstbewusstseins stattgefunden haben mag. Bevor dieses Gehen aber wiederum in einen »neuen Zauber« (17, 92) überführt wird, nämlich das rhythmisch kommandierte Marschieren, will Adorno noch ein wenig auf dieser entmythologisierten Praxis beharren.

Denn hier blitzt auf einmal doch wieder die Möglichkeit einer Konstellation auf und der mit ihr verbundene utopische Gehalt. Für einen kurzen Moment scheint der Jazz die »leibhaftige Empirie des geordnet-zufälligen Lebens« (17, 93) zum Ausdruck bringen zu können. Adorno beschreibt Filmszenen dieses zufälligen Lebens, flanierende Menschen an der Küste, eine Frau, die sich an ihrem Schuh zu schaffen macht, und immer passt Jazz-Musik so gut dazu, dass sie gar nicht mehr auffällt.

Ist der Jazz am Ende also doch Ausdruck einer zeitgenössischen Lässigkeit, einer Emanzipation der Schicht irgendwo zwischen dem

Neapolitaner Proletariat und dem einsam mit sich ringenden Bürger? Eine Emanzipation, die auch eine sexuelle ist: All die genannten Zufallsmomente des alltäglichen Lebens kann Adorno umstandslos zu sexuellen Anspielungen umdeuten.

Und jetzt endlich, nach einer Leerzeile, ist der Jazz wie Benjamins und Lacis' Neapel als »Schauplatz« etabliert, als Schauplatz für eine »konkret-historisch bestimmte Konstellation von gesellschaftlicher Identifizierung und sexueller Triebenergie« (17, 95). Und prompt drängt alles zur Selbstbegegnungsszene. Das dialektische Bild, das als Doppelgänger fungieren könnte, ist ja nun wahrlich zur Genüge durchdekliniert worden. Natürlich ist es das Vibrato, diesmal als personifizierte Synkope: In ihrem Herausfallen aus der Zählzeit »stellt individuelle Kontingenz leibhaft sich selber dar«.

Aber es zeigt sich, dass Adorno dieser endlich erreichten Konkretion nur »über ein sehr kurzes Stück« (17, 95) vertraut. Und wir durften nur für einen kurzen dramatischen, aber vergeblichen Moment Hoffnung für den Jazz schöpfen. Denn auch hier steht der Prozess, der zur Konstellation führt, still. Die Kräfteverhältnisse sind klar verteilt. Früher durfte das Subjekt angesichts seines Doppelgängers erschauern und sich zurückziehen. Nun ist das Subjekt selbst das dialektische Bild. Die Gesellschaft, der es gegenübersteht, die den Einlegeprozess für sich benutzt, juckt es keinen Deut, dass sie sich einer Darstellung ihrer zweiten Natur gegenübersieht. Und so verleiht das Jazz-Subjekt laut Adorno der übergeordneten Instanz »Ausdruck, ohne sie doch durch Ausdruck zu erweichen« (17, 96).

Zum Charme von Neapel gehörte es, dass die Dinge ständig kaputt sind und die Menschen sich lässig über das Diktat der Technik hinwegsetzen und alle Zumutungen der Moderne zweckentfremden können. »Die Technik beginnt vielmehr eigentlich erst da, wo der Mensch sein Veto gegen den feindlichen und verschlossenen Automatismus der Maschinenwesen einlegt und selber in ihre Welt einspringt«,[71] schreibt Sohn-Rethel in *Das Ideal des Kaputten*, und: »Die Mechanismen können hier das zivilisatorische Kontinuum nicht bilden, zu dem sie ausersehen: Neapel dreht ihnen das Gesicht auf den Rücken«.[72]

Es gehört zum Signum der neuen monopolistisch verwalteten Welt, dass alles viel zu gut funktioniert und eine Subversion gegen die »Automatismen der Maschinenwesen« nicht mehr möglich ist. Wo sollte denn das vernutzte, veraltete Material für die Konstellation herkommen? Das Kaputte, das nicht nur für Sohn-Rethel einmal ein Ideal war, ist gründlich zur Reparatur gebracht worden. Als Adorno nach Oxford emigriert, ist die Bilderwelt für die störungsfrei funktionierenden Apparaturen schon da. Sein Onkel Bernhard Wingfield hatte in England die Power Plant Company gegründet, eine Fabrik, die sich auf die Herstellung für Turbinenblätter spezialisierte. In den *Minima Moralia* erinnert sich Adorno daran, wie ihm englische Bekannte einmal Kinderbücher mitbrachten und die von der nicht beherrschten Sprache vermittelte Fremdheit eine besondere Phantasie aufrief: »Die eigentümliche Verschlossenheit der Bücher, die mit Bildern, großen Titeln und Vignetten mich ansprangen, ohne daß ich den Text hätte entziffern können, erfüllte mich mit dem Glauben, allgemein handle es bei derartigen Büchern sich niemals um solche, sondern um Reklamen, vielleicht für Maschinen, wie mein Onkel in seiner Londoner Fabrik sie herstellte« (4, 52).

Die Vorstellungswelt der Apparatur verknüpft sich mit der Sexualität, die doch eigentlich als leibhafte Konkretion am Ende des Jazz-Aufsatzes hätte sichtbar werden sollen – und gebiert ein Monster. Der Aufsatz lässt, nachdem er die Usurpation der Konstellation bis hin zur Selbstbegegnungsszene auserzählt hat, das Jazzorchester zu einer Maschine mit »doppelter Funktion« mutieren: »der der drohend gezückten Kastrationsmaschine und wieder der unablässig stampfenden, machtvollen Koitiermaschine«.[73]

Horkheimer, der dem Aufsatz grundsätzlich sehr wohlwollend gegenübersteht, schlägt im Zuge der Korrekturen ein paar Streichungen vor. Dabei stehen auch die Stellen über die Sexualität im Fokus. Horkheimer befürchtet, dass die New Yorker »society-Analytiker«[74] diese Passagen vor dem Hintergrund einer theoretischen Sozialisation lesen, die zu Missverständnissen führen muss. Adorno wehrt sich vehement, er appelliert an die »gemeinsame intellektuelle Verantwortung«.[75] Alles sei auf die Kastrationsangst hinkomponiert: Synkope und Kastrationsangst zum Beispiel hängen nicht irgendwie assoziativ zusammen, nein: die Synkope ist eines der vielen dialektischen Bilder, die durch das bloße Einlegen entstehen, sie ist eine »historische Konkretion«, sie ist »die Kastrationsangst als Erscheinung«.[76] Auch die Doppelmaschine ist nicht irgendeine wildgewordene Phantasie eines Intellektuellen, der seine Freud- oder Wilhelm-Reich-Lektüre nicht hinreichend verdaut hätte. Die Maschine, die es trotz Adornos Verteidigungsrede nicht in den gedruckten Aufsatz geschafft hat, steht »leibhaft«[77] vor Augen.

Der Verlust der Koitiermaschine ist schlimm für einen Aufsatz, der auf die Konstellation der Sexualität hinarbeitet und ihr Zerrbild präsentieren möchte. Der beständigen Produktion von dialektischen Bildern aber tut dieser Verlust keinen Abbruch. Der letzte Abschnitt stellt eine weitere Maschine vor, sie ist womöglich noch ein Stück schlimmer als die K.- und K.-maschine – es ist die »unerträgliche Wurlitzerorgel« (17, 99), die laut Adorno alle Ausprägungen des Vibrato, also des bloßen »Fournierens« des objektiven Klangs durch subjektiven Ausdruck aufs Schrecklichste in sich vereint: »In ihr kommt das Wesen des Jazzvibratos endgültig an den Tag« (17, 100).

Es wird also am Ende doch wieder etwas enthüllt. Aber es ist ein amputiertes Wahrheitsgeschehen. Früher wurde mit der Konstellation der Mechanismus enthüllt, mit dem etwas enthüllt werden konnte. Jetzt stockt dieser Mechanismus, er wird vom Monopolismus benutzt, um ihn anzuhalten, und dann lassen sich nur beständig Bilder dieses Anhaltens produzieren, Trugbilder von monströsen Maschinen, die etwas Starres in vermeintliche Bewegung bringen.

Das hat auch Folgen für die Begrifflichkeiten von Konstellation und dialektischem Bild. Es kommt im Jazz-Aufsatz zur Konstellation, aber die ist nurmehr ein weiteres dialektisches Bild anstatt dessen Zerstörung. Die begriffliche Verwirrung angesichts der dialektischen Bilder Adornos: Sie spitzt sich mit dieser Verschiebung zu. Denn jetzt lässt sich die Konstellation zu Recht als ein Synonym für das dialektische Bild verstehen. Aber eben erst nach Adornos Veränderung des Modells der Konstellation.

»Konstellation« ist ein Ziehharmonika-Wort, selbst diese Möglichkeit des eigenen Missbrauchs steckt im semantischen Feld des Begriffs. Die Sterne mögen rhetorisch hoffnungsvoll leuchten. Aber sie eröffnen auch den ganzen Bedeutungsraum von Astrologie und Aberglaube.[78] Das Lottospiel zum Beispiel ist als wesentlicher Bestandteil der alltäglichen Kultur in Lacis' und Benjamins Neapel-Denkbild eine Konstellationsetappe. Als »Astrales Schicksal«[79] findet sich die »schlechte« Konstellation dann im Trauerspielbuch, dieses Schicksal ist dort eine der Ausprägungen jener naturhaften ausweglosen Immanenzräume, gegen die die »gute« Konstellation der »Erkenntniskritischen Vorrede« angeht.

Für Benjamin wird die astrologische Seite der Konstellation als ebenfalls antirationale Deutungstechnik immer ihren ambivalenten Reiz behalten, für Adorno ist dieser Reiz immer zu einem zu hohen Preis erkauft. In Adornos Kierkegaard-Buch etwa kommt der Begriff der Konstellation in der kritischen Funktion, in der er im Buch allgegenwärtig ist, zwar an vielen verschiedenen Stellen vor. Ihren Hauptauftritt hat die Konstellation aber als in Anführungsstriche gesetzte Kapitelüberschrift, wo sie ein Moment des Mythischen benennt, das durch die andere Konstellation zersprengt wird.

Als Adorno 1952, nachdem er bereits wieder nach Deutschland zurückgekehrt war, nach Amerika zurückmusste, um die Staatsbürgerschaft nicht zu gefährden, nahm er sich den bedrohlichen, weil der eigenen Theorie so ähnlich gewordenen Feind gezielt vor und analysierte die Astrologie-Kolumne der *Los Angeles Times*.[80] Aber der Eindruck, die »Übernahme« der Konstellation beschränke sich auf Phänomene der populären Kultur, ist ein trügerischer. Einige Jahre nach dem Jazz-Aufsatz, als Adorno noch im amerikanischen Exil weilt, wandert seine musikalische Expertise mittels des Manuskriptes der *Philosophie der Neuen Musik* in Thomas Manns *Doktor Faustus*. Im berühmten 22. Kapitel entflieht Adrian Leverkühn mit seinem biederen Freund und Erzähler der Banalität der Hochzeitsfeierlichkeit zu Ehren von Leverkühns Schwester. Sie erinnern sich an den alten strengen Kretschmar und sein Wirken in Kaisersaschern. Und daraus entwickelt sich jenes Gespräch, in dem Leverkühn zum ersten Mal die Zwölftontechnik andeutet. Die Reflektion findet zu einem Zeitpunkt statt, an dem die Befreiung von der Tonalität schon problematisch geworden ist, es ist eine »Freiheit, die anfängt, sich als Meltau auf das Talent zu legen und Züge der Sterilität zu zeigen«.[81] Leverkühn stellt sich demgegenüber eine »rationale Durchorganisation« vor, die Ausweitung der »Techniken der Variation«.[82] Zeitbloms redliches begriffliches Nachvollziehen dieser neuartigen Technik beantwortet er mit »Sag lieber: der Konstellation.«[83] Das nun ist ein Wort, das dem Humanisten Zeitblom Unbehagen bereitet: »›Menschliche Vernunft!‹ Und dabei, entschuldige, ist ›Konstellation‹ dein drittes Wort. Es gehört doch aber schon mehr der Astrologie. Die Rationalität, nach der du rufst, hat viel von Aberglauben, – vom Glauben an das ungreifbar und vag Dämonische, das im Glücksspiel, im Kartenschlagen und Loseschütteln, in der Zeichendeutung sein Wesen treibt.«[84]

Nicht nur die Populärkultur macht die Struktur der Konstellation zum Gegenteil dessen, was sie früher bei Adorno einmal war. Auch die für Adorno avancierteste ästhetische Technik entkommt dem grundsätzlichen gesellschaftlichen Wechsel vom liberalen zum Monopolkapitalismus nicht. Die Konstellation erkrankt allgemein. Genauer: Adorno rettet sein Modell, indem er es als von der monopolistischen Kulturindustrie geklaut darstellt. Und auf einmal lässt sich die »verwaltete Welt« auf eine Weise beschreiben, die doch der utopisch verstandenen Konstellation vorbehalten war, auf einmal ist auch in der »totalen Gesellschaft [...] alles gleich nah zum Mittelpunkt« (6, 265).[85]

In Adornos Modell strebt alles zur Konstellation und mit ihr zur Umgruppierung des Bestehenden, aber auf einmal übernimmt das Bestehende diese Technik. Die Theorie reflektiert das Scheitern der großen revolutionären Hoffnungen, auch das Großexperiment in Russland hat nur wieder eine Diktatur installiert. Asja Lacis teilt das Schicksal von vielen, als sie 1938 ins Arbeitslager Kasachstan verschleppt wird,[86] und sie hat noch Glück, dass sie es überlebt und zehn Jahre später freikommt. Wer sich Klarheit über die Mechanismen verschaffen will, die eine Revolution missglücken lassen, dem steht mit Karl Marx' *Der achtzehnte Brumaire des Louis Bonaparte* ein grundlegender Text der politischen Theorie zur Verfügung. Marx analysiert darin, wie mittels Staatsstreich die bürgerliche Revolution von 1848 endgültig scheiterte. Wenn beispielsweise Horkheimer in seinem Aufsatz »Egoismus und Freiheitsbewegung« um ein Erklärungsmodell für das Misslingen der bürgerlichen Emanzipation und den Siegeszug des Faschismus ringt, dann kommt er ohne die Referenz an Marx nicht aus.

Am Beginn des Marx'schen Textes steht die berühmte Theater-Metapher. Wenn Menschen Geschichte machen, so bedienen sie sich laut Marx aus dem Fundus vorangegangener Revolutionen: »Die Tradition aller toten Geschlechter lastet wie ein Alp auf dem Gehirne der Lebenden. Und wenn sie eben damit beschäftigt scheinen, sich und die Dinge umzuwälzen, noch nicht Dagewesenes zu schaffen, gerade in solchen Epochen revolutionärer Krise beschwören sie ängstlich die Geister der Vergangenheit zu ihrem Dienste herauf, entlehnen ihnen Namen, Schlachtparole, Kostüme, um in dieser altehrwürdigen Verkleidung und mit dieser erborgten Sprache die neue Weltgeschichtsszene aufzuführen.«[87]

Marx differenziert diese scheinbare anthropologische Notwendigkeit der Totenbeschwörung. Für die Französische Revolution von 1789 und die englische Chromwells war diese Kostümierung Mittel zum Zweck. Man leiht sich den Heroismus früherer Zeiten aus, und wenn das Ziel erreicht ist, dürfen die Stimuli der Phantasie auch wieder in den Fundus. Die Wiederholung der Tragödie als »lumpige Farce« 1848 beschwört dann aber nicht mehr den revolutionären Geist, sondern nurmehr dessen Gespenst. Sie benutzt keine historischen Vorbilder, um mentalen Schwung für den Umsturz zu erzeugen, sondern »findet sich plötzlich in eine verstorbene Epoche zurückversetzt«.[88]

Horkheimer verengt diese Differenzierung wieder. Die Kostümierung ist ihm in jeglicher bürgerlichen Revolution bloßes Instrument politischen Kalküls. Die bürgerliche Emanzipation dient eben nur wieder der bürgerlichen Klasse. Und um das den Rest der Menschheit nicht merken zu lassen, bedarf der bürgerliche Führer des theatralischen Beiwerks, des Pomps, der Phantastik, des Glanzes der Vorzeit, der Suggestion der politischen Rede und anderer ideologisierender Elemente. Zugleich muss der Führer den berechtigten Egoismus des Einzelnen, seinen Anspruch auf Lust und Glück durch Moral-, Gewissenslehren etc. eindämmen beziehungsweise denunzieren.

Als Adorno das liest, sieht er sich ein weiteres Mal einer völligen Übereinstimmung mit dem eigenen Vorhaben gegenüber, er ist mit dem Text »bis ins Zentrum einverstanden« und betont, »daß die einzige ›bürgerliche‹ Reaktion, die ich dagegen präsentieren kann, der Neid ist, daß nicht ich [ihn] geschrieben habe.«[89] Die ersten Seiten von Adornos nächstem großen Aufsatz für die Institutszeitschrift, dem *Versuch über Wagner*, sind denn auch ein fast schon skurriles Dokument theoretischer Anpassungshast. Ohne auch nur das kleinste einleitende, zu Wagner hinleitende Wort stürmt Adorno los, um gleich zu Beginn die Kategorien von »Egoismus und Freiheitsbewegung« unmissverständlich geltend zu machen. In Wagners Oper *Liebesverbot* herrsche noch die »Verherrlichung der freien Sinnlichkeit«, doch schon im *Rienzi* werde diese als Egoismus denunziert. Das ist ja nun auch ein gar nicht schnell genug zu präsentierendes Geschenk, dass Wagners zweite Oper einen der revolutionären Diktatoren, die Horkheimer in seinem Aufsatz abhandelt,[90]

Hans Lietz (Mitte), Clavels preußischer Baumeister

im Titel trägt und ihn in einer Regie-Anweisung mit »phantastischen und pomphaften Gewändern« auftreten lässt.

Adornos Begeisterung angesichts der Übereinstimmung ist vollkommen ernst gemeint. Der so hellhörig auf den Eigenwert der Worte achtende Leser Adorno muss nur über das durch ein Zitat aus Mandevilles Bienenfabel in Horkheimers Text gelangte Wort vom »Pomp« stolpern, um zu wissen, wie er sich den fragwürdig gewordenen Freiheitskämpfer vorzustellen hat. Sein Vorbild für den diktatorischen Revolutionär ist wiederum der sprengende Gilbert Clavel aus Kracauers Porträt von 1925, der scheitert, weil er, wie Kracauer schreibt, sein Vorhaben mit »pompösem technischen Aufwand« betreibt.

Denn in Kracauers »Felsenwahn in Positano« ist Clavel nur für einen kaum merkbaren Moment der Revolutionär, der dem Wassernix die Hohlräume abtrotzt. Ansonsten ist der Essay durchweg eine Analyse der Clavelschen Dämonie. Clavel sprengt zum Zeitpunkt von Kracauers und Adornos Besuch seit 17 Jahren, ein Ende ist nicht abzusehen. Ein preußischer Baumeister, der Beihilfe beim Sprengen leistet, hat inzwischen die Physiognomie eines Neapolitaners angenommen, er wird hier sterben, meint Kracauer: »Auch die Menschen explodieren, denn das Ende wird niemals erreicht«.[91] Kracauer schreibt deswegen so pessimistisch über Clavels Kampf gegen das dämonische Wasser, weil dieser über die Kämpferei selbst zum Dämon geworden sei. »Mag Clavel sich frei von [Natur] wähnen, sie übermannt ihn zuletzt.«[92]

Man kann Clavel als Heros porträtieren, der seiner Krankheit und einer feindlichen Natur ein faszinierendes Lebensprojekt abtrotzt. Meistens aber wird Clavel anders gezeichnet. Der englische Capri-Liebhaber Norman Douglas spricht von einem missgestalteten jungen Schweizer »mit aufdringlichen und fast beleidigenden Manieren, einer ungesunden Gesichtsfarbe und einer schrecklichen, kratzenden Stimme«.[93] Clavels Körperlichkeit provoziert dazu, ihn für eine Kreatur nicht ganz von dieser Welt zu halten: »Die Italiener [...] sahen in ihm einen Dämon, nannten ihn diabolo rosso, fürchte-

Blick aufs Meer von Clavels Grotte aus

ten ihn als Zauberer und liebten ihn als Bringer eines Glücks. Sie berührten heimlich seinen Körper«,[94] heißt es in einem Nachruf.

Clavel hat an diesem Dämonen-Image mitgearbeitet, es lässt sich bei Streitereien um das Turm-Grundstück zur Einschüchterung weidlich ausnutzen. Zu den vielen körperlichen Gebrechen Clavels gehört auch, dass ihm ein Hoden fehlt, von dem er behauptet, dass seine Mutter ihn in einem Einmachglas aufbewahre.[95] Auch diesen Mangel benutzt er zur Selbststilisierung. Ein Grotte, die er in den Felsen sprengt, in der er Musikkonzerte plant, soll dessen Form haben: »In dieser Grundform versteinere ich – ohne, dass es jemand merken wird, – was mir die Natur vom Lebendigsten genommen hat.«[96]

Kracauer liest Clavels Dämonie an der Einrichtung des Turms ab: »Vorweggenommener Konstruktivismus, schmucklos und kristallinisch, aber an der Oberfläche nur dem des Bauhauses verwandt. Denn die Wut lauert hinter den Formen, berserkerhaft sticht sie ins Leere. Das Bett ist verschiebbar, es gleicht dem im Märchen, das gruseln machen soll. Die Regale der Bibliothek drehen sich um und um, und der neuzeitliche Registrator wird in einer Nische verkapselt, aus der er satanisch hervorspringen mag.«[97] Clavel selbst hätte dieser Deutung wohl zugestimmt, er verstand sich mehr als Fortbauer des Tellurischen, denn als Aufklärer. Von den Theorien des Baslers Johann Jakob Bachofen hat der Basler Clavel erst spät Notiz genommen. Dann aber kann er dessen mythisch matriarchalische Formenlehre umstandslos für sich in Anspruch nehmen und vom Turm als einer »Architektur des Chtonischen«[98] sprechen.

Aber die seltsame Gestalt Clavels ist nur eine Äußerlichkeit und das Wohngruselkabinett nur Symptom. Der Grund für die Dämonie kommt von woanders her: Clavel wird zum Dämon, weil er jegliches Maß verliert. Die Hohlräume, die doch eigentlich zum Schutz vor der Wassergallerte dienten, werden ihrerseits zu einem unüberschaubaren, irrationalen Gebilde. »Niemand ist der Topographie dieses Geäders gewachsen, das man zwei Stunden durchkriecht, ohne gewiß zu sein, ob auch nur die Hälfte der Löcher sich biete«:

Gilbert Clavel im Gänge-Labyrinth
Fortunato Depero: Clavel nella funicolare, 1918

Gilbert Clavel: Freiheitskämpfer oder Diktator?

»Unergründlich die Treppenläufe, ein schlangengleiches Gedärm, das in die Zimmer sich schleicht.«[99] Die *Berliner Illustrirte* weist darauf hin, dass man ohne Begleiter aus diesem »Gänge-Labyrinth«[100] nicht mehr herausfinde. Im Aquarium hat Kracauer im Gegensatz zu Adorno gar nicht so sehr auf die Gallerte abgehoben. Ihn interessierte mehr das Poröse, die Röhrensysteme, die geometrischen Muster, sie erinnern ihn an das Geäder aus Clavels Turmanlage. Das Poröse wird bei Kracauer schon im Moment seiner begrifflichen Fixierung zu eben jenem Dämonischen, gegen das es bei Adorno doch stärkste Waffe war.

Gilbert Clavel ist in der poetischen Übersetzung Kracauers eines der mythischen Zwischenwesen, die in Positano einen so fruchtbaren Nährboden finden. Clavels Dämonie »geht von dem Nagen und Bohren aus, dem sinnlosen Drang, sich immer weiter einzufressen in die Felsen, der darum doppelt sinnlos erscheint, weil er mit pompösem technischen Aufwand sich verwirklicht.«[101]

Horkheimer muss in »Egoismus und Freiheitsbewegung« das Wort »Pomp« kein weiteres Mal verwenden, denn er führt mit einer politischen Konkretion, die Adorno selten anstrebt, die unterschiedlichen Modi dieses Pomps aus: Das Charisma des Führers und seiner Unterführer, sämtliche staatspolitischen Symbole wie Wappen oder Fahnen, alle möglichen Formen von Zeremonien und Trachten.

Horkheimers Aufsatz ist insgesamt viel realpolitischer interessiert, als man es gemeinhin von Adorno gewohnt ist. Dessen Vorhaben ist es doch meist, Herrschaftsbeziehungen in bürgerlich melancholische Innenleben zu übertragen. Aber auch diese Bewegung macht Horkheimers Aufsatz vor. Denn er präsentiert nicht nur die machtpolitischen Finessen der Führerkaste. »Alle diese Widersprüche sind auch in der durchschnittlichen bürgerlichen Existenz enthalten.«[102] Und auch die Internalisierung der Kostümierung als »krankhafte […] Einbildungskraft«[103] des Herrschersubjekts demonstriert Horkheimer. Weder Benjamins Niederkämpfen des barocken Herrschers zum wahnhaften Melancholiker im Trauerspielbuch noch Adornos Dramatisierung der Einbildungskraft Kierkegaards ist spurlos an Horkheimer vorübergegangen.

Und doch setzt Adorno bei der Begründung für die pomphafte Kostümierung einen anderen Akzent als Horkheimer. Auch wenn sie ins Innere des durchschnittlichen Bürgers gewandert ist, ist sie bei Horkheimer immer noch politisch motiviert. Adorno dagegen schmuggelt die »Todgeweihtheit des Heroismus, der sich selbst proklamiert« ein, die den Pomp provoziert haben soll. Nicht das machtpolitische Interesse, sondern der eigene Tod wird kostümiert – so hat Adorno auf der dritten Seite seines Wagner-Aufsatzes Horkheimers »Egoismus und Freiheitsbewegung« dann doch wieder in sein Modell vom »Einlegen ins Tote« gezwungen. Und so gibt es denn, ehe man sich versieht, eine hastige »Selbstbesinnung« über den wirklichen Zustand des »kostümierten Friedenshelden« (13, 13) und einen Zusammenbruch: Er wird unter den Trümmern des Kapitols begraben.

Gleich am Ende des ersten Abschnittes, der doch im Fahrwasser von »Egoismus und Freiheitsbewegung« so realpolitisch analysierend begann, hat Adorno den ersten Zusammenbruch eines dialektischen Bildes inszeniert. Und damit ist auch schon Schluss mit der Inanspruchnahme von Horkheimers Essay. In der Folge strukturiert sich der *Versuch über Wagner* wie das Kierkegaard-Buch und der Jazz-Aufsatz Kapitel für Kapitel durch das Weiterreichen eines dialektischen Bildes zum nächsten. Nach den im ersten Kapitel so schnell erreichten Kapitoltrümmern präsentiert das nächste Kapitel das dialektische Bild Wagners in seiner ganzen Dämonie (13, 18): Er ist Revolutionär und Überläufer zugleich, ausgestattet mit einer exquisiten Mischung aus »Neid, Sentimentalität und Zerstörungsdrang«, der er gemäß der Selbstbegegnungsszene auch einmal ins Auge sehen darf – in der Figur des Mime wird er »seiner selbst mit Schrecken« (ebd.) inne. Dieses dämonische Rätselbild des Wagnerschen Charakters wird in den folgenden Kapiteln des Wagner-Buches entziffert: »Im finsteren Bannkreis von Wagners Reaktion sind die Lettern eingezeichnet, die sein Werk seinem Charakter abtrotzte« (13, 25).

Am Ende des Erkenntnisparcours steht das dialektische Bild in seiner Reinform. Denn es wird nicht in irgendein totes Ding eingelegt, sondern der Tod selbst wird als Erlösung maskiert (13, 138). Auch bei Wagner kommt es also wieder zu dem Skandal, der schon bei Kierkegaard am Werke war: dass selbst die äußerste Grenze der Sinngebung – eben der Tod – von der Sinn-Einlegungspraxis nicht verschont wird. Im »Namen der Hölle«, in der wir uns also wieder befinden, kommt es zur Selbstbegegnung: »im Angesicht ihrer [der Musik] totalen Determination durch [den Schicksalszwang] gewinnt sie die Selbstbesinnung wieder« (13, 145). Wagners Bewusstsein habe sich »in der Nacht, die das Bewusstsein zu verschlingen droht« (13, 144) geschult und zur »grandiosen Schwäche« geführt: »Kein Verfallsmoment in Wagners Werk, dem nicht die Produktivität Momente des Werdenden hätte abzuzwingen vermocht. Die Schwächung jener Monade, die der Monadensituation nicht mehr gewachsen ist, und die sich daher passiv sinkend dem Druck der Totalität überläßt, hat nicht bloß repräsentative Geltung für eine todgeweihte Gesellschaft, sondern löst zugleich, was in der Monade zuvor sich verhärtete« (13, 143).

Neben Wagners Musik und Wagner selbst gibt es noch eine weitere Figur, eine aus dem *Ring*, der diese Erfahrung des passiven Sinkens zuteil wird. Es ist nicht der Heros Siegfried, also einer jener Helden, die so wie der mittlere Beethoven als stolze, sich ihrer selbst gewisse Subjekte »gesiegt schon haben, bevor sie kämpfen« (13, 142). Vielmehr ist es Siegmund, der sich am Ende »dem heroischen Ideal« (ebd.) versagt und mit seiner unheroischen Charakterlosigkeit das Vorbild für Wagners Sozialcharakter ist, mit dessen »Konfiguration« (13, 16) das Wagner-Buch beginnt. Auch der Kreisgang der Konstellation scheint also wieder in sein Recht gesetzt. Adorno verteidigt Benjamin gegenüber die »zyklische […] Form« des Buches: »Die Motive des letzten Kapitels sind genau auf die des ersten eingepaßt.«[104]

Mit Wagner nimmt sich Adorno nach dem Jazz-Aufsatz und vor dem Buch über Schönberg einen Künstler aus einer Zeit vor dem historischen Wechsel vom liberalen zum monopolistischen

Zeitalter vor. Das macht sich schon dadurch bemerkbar, dass das dialektische Bild am Ende und die an ihm sich einübende subjektive Schwäche noch einen starken utopischen Impetus haben. Der Vorgang der Schwächung durch Selbstbegegnung scheint ebenso wie der allgegenwärtige Prozess des Einlegens im Gegensatz zum Jazz-Aufsatz wieder funktionstüchtig.

Jedoch gibt es im Wagner-Buch eine Variation der Selbstbegegnungsszene, die das Gegenteil der subjektiven Schwächung aus Adornos Modell zum Zwecke hat und stattdessen einer narzisstischen Selbstbespiegelung dient. Am Ende des Kapitels über Wagners Motivik beispielsweise gibt es mit den Tränen, die Wagners Musik über die eigenen dichterischen Geschöpfe vergießt (13, 58), ein Signalwort aus der Hamlet-Szene des Trauerspielbuches. Aber die Tränen gelten »dem Weinenden selber« (ebd.), es ist nur ein »manipuliertes Eingedenken« (13, 115), das Wagners Musik dort unternimmt. Einmal ist gar vom »teuflischen Behagen« (ebd.) die Rede, mit dem sich in der Hölle eingerichtet wird, man »weidet« sich als Theaterbesucher im Betrachten der Schlägerei am Ende des zweiten Aktes der Meistersinger, die zuvor als ein Moment des regressiv Archaischen des Bürgertums beschrieben wurde (13, 90), also als dialektisches Bild, in dessen Anblick sich die Selbstbegegnung üblicherweise prozessiert. Ein andermal spricht Adorno von der Begegnung als »Selbstbewunderung« (13, 122).

Auch wenn dem dialektischen Bild bei Wagner noch ein Stückchen Utopie abgezwungen werden kann – der Prozess der Zerstörung des dialektischen Bildes, um zur Konstellation zu gelangen, stockt wie schon im Jazz-Aufsatz. Zwar scheint immer wieder die Möglichkeit auf, dass Elemente zu einer möglichen Konstellation freigestellt werden, die Kapitoltrümmer zu Beginn zum Beispiel. Oder die »Lettern«, die Wagners »finsterem Bannkreis« abgetrotzt werden, um den Untergang dieses Bannkreises anzuzeigen. Aber diese Trümmer und Buchstaben bekommen nicht wie im Kierkegaard-Buch am Ende ein eigenes Kapitel, wo sie konstellativ neu zusammengesetzt werden. Die angedeutete Konstellation wird hier fast wie im Mannheim-Essay rhetorisch verkleinert. Im *Versuch über Wagner* kommt es zu keiner Konstellation im früheren Adornoschen Sinne, es bleibt beim maximal vergrößerten dialektischen Bild. Das hat zwar den ihm eigenen diagnostischen Wert, weil es zeigt, wie totalitär die Gesellschaft geworden ist. Aber die Totalität selbst bleibt intakt.

Die arme Sirene Parthenope

Fährt man mit dem Boot von Capri aus nach Positano, dann kommt man an einer pittoresken Inselgruppe, Li Galli, vorbei. Sie liegt direkt vor Clavels Turm, sein Bruder René wollte die größte der drei Insel kaufen,[105] aber 1922 kommt ihm der russische Tänzer und Choreograf Léonide Massine zuvor. Grundbesitz verpflichtet, und so hat auch Massine einiges vor. Gilbert Clavel berichtet: »Er hat die Absicht auf der ›Isola Lunga‹ einen Riesenbau von 20 Meter Länge und 14 Meter Breite (keine gute Proportion) auszuführen. Klar war mir sein Projekt nicht. Er sprach von einer griechischen Säulenhalle, alles aus Marmor (!) und einem Terrassenbau, den er als Theater und Tanzschule benützen will. Eine Tanzkolonie auf den Sireneninseln!«[106] Niemand geringerer als Le Corbusier half Massine später bei den Umbauarbeiten. Elizabeth Taylor soll 1964 Massine vergeblich eine Million Dollar geboten haben,[107] 1989 kann sie ein anderer weltberühmter Tänzer für sich erwerben: Rudolf Nurejew.

In mythischer Vorzeit aber – Clavel deutet es mit dem Wort von den »Sireneninseln« an – wurde die Inselgruppe der Überlieferung nach von den Sirenen bewohnt. Wir befinden uns laut La Capria mitten im homerischen Teil des Golfes. Nachdem Odysseus mit List und Tücke an den Sirenen vorbeigefahren ist, stürzen sie sich ins Meer.[108] Neapel, das früher Parthenope hieß, entsteht, weil eine der Sirenen mit Namen Parthenope an seine Bucht gespült wird – Adorno, der im Grand Hotel Vesuvio, Via Partenope 45, logierte, gleichsam vor die Füße.[109]

Die *Dialektik der Aufklärung*, in deren Eröffnungsessay Adorno und Horkheimer die Begegnung mit den Sirenen zu einem Kulminationspunkt der Zivilisationsgeschichte machen, und die der *Odyssee* einen eigenen Exkurs widmet, ist eines der wirkmächtigsten Bücher der neueren Philosophiegeschichte. Wer könnte beim ersten Lesen nicht den Impuls nachvollziehen, der eine ganze Generation elektrisiert hat. Selbst wenn man bei diesem ersten Lesen nichts versteht, so versteht man doch zumindest, dass es um alles geht, um die Geschichte der Menschheit, verfasst im Augenblick ihrer größten Katastrophe. Was für ein Glücksfall, dass Horkheimer und Adorno nach jahrelanger gegenseitiger Beschwörung der gemeinsamen Arbeit zumindest dieses eine Mal die Gelegenheit gefunden haben, ihre Schreibweisen zu dieser unerbittlichen Rasanz zusammenzuführen. Die näheren Umstände dieser Arbeit, das dialogische Verfassen in der Idylle der Pazifikküste unter vielen illustren Exilierten, sind längt zu einer Schlüsselszenerie der neueren Philosophiegeschichte gefügt worden.[110]

»Die Zusammenarbeit mit Max ist jetzt äußerst eingespielt«,[111] schreibt Adorno über die gemeinsame Arbeit an der *Dialektik der Aufklärung* an seine Eltern. Meist »diskutieren wir, einigen uns und formulieren dann zusammen, oft so, daß der eine einen Satz anfängt, der andere zuende diktiert, was ja möglich ist, da immer vorher genau feststeht, was wir sagen wollen.«[112] Was für eine Utopie des gemeinsamen Arbeitens! Endlich muss Adorno nicht im Nachhinein eine ideale Übereinstimmung konstatieren, sondern kann das gemeinsame Projekt in Echtzeit bestreiten.

Es steht fest, weil sie es zuvor diskutiert haben. Aber auch, weil es die Dialektik der Aufklärung in mehrerlei Varianten bereits gibt. Kracauer hat sie aus Positano und Neapel mitgebracht. Denn natürlich nähert man sich Kracauers mythischer Phantasmagorie von Positano in einem schwimmenden »Altertum«, das »Odysseus einst zu seinen Irrfahrten gedient«[113] hat. Clavel mit seinem sinnlosen, selbst wieder dämonisch werdenden Gesprenge gegen dämonisches Wasser ist das Urbild des maßlos gewordenen Aufklärers, auch wenn sein Bett im Gegensatz zu Odysseus', der es festgeschraubt hat, in einer schaurigen Konstruktion beweglich ist.

Die Strecke von Positano zum Neapolitaner Aquarium ist für Kracauer Aufklärung im Schnelldurchlauf. Wenn man im Freskensaal im ersten Stock die Idyllen über den »Reiz des Meeres- und Strandlebens« Hans von Marées' bewundert, dann steht man auf dem eingesperrten Meeresgetier, das verdrängt werden musste, um diese Idyllen zu erreichen. Das dämonische, nixenhafte Wasser, gegen das Clavel noch ansprengte, ist im Aquarium bereits gebändigt. Im »Ornament der Masse« hat Kracauer diesen Zeitsprung selbst zum Menschheitskampf gegen die Natur vergrößert, inklusive der Konstellationen der Massenkultur als nicht eingelöste utopische Versprechen, die in der *Dialektik der Aufklärung* ein eigenes Kapitel bekommen.

Die Matrix, auf der Horkheimer und Adorno diskutieren, ist Adornos Modell der verhinderten Konstellation. Adorno muss nach dem *Versuch über Wagner* die Theorieschraube nur eine Windung weiterdrehen, um zur mächtigen Konzeption des Eröffnungsessays der *Dialektik der Aufklärung* zu gelangen.

Dort wird ein weiteres Mal der Sturmlauf auf eine Konstellation inszeniert und die Erwartung, die in sie gelegt wird, maximal gesteigert. Indem Adorno den Moment der Doppelgängerbegegnung an den Anfang der Menschheitsgeschichte legt, macht er aus deren Wiederholung eine realgeschichtliche Verheißung.

Das dialektische Bild hatte ja den strategischen Nutzen, dem Subjekt die eigene Naturwüchsigkeit vor Augen zu halten. An diesem Schrecken sollte sich der Übergang zu einem Zustand ereignen, der mehr ist als Natur. Genau diese Szene projiziert Adorno nun an den geschichtlichen Moment, an dem sich so etwas wie Subjektivität (und damit Geschichte) zuallererst erzeugt. Die »Verschlungenheit des Natürlichen« (3, 31) wird an jenem Moment transzendiert, Natur wird zu mehr als Natur – und schlägt als Menschheit die Augen auf: Das Ungewohnte wird mit dem »Ruf des Schreckens« (ebd.) als »Mana« begrüßt. Der Schauder ermöglicht aber zudem dem »Müßigen«, seine Überschreitung aus sich selbst heraus zu leisten: »Was später Subjektivität heißt, sich befreiend von der blinden Angst des Schauers, ist zugleich dessen eigene Entfaltung; nichts ist am Subjekt, als daß es erschauert, Reaktion auf den totalen Bann, die ihn transzendiert« (7, 489f.). Die Konstitution des Menschlichen ist die Urform der Überschreitung durch Selbstzurücknahme, die später, wenn die von diesem Subjekt verantwortete Gesellschaft wieder zu Natur geworden ist, an eben dieser Natur geleistet werden soll.

Adornos kleines wendiges Narrativ ist also unversehens zur Menschheitserzählung geworden. Was einmal in Bergs Musik als kleinster Übergang den Umschwung provozierte, ist jetzt die maximal vergrößerte Hoffnung für den gesellschaftlichen, ja menschheitsgeschichtlichen Umschwung. Und wie im Wozzeck-Aufsatz und im Schubert-Essay gliedert sich der »Begriff der Aufklärung« in drei Abschnitte,[114] in denen der fragwürdig gewordene Umbruch allerdings nicht mehr vollzogen wird. Aber er wird herbeigesehnt, provoziert und verworfen. Jeder Abschnitt endet mit dem Schauder der Selbstbegegnung, der aber seit dem Jazz-Aufsatz den sonst eingeleiteten Prozess gerade verhindern kann. Der erste Abschnitt kulminiert in der gerade beschriebenen Mana-Szene. Der »Ruf des Schreckens« wird aber in der positiven Wissenschaft auf eine Weise wiederholt, die den Mythos reinstalliert, statt ihn zu erweichen. Auch der den zweiten Abschnitt beschließende »mittäglich panische Schrecken«, mit dem »die Menschen der Natur als Allheit plötzlich innewurden« (3, 46), wird in der Gegenwart als die Panik des Ohnmächtigen erlebt, der im Jazz-Aufsatz einen seiner ersten Auftritte hatte.

Erst am Ende des dritten Abschnitts vernimmt man die gute Nachricht, dass die Mana-Szene eine fruchtbare gegenwärtige Entsprechung finden könnte mit der Möglichkeit, »die Herrschaft bis ins Denken selbst hinein als unversöhnte Natur zu erkennen« (3, 58). Der letzte Satz macht diese Hoffnung auf ein nun endlich stattfindendes »Eingedenken der Natur im Subjekt« zunichte: »Angesichts solcher Möglichkeit aber wandelt im Dienst der Gegenwart Aufklärung sich zum totalen Betrug der Massen um« (3, 60).

Der große Kreis der drei Abschnitte umschließt einen Mittelpunkt, der sich auch strukturell in der Mitte befindet. In der Mitte des mittleren, zweiten Absatzes positioniert Adorno die theoretische Selbstvergewisserung über das Prinzip, das von hier aus alles durchwirkt: Es ist Hegels bestimmte Negation. Für diejenigen, die mit dem Werk Adornos vertraut sind, mag das eine banale Selbstverständlichkeit sein. Als theoretischer Urahn des dialektischen Materialismus ist Hegel an der argumentativen Oberfläche von Adornos Theorie natürlich dauerpräsent. Und mit Recht ließe sich fragen, ob die Konstellation nicht ohnehin nur eine begriffliche Variante von Hegels Dialektik ist.[115] Benjamin und Sohn-Rethel haben die Dialektik in ihrer Marx'schen und Lukács'schen Übersetzung ja vor dem inneren Auge, wenn sie die neapolitanischen Konstellationen entdecken. Nichts darf es selbst sein, keine Figur behauptet ihr »So und nicht anders« – das Poröse hat von Beginn an sein Ideal von der nichts bei sich selbst lassenden dialektischen Bewegung Hegels.

Aber die Konstellation entfaltet bei Adorno ihre strukturbildende und narrative Mächtigkeit erst durch ihre gänzliche Entleerung von theoretischer Schlacke. Aus Hegels Dialektik lässt sich beispielsweise Schuberts Kraterumkreisung und das Wörtlichnehmen der Kierkegaardschen Metaphern nicht herleiten. Die Konstellation ist vielmehr auch eine Aneignungsmaschinerie – durch ihr bloßes Struktur-Sein (und mit der Erzählung darüber, wie es zu dieser Struktur kommt) vermag sie sich vielfältige, verschiedene, auch als gegnerisch begriffene Theorien einzuverleiben. In der *Negativen Dialektik* beispielsweise wird es plötzlich so aussehen, als sei Max Weber der Pate der Konstellations-Technik. Im Eröffnungsessay der *Dialektik der Aufklärung* ist es Hegel.

In der zweiten Hälfte der 1930er-Jahre rückt Hegel für Adorno noch ein bedeutendes Stück näher ins Zentrum der eigenen Theorie.

»Daneben neuerliches und sehr fruchtbares Studium Hegels«,[116] meldet er einmal an Benjamin – John Abromeit hält in seiner Horkheimer-Biographie diese Intensivierung der Hegel-Lektüre für eine der notwendigen Bedingungen dafür, dass es zu der Zusammenarbeit von Adorno und Horkheimer überhaupt kommen konnte.[117] Ein Grund für die besondere Fruchtbarkeit der späteren Hegellektüre mag sein, dass Hegels Dialektik sich erst dann von dem Modell der Konstellation vereinnahmen lässt, wenn letztere von Adorno als gescheitert inszeniert wird. Denn Hegels Dialektik lässt sich zwar mit der Erkenntnisutopie der Konstellation kurzschließen: Sie offenbare »jedes Bild als Schrift« (3, 41), heißt es im mittleren Abschnitt. Aber diese Dechiffrierung sei bei Hegel nicht ergebnisoffen und führe nur wieder in die nächste Ideologie: Adorno zitiert nicht selten bitter-genüsslich die Pointe vom preußischen Staat als Ziel der Reise des Hegelschen Weltgeistes (z. B. 6, 37). Erst nachdem sich für Adorno das eigene Modell der Konstellation als zweideutig herausgestellt hat, kann Hegels Dialektik in ihrer Zweideutigkeit von Utopie und vorherbestimmter Totalität zum idealen Nukleus für die scheiternden Konstellationen des Eröffnungsessays der *Dialektik der Aufklärung* werden.

Das Wiederfinden der Konstellation

Überleben

Manchmal, ganz selten nur, erlaubt sich Adorno in seinen Briefen Pathos und Feierlichkeit auch im Privaten. Als er 1937 von der Amerika-Reise zurückkehrt, bei der sein Antritt im mittlerweile in New York angesiedelten Institut zur beschlossenen Sache wurde, dankt er Horkheimer menschlich aufgewühlt und theoretisch anrührend schlicht. Sein Glück bestehe darin, dass ein »Schriftsteller meiner Art«, der es sich gerade zur Aufgabe gemacht habe, gegen das Tauschprinzip des Marktes anzugehen, sich nun in eine »gute Kollektivität eingefügt sieht« und überraschenderweise »seine Produkte tauschen kann; das ist eine Erfahrung, die ich überhaupt nicht übertreiben kann.«[1] Adorno, der zu Beginn der nationalsozialistischen Machtübernahme noch eine zu optimistische Perspektive hatte, ist sich darüber im Klaren, dass es sich jetzt – gänzlich banal – um seine Rettung handelt. Am Vorabend seiner Abfahrt nach New York schreibt er: »Es ist kaum mehr daran zu zweifeln, daß in Deutschland die noch vorhandenen Juden ausgerottet werden«,[2] zuvor spricht er vom »Vergastwerden« als reeller Gefahr.

Adorno hat es im Februar 1938 rechtzeitig aus Europa herausgeschafft. Sohn-Rethel, der 1937 wie Adorno nach England emigrierte, leistet dort zivilen Dienst in einer Zuliefererfabrik für Autoteile und gründet, als er auf der Isle of Man interniert wird, eine »Art von Universität« hinter Stacheldraht.[3] Er überlebt den Krieg.

Kracauer und Benjamin begegnen sich im August 1940 in Marseille, von wo aus sie nach Lissabon gelangen wollen, die letzte Gelegenheit, aus dem faschistischen Europa herauszukommen. Es ist ein dramatischer Kampf um ständig ablaufende Visa, um für die Einreise in die USA notwendige Bürgschaftserklärungen, um die Mittel für das tägliche Überleben. Benjamin versucht, wie andere, etwa Heinrich und Golo Mann und Alma und Franz Werfel vor ihm, über die Pyrenäen nach Lissabon zu gelangen und nimmt sich, als ihm die Rückführung nach Frankreich droht, das Leben. Kracauer versucht mit seiner Frau kurze Zeit später denselben Weg, sie werden zurückgeschickt. Im Februar 1941 gelingt ihnen die Flucht nach Lissabon dann doch und im April endlich die rettende Überfahrt.

Von dem eigenen Überleben bleibt auch die Theorie nicht unberührt. Gewiss nährt die Erfahrung der Gefahr am eigenen Leib jeglichen Fatalismus. Doch die Gefahr überwunden zu haben – diese Erfahrung lässt Adorno seiner Theorie gegenüber konziliant werden. Er wird nicht müde, die Usurpation der Konstellation durch den Faschismus immer wieder in den düstersten Farben auszumalen. Und dennoch lässt er zugleich eben diese Konstellation wieder in ihrer ursprünglichen Form wirksam werden. Mit einer Einschränkung: zu einer Zeit, als der eigene Tod zu einer tatsächlichen Bedrohung wird und die Mitarbeiter des Instituts noch unter dem Schock stehen, dass mit Walter Benjamin einer von ihnen dieser Bedrohung nicht standzuhalten vermochte – in dieser Zeit lässt sich der Tod nicht mehr umstandslos als utopisches Moment in ein theoretisches Gebäude integrieren. Adorno schwächt den Tod des sinneinlegenden Subjekts ab und verwandelt ihn in Vergessen.

Ein weiteres Beispiel für briefliche Feierlichkeit ist der Moment der deutschen Kapitulation. Adorno möchte in Santa Monica diesen Moment mit Horkheimer, der in New York als Forschungsdirektor beim American Jewish Comitee die *Studies in Prejudice* initiiert, wenigstens brieflich teilen. Das Erleiden des Faschismus und der Kampf gegen ihn war »die unmittelbare Ursache aller äußeren Entwicklungen in unserem Leben während der letzten zwölf Jahre«.[4]

Durch das Überlebt-Haben gewinnt das gemeinsame Leben allerdings eine eigene Mächtigkeit, es hat sich längst von dem emanzipiert, was es ausgelöst hat. In seinem Brief an Horkheimer vergleicht Adorno die gemeinsamen Jahre mit dem langen Leben von Goethes *Faust*. So wie es am Ende von dessen Leben völlig egal ist, ob er die Wette gewonnen hat oder nicht, so erhalten die zwölf gemeinsamen Jahre Horkheimers und Adornos ein eigenes Gewicht jenseits ihrer Veranlassung.

Adorno wird viel später, im kurzen Text »Zur Schlußszene des Faust«, dieses Überleben zu einer Variante der Konstellation machen. Faust ist am Ende nicht mehr derselbe wie zu Beginn, weil nur durchs »Vergessen hindurch, nicht unverwandelt« (11, 137) das Leben sich fortsetzt. Die vergessenen Dinge stehen dann aber wieder zur Konstellation bereit, das Vergessen nimmt die Stelle des Todes, des Kaputtmachens ein. Der Versöhnungsapotheose am Ende von *Faust* entspricht »überselig jenes Gefühl, das den Dichter mag ergriffen haben, als er kurz vor seinem Tod auf der Bretterwand des Gickelhahns das Nachtlied wieder las, das er vor einem Menschenalter darauf geschrieben hatte« (11, 138).

Kracauer erlebt einmal einen solchen Moment, als er in Amerika zweier Kisten gewahr wird, in denen sich unter vielen anderen Manuskripten auch eines in Buchstärke über Simmel findet, von dem er gar nichts mehr wusste.[5] Adorno öffnet *seine* Kiste mit dem Verfassen der *Philosophie der Neuen Musik*. Und darin findet sich: die Konstellation in ihrer ursprünglichen Gestalt. Zum neuen Typus des Konstellators wird der Altgewordene, Vergessliche, der voller Erstaunen und Altersmilde auf die Spuren des eigenen Lebens blickt, das inzwischen auch deshalb zu einem langen geworden ist, weil es starke Gefährdungen überlebt hat.

Die *Philosophie der Neuen Musik* kulminiert in der Beschreibung des Umschlags der Konstellation zu ihrem Gegenteil. Die bereits zitierten Sätze über Astrologie und Aberglaube waren Beispiele dieses regressiven Umschlags, sie waren begleitet von einer Definition der

Konstellation, die nicht vermuten lässt, dass diese einmal für ein utopisches Konzept stand.

Aber plötzlich, am Ende eben dieser *Philosophie der Neuen Musik* von 1944, dieses Abgesangs auf die alte Methode, wiederaufersteht diese aufs Schönste. Auf einmal gibt es wieder eine Selbstbegegnungsszene, die den Zusammenbruch provoziert und eine neue Konstellation einleitet. Dass die Konstellation zum »Bild der totalen Repression« (12, 109) geworden ist, wird nun ganz einfach ausgenutzt. Dann bietet eben *sie* das Schreckensbild, an dem das Subjekt sich erschrecken kann: »Im Schauer vor der entfremdeten Sprache der Musik, die nicht mehr seine eigene ist, gewinnt es seine Selbstbestimmung zurück« (12, 113). »An der Zwölftontechnik allein kann Musik lernen, ihrer mächtig zu bleiben, aber sie kann es nur, wenn sie ihr nicht verfällt« (12, 110), heißt es kurz zuvor. Und im Erschrecken über die selbstgemachten Repressionsbilder der Zwölftonmusik kann der Komponist eine Technik entwickeln, die der Konstellation von früher entspricht.

Es gibt nämlich neben dem strengen Schönberg noch den, der es mit den von ihm selbst aufgestellten Regeln nicht so ernst nimmt. Adorno erzählt von Schönbergs Operetten-Instrumentationen sowie den Nebenwerken, in denen Schönberg die eigene Könnerschaft absichtsvoll vergisst und die von ihm installierte Strenge des kompositorischen Systems unterläuft. Die »großartigste Unbeholfenheit« (12, 117) wirft längst erreichte Meisterschaft über Bord und verhilft der ihrerseits fast vergessenen Technik der Konstellation nach der stählernen Apparatur, zu der sie geworden war, wieder zu ihrem Recht. Die neue Macht, die neugewonnene Souveränität durch Schwäche heißt Konzilianz. Schönberg legt die Noblesse des positiven der Charakterzüge Clavels an den Tag, wenn Adorno schreibt: »Entweichend überläßt das Subjekt den Hohlraum des Werks dem gesellschaftlich Möglichen« (12, 120).

Neapel scheint im amerikanischen Exil weit entfernt. Sohn-Rethel hat die Stadt schon Ende der 1920er-Jahre nicht mehr als die Entsprechung des chaotischen, inflationsverrückten Deutschland wiedererkannt. Adornos Jazz-Aufsatz ließ sich lesen als letzte Referenz an die neapolitanische Konstellation im Moment ihrer Verunmöglichung.

Im New Yorker melting pot aber gibt es, als Adorno ankommt, längst das Abbild eines Neapolitaner Ritus. Adorno war am 19. September 1925 wahrscheinlich noch auf einer Etappe an der Amalfiküste unterwegs[6] und hat das Spektakel des an diesem Tag stattfindenden Blutwunders wohl verpasst. Aber man wird ihm unter den vielen anderen für den Nordeuropäer so wunderlich und seltsam anmutenden Spektakeln auch von dieser großen Heiligenprozession erzählt haben, bei der die Statue des San Gennaro zum Dom getragen wird. Und davon, wie gespannt-ängstlich darauf gewartet wird, ob sich auch diesmal wieder das in kleinen Ampullen aufbewahrte Blut des vor über 300 Jahren geköpften Bischof verflüssigen wird. Tut es das nicht, geht ein Wehklagen durch die Menge, denn dann macht sich Angst vor Katastrophen und Unglück breit.

In Little Italy gibt es zwar keine Blutampulle des heiligen Gennaro. Aber um den 19. September verwandelt sich die Mulberry Street in ein großes Volksfest, auch jenseits des Atlantiks wird das familiäre Verhältnis zu den Heiligen gepflegt. »Das italienische Mütterchen, das dem heiligen Gennaro für den Enkel im Krieg in gläubiger Einfalt eine Kerze weiht, mag der Wahrheit näher sein als die Popen und Oberpfarrer, die frei vom Götzendienst die Waffen segnen, gegen die der heilige Gennaro machtlos ist« (3, 203), schreibt Adorno in den »Elementen des Antisemitismus«, einem weiteren Fragment der *Dialektik der Aufklärung*.

Und prompt wandert flüssiges Blut in Adornos Exkurs zur *Odyssee*. Nicht an irgendeine periphere Stelle, sondern geradewegs in die Hölle. Zu Odysseus' Begegnung mit der toten Mutter heißt es:

»Es bedarf des geopferten Bluts als Unterpfandes lebendiger Erinnerung, um dem Bilde die Sprache zu verleihen, durch die es, wie immer auch vergeblich und ephemer, der mythischen Stummheit sich entringt« (3, 95). Blut fließt in Adornos Texten eher selten, ist es doch vor allem mit rassistischer Identitätspolitik konnotiert.[7] Dass es in einen derart positiven Kontext gerät, ist erstaunlich – und noch dazu als Opfer, das Adorno im Exkurs über weite Strecken als ersten Betrug des Aufklärers abhandelt. Wie vermag sich nun also ein Blutopfer in Adornos Modell der Konstellation zu integrieren?

Die kurze Beschreibung von Odysseus' Begegnung mit den Sirenen im Eröffnungsessay der *Dialektik der Aufklärung* ist unter dessen vielen Glanzstücken ein herausragendes. Die heroisch autoaggressive Selbstfesselung des kommandierenden Grundherrn Odysseus, das Ohrenverstopfen der rudernden Arbeiter, das Echo der Selbstunterdrückung im fahlen Genuss des modernen Konzertbesuchers – herzlos, wer sich bei der ersten Lektüre dieser eineinhalbseitigen Kulturerklärung und -vernichtung nicht gänzlich mitreißen lässt. Und meist reicht der Verstehensfuror noch für den Exkurs aus, der die *Odyssee* dann in Gänze kommentiert.

Aber birgt dieser, nüchtern besehen, nicht eine kleine Enttäuschung? Natürlich kann er nicht ständig so pointiert rasant überraschen wie die in den »Begriff der Aufklärung« kurze eingefügte Sirenen-Szene, die ja auch die wahrscheinlich bekannteste Episode der *Odyssee* aufruft. Und natürlich ist es das gute Recht des Kommentators, das Hauptaugenmerk auf die Heimkehr- und damit Ehegeschichte zu legen anstatt auf die Abenteuererzählung. Aber ist es wirklich verhältnismäßig, wenn die Frau als »Repräsentantin der Natur« zum ersten »Rätselbild« wird, das einem im Odysseus-Exkurs begegnet? Auch wenn die Unterdrückung der Lust, die Adorno entlang der Kirke-Station erzählt, ein wesentlicher Bestandteil innerhalb der Selbstfesselung des »prototypischen Bürgers« ist – ragt da nicht doch zu sehr die persönliche Geschichte Adornos hinein?

Adornos Begeisterungsfähigkeit für weibliche Attraktivität führt im kulturellen Milieu der Emigranten von Kalifornien immer wieder zu schweren erotischen Erschütterungen. Im Frühjahr 1943 verarbeitet er die unglücklich verlaufende Affäre mit der Schauspielerin und Drehbuchautorin Renée Nell. Den Eltern gegenüber gibt er sich tapfer: »Und ich lebe doch weiter, wenn auch mit einer sehr geringen Begabung zur Entsagung (die Homerarbeit ist eine Kritik der Entsagung)«.[8] Das führt aber dazu, dass nach dem Rätselbild »Frau« die Ehe in ihrer Zweideutigkeit als eine wesentliche Etappe auf dem Weg zur Bestimmung des Wahrheitsgehalts der *Odyssee* dient. »Wohl gehört die Ehe zum Urgestein des Mythos auf dem Grunde von Zivilisation. Aber ihre mythische Härte und Festigkeit entragt dem Mythos wie das kleine Inselreich dem unendlichen Meer« (3, 94), schreibt Adorno. Womöglich war er sich des Übergewichts des persönlichen Anteils an diesem Passus bewusst. So hebt in der veröffentlichten Fassung der nächste Abschnitt, der in die Hölle führt, denn auch gedanklich neu an.

In einer früheren Fassung aber führt die Inselreich-Metapher des Ehepaares geradewegs zur Konstellation der Wahrheit der *Odyssee*. Denn unterhalb der Inszenierung des Scheiterns der Konstellation im Eröffnungsessay ist Adornos ursprüngliche Struktur im Odysseus-Exkurs mit all ihrer Mächtigkeit wieder am Werk.[9]

Schon Homer bestimmt Adorno als Virtuosen der starken Schwäche und damit als Ermöglicher der Konstellation. Homer lässt Details seiner Erzählung derart übergewichtig werden, dass sie die erzählerische Struktur gefährden. Im Gegensatz zu Kierkegaard, bei dem die Metaphern sich hinterrücks zum dialektischen Bild auswuchsen, sorgt Homer selbst für den metaphorischen Überdruck: »Wenn bei Homer [...] die Metapher gegenüber dem Bedeuteten, der Handlung, Selbständigkeit gewinnt, so prägt darin [...] Feindschaft gegen die Gebundenheit der Sprache im Zusammenhang der Intentionen sich aus. Das sprachlich ausgeführte Bild vergißt an die eigene Bedeutung, um die Sprache selber ins Bild hineinzuziehen, anstatt das Bild durchsichtig zu machen auf den logischen Sinn des Zusammenhanges« (11, 39).

Adorno kann also, wenn er die Wahrheit zur *Odyssee* konstellieren will, die von Homer selbst hergestellten Metaphern benutzen. Adorno kapriziert sich dabei nicht auf irgendeine Metapher, sondern auf die, die den »gegen Ende der Erzählung nackt erscheinenden Gehalt« (11, 34) in sich birgt. Es handelt sich um eben die Stelle, an der die Ehe-Insel als Gleichnis für das Glück der sich wiederfindenden Gatten folgende Fortsetzung findet: »Und wie erfreulich das Land herschwimmenden Männern erscheinet, / Welchen Poseidons Macht das rüstige Schiff in der Meerflut / Schmetterte, durch die Gewalt des Orkans und geschwollener Brandung; / [...] Freudig anjetzt ersteigen sie Land, dem Verderben entronnen, / So war ihr auch erfreulich der Anblick ihres Gemahls, / Und fest hielt um den Hals sie die Lilienarme geschlungen« (11, 34). Der in diesem bildhaften Vergleich zum Vorschein kommende nackte Gehalt des homerischen Epos ist laut Adorno »der Versuch, dem stets erneuten Anschlagen des Meeres auf die Felsenküste nachzuhorchen, geduldig nachzuzeichnen, wie das Wasser die Klippen überflutet, um rauschend von ihnen zurückzuströmen und in tieferer Farbe das Feste leuchten zu lassen« (ebd.). Eine schlüssige Bilderwelt, sozusagen der kleinste gemeinsame Nenner dessen, worum es auf der abenteuerlichen Oberfläche der *Odyssee* geht: den vielfältigen Gefahren des Meeres standzuhalten und den rettenden Fels zu erreichen.[10]

Adorno aber macht aus dieser Verbildlichung des Erzählplots eine Metapher für die Art und Weise, wie erzählt wird. Das Rauschen sei der Laut der epischen Rede, heißt es weiter, wenn sie gegen das Fließende, Vieldeutige, Austauschbare das felshaft Besondere, Erzählenswerte herauspräparieren will. Dabei verstrickt sie sich in jene Verstocktheit, aufs Detail fixierte Blödigkeit, die eben dann zu den Bildern und Metaphern führt, an denen andere in Blödigkeit Geschulte, wie zum Beispiel Adorno, genau diesen Konflikt wieder herauslesen können. Eine schwindelerregende Konstruktion. Wir haben also zwei durch Schwächung erstarkte Subjekte vor uns:

Homer, der die Metaphern erzeugt, und der Interpret Adorno, der diese dann nur noch entziffern muss. Es gibt aber noch ein drittes schwaches Subjekt: den Heros des Erzählten selbst, Odysseus. Natürlich ist es nicht sonderlich überraschend, dass in einem Essay über die *Odyssee* eine Höllenfahrt vorkommt. Doch Adorno macht die Besprechung der Höllenfahrt zur wichtigsten und letzten Station seines Essays (in der *Odyssee* liegt sie gut in der Mitte),[11] sie folgt direkt auf die gerade referierte Verhältnisbestimmung von sinnhafter Sprache und zum Bild führender epischer Naivität. Und prompt hat es auch Odysseus in der Hölle mit eben diesen von der Blödigkeit erzeugten Bildern zu tun. Die formale Bestimmung des naiven Bildes wird von Adorno wieder zurückübersetzt auf die inhaltliche Ebene der *Odyssee*, das Bild erscheint Odysseus als die eigene – gestorbene – Mutter. Sie ist ein »Wahngebild gleichwie die epische Erzählung in den Momenten, in denen sie die Sprache ans Bild preisgibt« (3, 95). Das dosierte Gewähren des geopferten Blutes ist seinerseits ein Gleichnis für den gekonnten Umgang mit den dialektischen Bildern. Sie dürfen nicht einfach als irrational verworfen werden. Adorno ist konziliant gegenüber der religiösen Praxis des Blutwunders, weil sie den Glaubensinhalt noch nicht zur Unkenntlichkeit abstrahiert. Ebenso ist er konziliant dem dialektischen Bild gegenüber, dem ein Wahrheitsgehalt abgerungen wird: Es ist allerdings wieder nur die Einsicht in die Täuschung, in die Gespensterhaftigkeit des Bildes, in die Tatsache, dass man eigentlich einer Toten gegenübersteht. Das lebendig gewordene Bild von der Mutter enthüllt seine eigene Nichtigkeit (3, 95).

Die höllische Selbstbegegnung wird anschließend wieder zurück auf die Erzählebene transponiert. Dass nach der Beschreibung einer grausamen Gewalttat »der innere Fluß der Erzählung« (3, 99) stillsteht, ist für Adorno der Augenblick der Selbstbesinnung. Und mit dieser Zäsur begrüßen wir einen alten Bekannten, den wir in der homerischen Welt nicht unbedingt erwartet hätten. Mit dem »Schweigen, dessen Erstarrung der wahre Rest aller Rede ist« (3, 98), hat sich auch Hamlet zum Wahrheitsgeschehen mit eingefunden.

Homers Metapher vom stets erneuten Anschlagen des Meeres auf die Felsenküste hat laut La Capria mit der Amalfiküste ihren genau lokalisierbaren Ort. Für Adorno schwingt in diesem Rauschen Clavels heroischer Kampf gegen die unermüdlichen Wassermassen mit. Positano ist ein unheimlicher Ort. »[S]olltest Du in Positano Station machen, so gedenke meiner«,[12] schreibt Kracauer Adorno, als der 1928 zum zweiten Mal dorthin fährt, aber Adorno antwortet, dass er auf Positano »sehr absichtlich verzichtet«[13] habe. Zu dem vielen Dunklen in Positano gehört auch das Verschwiegene der persönlichen Geschichte von Adorno und Kracauer. Deutlich aber ist, wie massiv sich Positano in die Vorstellungswelt Adornos eingegraben hat. Zunächst wurde es zum Dämonenhort in Adornos Modell des dialektischen Bildes. 1944, noch bevor das ganze massenmörderische Ausmaß des Nationalsozialismus klar geworden ist, wird Positano zum Urbild eines postapokalyptischen Ortes, einer Gegend, in der sich unheimlicherweise noch Leben regt, obwohl doch eigentlich alles vorbei sein müsste. Positano ist der Zufluchtsort für alles, was von der Geschichte längst überholt ist. Kracauer spricht – 1925 – von dem Ort als »Refugium«, als »Enklave verschollener Gewalten«, die »nun leibhaft erscheinen«:[14] »In Positano leben die Totgeglaubten; einstiger Führer beraubt, doch nicht niedergerungen – denn das Gefolge ist schwerer zu tilgen als der Fürst –, wesen sie in dem Kesselrund, hocken vor den Türen, gaukeln untätig auf und ab.«[15]

Das Modell der Konstellation hatte schon immer eine geschichtsrhythmisierende Kraft. Die freigestellten, toten Dinge können dann die Trümmer eines historischen Wendepunktes sein, einer Revolution, die gescheitert ist. Was anschließend herumliegt, sind die Mahnmale des Fehlgeschlagenseins. Nur deswegen können sich die Marx'schen Revolutionäre kostümieren, weil die früheren Revolutionen unerledigt sind und die Kostüme übriggelassen haben. Schon der Schwermut des Kierkegaardschen Subjekts liegen Bilder »als Rätselfiguren in Geschichte« bereit (2, 94). In einem besonderen dialektischen Bild aus Adornos Wagner-Buch wird ein solcher Fehlschlag realgeschichtlich verortet. Im »Rebus« der Figur des Wotan kommt das Material zum Tragen, das die Historie unerledigt hinterlassen hat und wird zur »Phantasmagorie der begrabenen Revolution«: Wotan »und seinesgleichen gehen als spirits um an den Stellen, an denen die Tat mißlang, und ihr Kostüm hält zwangsvoll wieder und schuldbewußt das Gedächtnis an den versäumten Augenblick in der bürgerlichen Gesellschaft fest« (13, 126f.).

Aber der Konzeption der *Dialektik der Aufklärung* zufolge gibt es nur noch *eine* historische »Stelle«. Was Erlösung sein sollte, ist zur größtmöglichen Katastrophe geworden, der »versäumte Augenblick« wird auf Dauer gestellt. Im Übergang vom liberalen zum Monopolkapitalismus geht nicht nur eine weitere geschichtliche Hoffnung verloren, sondern Hoffnung insgesamt. Begraben ist nicht irgendeine Revolution, sondern die grundsätzliche Emanzipation des Individuums von seiner Naturwüchsigkeit. Aber auch dieses Individuum geht dann, nach diesem Scheitern, als Gespenst um, es wird künstlich am Leben erhalten. Leben selbst ist der Sinn, der den toten Menschen eingelegt wird. Und gemäß der Logik des – maximal angeschwollenen – dialektischen Bildes wird die Welt dämonisch.

1944 beginnt Adorno mit der Niederschrift von Aphorismen, die diese Dämonie als ihr Grundprinzip haben. Der erste Aphorismus ist ein Porträt von Wiedergängern. »Die netten Leute« ist sein Titel, aber das ist bitterste Ironie. Denn die Nettigkeit ist eine gespenstische, es ist die Verhaltensweise, die in Zeiten des liberalen Kapitalismus zum Geschäftsgebaren gehörte. Jetzt aber, wo die Monopole die »Sphäre der Zirkulation« abgeschafft haben, führt diese laut Adorno eine »geisterhafte Postexistenz«.[16] Die netten Leute wimmeln herum, ihre Umtriebigkeit, ihre Freundlichkeit ist sinnlos gewordener Rest einer vergangenen Zeit, sie sind von »einer rätselhaften Geschäftigkeit, die alle Züge der kommerziellen trägt, ohne daß es eigentlich dabei etwas zu handeln gibt«.[17] Wir wissen, was in Adornos Texten mit Dingen geschieht, die künstlich am Leben gehalten werden. Wie immer suchen diese »Geister«[18] als Dämonen den Schein von Lebendigkeit heim, die Handelsbeziehungen dringen »mit der Auflösung der Marktwirtschaft in einer dämonischen Weise wieder«[19] durch, wie Adorno in einer Anweisung an sich selbst zur Verbesserung dieses Abschnittes schreibt.

Die »netten Leute« sind der Auftakt einer mächtigen Konzeption, aus der später die *Minima Moralia* werden. Bei den – den dritten und letzten Teil der *Minima Moralia* nahezu abschließenden – Thesen gegen den Okkultismus äfft das »verhängnisvoll verborgene Bewegungsgesetz der Gesellschaft seine Opfer als spukhaftes Phantom«.[20] Ein andermal drängt das Private »ungebührlich, hektisch, vampyrhaft sich vor, eben weil es eigentlich nicht mehr existiert und krampfhaft sein Leben beweisen will« (4, 36); »Le bourgeois revenant« (4, 36f.) gibt einem Abschnitt den Titel, denn: »Die Bürger leben fort wie Unheil drohende Gespenster« (4, 37), eine Tatsache, die die Bilderwelt von den eingelegten Präparaten wieder aktuell werden lässt: »Wenig fehlt, und man könnte die, welche im Beweis ihrer quicken Lebendigkeit und strotzenden Kraft aufgehen, für präparierte Leichen halten, denen man die Nachricht von ihrem nicht ganz gelungenen Ableben aus bevölkerungspolitischen Rücksichten vorenthielt. Auf dem Grunde der herrschenden Gesundheit liegt der Tod« (4, 66).

Doch gab es in Positano nicht nur Gespenster. Es gab eben auch die Skelette. Und auch im Verlauf des Schreibens an den *Minima Moralia* setzt sich die Konstellation aus toten Dingen neben dem dialektischen Bild wieder durch. Denn neben den ganzen Vampiren und Untoten taucht auf einmal doch wieder das wahrhaft Tote auf, dem das erneute Einlegen von Leben erspart zu sein scheint und das als Konstellationsmaterial erneut utopische Relevanz gewinnt: »Die Frage nach der Individualität muß im Zeitalter von deren Liquidation aufs neue aufgeworfen werden. Während das Individuum, wie alle individualistischen Produktionsverfahren, hinter dem Stand der Technik zurückgeblieben und historisch veraltet ist, fällt ihm als

Verurteiltem gegen den Sieger die Wahrheit wiederum zu. Denn es allein bewahrt in wie immer auch entstellter Weise die Spur dessen, was aller Technifizierung ihr Recht verleiht, und wovon diese doch zugleich selber das Bewußtsein sich abschneidet« (4, 147).

Und so enden die drei Teile der *Minima Moralia* denn auch nicht mit Variationen des Geisterhaften, sondern mit der messianisch aufgeladenen Konstellation, in der die »vollendete Negativität [...] zur Spiegelschrift ihres Gegenteils zusammenschießt« (4, 283).

Das Subjekt als Vampir und als historisch Veraltetes zugleich, das Subjekt als Totes und Untotes – gleich zu Beginn der Vorrede der *Minima Moralia* werden die doch eigentlich konkurrierenden Konzepte zusammengebracht: »Was einmal den Philosophen Leben hieß, ist zur Sphäre des Privaten und dann bloß noch des Konsums geworden« (4, 13). Hinter diesem kurzen Satz verstecken sich Adornos unterschiedliche Modelle des Scheinhaften. Der erste »Schein« ist der des Kierkegaardschen Privatiers, der den Prozess des dialektischen Bildes und der Konstellation anstößt. Der zweite ist der der monopolistischen Industrie, der zur Stilllegung dieses Prozesses führt. Was in dem Satz der Einleitung durch das »dann« noch als chronologische Ablösung zu verstehen ist, verklumpt sich in der endgültigen Fassung der *Minima Moralia* zu einem irritierenden und suggestiven Nebeneinander.

Mit den *Minima Moralia* beginnt Adorno aber auch das Modell der Konstellation und des dialektischen Bildes zu überschreiben. Adorno schleift im mehrmaligen Überarbeiten des Aphorismenbuches die Kenntlichkeit des Dämonischen ab. Dass er in dem Abschnitt, der früher das Buch eröffnete und »Die netten Leute« hieß, die »geisterhafte Post-Existenz« zu einer »wunderlichen« (4, 24) macht und die Dämonen gänzlich streicht,[21] könnte eine enorme Verbesserung bedeuten. Denn es kann ja nicht darum gehen, immer wieder aufs Neue zu konstatieren, dass sich da Geister und Dämonen regen – man müsste diese Bildhaftigkeit dann mit den jeweils spezifischen Gegenständen auch einmal ausmalen. »Die netten

Leute« müssten also sichtbar werden in ihrer längst sinnlos gewordenen »rätselhaften Geschäftigkeit« (4, 23), Adorno müsste uns das Fratzenhafte dieser Nettigkeit vor Augen stellen. Im Übergang von der einen zur nächsten Fassung könnte das Konzept von seiner Ankündigung zur Ausführung gelangt sein. Das wäre doch die Bedingung dafür, die Geister »beim Namen zu rufen, um sie verschwinden zu machen«,[22] wie ebenfalls in der Entwurfsfassung gefordert wird. Und immerhin, nach viel Argument und Begründung findet sich denn im endgültigen Buch auch eine beschreibungsintensive Charakterisierung: »Das sind die netten Leute, die Beliebten, die mit allen gut Freund sind, die Gerechten, die human jede Gemeinheit entschuldigen und unbestechlich jede nicht genormte Regung als sentimental verfemen. Sie sind unentbehrlich durch Kenntnis aller Kanäle und Abzugslöcher der Macht, erraten ihre geheimsten Urteilssprüche und leben von deren behender Kommunikation« (4, 24). Doch die frühere Fassung war auch in dieser Beschreibung reicher, sie reiht zumindest noch die Charaktermasken aneinander, die sich dann zu einem dämonischen Mischwesen verdichten könnten. Zwischen der entschuldigten Gemeinheit und den Abzugslöchern der Macht stand früher: »Sie vereinigen Züge des Reporters, der Prostitution, des Barbiers, des Erpressers und des Arbeitslosen bei vollkommener Respektabilität«.[23]

Adorno und Horkheimer haben das marxistische Vokabular der *Dialektik der Aufklärung* in den späteren Fassungen abgeschwächt,[24] man kann das auch an den meisten der Aufsätze Adornos nachvollziehen, die zuerst in der Institutszeitschrift veröffentlicht wurden und die er für seine Sammelbände »aktualisierte«. In einer tieferen Textschicht aber wird zudem noch der Privatmarxismus, der um die Schädelstätte und die Gallerte kreiste, zurückgenommen. Es ist eine Überschreibung, die Adornos Philosophie zu der Tonlage verhilft, für die sie später berühmt wird. Denn das Einebnen zeitigt einen für das Entstehen des typischen Adornoschen »Tons« wesentlichen Effekt: das Erstarken des Autors.

Denn natürlich kommt auch in den *Minima Moralia* die »grandiose Schwäche« des Subjekts zur Geltung. Auf die Frage, wie sich das erkennende Subjekt von den untersuchten Subjekten unterscheidet, geben die *Minima Moralia* durchaus plausible Antwort. Im Aphorismus »Antithese« weist Adorno mit großer Klarheit die Verstrickungen nach, in die sich verfängt, wer eine außerhalb stehende Position für sich beansprucht: »Für den, der nicht mitmacht, besteht die Gefahr, daß er sich für besser hält als die andern und seine Kritik der Gesellschaft mißbraucht als Ideologie für sein privates Interesse« (4, 27). Immerhin, es gibt die »winzige Freiheit« der Erkenntnis in die eigene Verstricktheit, aber im Übrigen gibt Adorno eine deutliche Verhaltensanweisung: »Das einzige, was sich verantworten läßt, ist, den ideologischen Mißbrauch der eigenen Existenz sich zu versagen und im übrigen privat so bescheiden, unscheinbar und unprätentiös sich zu benehmen, wie es längst nicht mehr die gute Erziehung, wohl aber die Scham darüber gebietet, daß einem in der Hölle noch die Luft zum Atmen bleibt« (4, 29).

Das Verfasser-Subjekt der publizierten *Minima Moralia* hört sich aber doch deutlich anders an. Die Aphorismen sind durchzogen von den Mitteilungen und Werturteilen eines erstarkten Subjekts, das sich von dem Konzept seiner Vernichtung und Rettung im Peripheren, das die *Minima Moralia* einmal strukturierte, emanzipiert hat. Gleich der nächste Abschnitt nach den »Netten Leuten« (4, 25) zum Beispiel: Wie feinsinnig die Gedanken zu dem Zeitungsnachruf für einen Geschäftsmann auch sein mögen – sie münden in die kritische Analyse einer bürgerlichen Vorstellung von Gewissen, die als solche aber nicht genauer spezifiziert wird. Wie hat sich diese Vorstellung im Zeitenwechsel vom liberalen zum Monopolkapitalismus verändert? Wo ist das Geisterbild des bürgerlichen Gewissens? Adorno gibt die Übergangsdiagnose schleichend auf zugunsten der Kritik eines Status quo. Das klingt dann allerdings so, dass es früher auch schon schlimm, aber nicht ganz so schlimm gewesen sei. Die Analyse der verschiedenartigen Gestalten der Verkrüppelung des Privaten gerät in den Ton eines unerbittlichen Jammerns angesichts eines nicht mehr klar konturierten Übergangs. »Es gibt nichts Harmloses mehr« (4, 26), heißt beispielsweise der erste Satz des nächsten Aphorismus. Das ist schon der typische Sound der *Minima Moralia*. Das »mehr« bezeichnet zwar noch den geschichtlichen Übergang, aber als bloßes »mehr« ist es nurmehr ein schwacher Reflex und kann auch als Signal einer unbestimmten Verschlimmerung missverstanden werden. Das »Es gibt« meint ein unpersönliches Einsammeln von Phänomenen, aber wenn dieser Rahmen nicht mehr präsent ist, dann klingt es, als würde da jemand bestimmen, was es gibt, und was nicht.

Einer der berühmtesten Sätze Adornos beginnt mit eben diesem »Es gibt«, und er bezieht einen guten Teil seiner Unerbittlichkeit aus der Fraglosigkeit dieser Setzung: »Es gibt kein richtiges Leben im falschen«. Aber auch in diesem Satz steckte früher die Diagnose eines zeitlichen Verlaufs, des Wechsels hin zum Monopolkapitalismus. In diesem Fall hat Adorno sogar das »mehr« verschluckt. Früher hieß der Satz: »Es läßt sich privat nicht mehr richtig leben«,[25] er beendete – wie der jetzige Satz auch – einen Aphorismus, der vom Wohnen handelt. Mit dem privaten Leben ist das Kierkegaardsche gemeint. Adorno trauert nicht dessen Beschaulichkeit hinterher, sondern den utopischen Reflexen, die sich durch die Kritik dieser Beschaulichkeit erreichen ließen. Dieses bürgerliche Wohnen aber wurde durch die neue Ära abgeschafft. Die Verknappung des früheren Satzes zu »Es gibt kein richtiges Leben im falschen« ist ein genialer Coup, aber sie macht aus einer historischen Analyse ein moralisches Dekret.

In dem Abschnitt, der mit »Es gibt nichts Harmloses mehr« beginnt, sagt das auf diese Weise erstarkende Subjekt zum ersten Mal »ich«. Dazu hat es jedes konzeptionelle Recht. Es muss sich ja gerade auch als Bestandteil der kritisierten Welt zeigen, befindet es sich doch »unprätentiös und bescheiden« irgendwo im dämonischen Gewimmel. Und natürlich dürfte das »ich« sich zeigen, wie es beispielsweise aus dem Kino immer dümmer herauskommt. Kracauer hat das vorgemacht, wenn er seine Romansubjekte in der aktuellen Gegenwart herumtaumeln und dabei die Dummheit der Gesellschaft aushalten und registrieren lässt. Aber das wäre doch eine schlechte Romanfigur, die dann kommentierend von sich sagen würde: »Aus jedem Besuch des Kinos komme ich bei aller Wachsamkeit dümmer und schlechter wieder heraus« (4, 26), wie es das Subjekt der *Minima Moralia* tut.

Wo hat denn dieses Subjekt die Wachsamkeit her, wenn die Gesellschaft wirklich so ermattet geschäftig ist, wie zuvor diagnostiziert? Wo die Klugheit, wenn der Dummheit doch eigentlich nichts entwischt? Adorno hatte mit der Selbstbegegnung ein Modell, das den Vorwurf des performativen Widerspruchs grandios zu unterlaufen vermochte. Auf der sprachlichen Ebene war der Widerspruch immer schon virulent. Jetzt aber, mit den *Minima Moralia*, kommt er vollends zur Geltung. In der endgültigen Fassung beginnen die *Minima Moralia* nicht mehr mit dem gesellschaftlichen Wimmelbild der »netten Leute«, die unter dem Titel »Fisch im Wasser« auf den dritten Platz rutschen. Es wird verdrängt von der Melancholie des einsam sensiblen, elitären Proustschen Subjekts, mit der nun das Buch eröffnet. Wo kommt dieses Erstarken des Subjekts her, innerhalb eines Konzepts, das doch eigentlich dessen Schwäche als Bedingung hat?

Die Prophezeiung von Positano

Irgendwann im Jahr 1942 beginnt Adorno ein neues Quartheft. Er behält es Einfällen und Notizen zu Kafka vor. Gut zehn Jahre später macht er daraus einen Essay. Er entwirft eine 13-teilige »Materialordnung«[26] und versieht die einzelnen Notate mit der Ziffer des Gliederungspunktes, zu dem sie passen. Dann schreibt er den Text entlang dieser Gliederung nahezu druckfertig in das Heft. Wann immer eine Notiz Eingang findet in den Text, wird sie durchgestrichen.

Die Matrix, entlang der die Notate zu einem durchlaufenden Text gefügt werden, ist die auferstandene Konstellation. Nach einem einleitenden Abschnitt beschreibt der zweite die Methode, mit der dem so vielbeschriebenen Rätsel »Kafka« beizukommen ist. Es ist wieder das Horchen auf die Eigenwert gewinnenden, weil vom zu Bedeutenden sich emanzipierenden Metaphern: »Zuweilen lösen die Worte, insbesondere Metaphern, sich los und gewinnen eigene Existenz« (10, 257). Im dritten Teil wird Kafka als Konstellator gewürdigt, der aus dem »Kehricht der Realität« Bilder zusammenstellt, und der vierte Teil gibt dafür ein Beispiel, wenn die Individuen aus Gesten konstelliert sind und damit ihre Fremdheit zum Bild wird: »Der Augenblick des Einstands aber, auf den alles bei ihm abzielt, ist der, da die Menschen dessen innewerden, daß sie kein Selbst – daß sie selbst Dinge sind« (10, 267). Im fünften Abschnitt wird deutlich, dass Adornos Modell immer noch am Übergang vom liberalen zum Monopolkapitalismus operiert. Denn von dieser Zäsur her kommt überhaupt erst der Kehricht, mit dem das Bild der neuen Epoche konstelliert werden kann: »Kafka durchschaut den Monopolismus an den Abfallsprodukten der liberalen Ära, die von jenem liquidiert wird« (10, 268).

Im sechsten Abschnitt schließlich ist die Hölle erreicht, zu der dieser Übergang führt – von diesem Höllenbild soll gleich die Rede sein. Die Hölle aber markiert einen Abschnittswechsel, ein Innehalten im Fortlauf des Essays. Nachdem das Material bestimmt wurde, mit dem Kafka zu arbeiten vermag, wird jetzt die Haltung beschrieben, die es einem erst ermöglicht, mit diesem Material umzugehen, es sind also wieder Variationen über das emphatisch passive Subjekt, das aus seinen Kontexten Expressionismus, Detektivroman, Aufklärung und Theologie zur Konstellation gebracht wird. In einem weiten Bogen verweist Adorno bei Kafkas Haltung auf sein Kierkegaard-Buch zurück, bis ins Selbstzitat reicht die idealtypische Gegenüberstellung der beiden Subjekte.

Der sechste Abschnitt aus dem Aufsatz aber macht deutlich, mittels welcher inneren Logik Adorno das Modell der Konstellation zu revitalisieren vermag. Und woher der Autor dieser Konstellationen eine auf einmal so deutlich vernehmbare Autorität bezieht.

Während des Schreibprozesses gehen ein paar der Punkte der ursprünglichen Gliederung verloren. Statt 13 gibt es nurmehr 9 Punkte. Und der ursprünglich in der Mitte stehende Punkt 7, den Adorno in der Gliederung unter anderem mit »Der prophezeite Faschismus« betitelte, rutscht auf Platz 6. In diesem Abschnitt, der nicht mehr realen, aber noch immer gedanklichen Mitte, findet die Hölle aus Adornos Modell, die unheimliche Landschaft Positanos, mit Auschwitz eine grausame Entsprechung in der Wirklichkeit. Passt doch das höllische dialektische Bild, nämlich das ›Einlegen‹ von scheinhaftem Leben noch in den Tod, auf irritierende Weise als Beschreibung für die Qualen der Konzentrationslager: »Das meint vielleicht die Erzählung von Gracchus, dem nicht mehr wilden Jäger, einem Mann der Gewalt, dem das Sterben mißlang. So ist es dem Bürgertum mißlungen. Zur Hölle wird bei Kafka die Geschichte, weil das Rettende versäumt ward. Diese Hölle hat das späte Bürgertum selber eröffnet. In den Konzentrationslagern des Faschismus wurde die Demarkationslinie zwischen Leben und Tod getilgt. Sie schufen einen Zwischenzustand, lebende Skelette und Verwesende, Opfer, denen der Selbstmord mißrät, das Gelächter Satans über die Hoffnung auf Abschaffung des Todes. Wie in Kafkas verkehrten Epen ging da zugrunde, woran Erfahrung ihr Maß hat, das aus sich heraus zu Ende gelebte Leben. Gracchus ist das vollendete Widerspiel der Möglichkeit, die aus der Welt vertrieben ward: alt und lebenssatt zu sterben« (10, 273).

Das Scheitern des auf die geschichtliche Utopie übertragenen Modells der Konstellation führte dazu, dass es Konstellationen nicht mehr gab, sondern nur noch dialektische Bilder, erstickt unter dem riesigen dialektischen Bild vom Leben, das nur zur Maskierung der allgemeinen Vertauschbarkeit diente. Den Holocaust kann Adorno verstehen als extreme Aktualisierung dieses dialektischen Bildes. Mit der Usurpation seines Modells durch den Faschismus inszenierte Adorno ein Debakel – mit der Katastrophe des Holocaust aber erfährt es einen unausgesprochenen, subtilen Triumph.

Adornos Modell lädt sich mit der Autorität prophetischer Richtigkeit auf und wird so zu einer der philosophischen Großerzählungen des Nachkriegsdeutschland.

Der aus dem Krater kommt

Da kommt einer »aus rollendem, aufgestülptem, erkaltendem Krater ins schmerzhaft feine und weiß behangene Licht« (17, 18). Eine gewaltige Katastrophe hat stattgefunden, sie hat den Erdboden aufgerissen, ein tief im Krater wesendes Monster hat wütend gesprengt. Aber jetzt ist es vorbei. Der aus dem Krater kommt, kann die Katastrophe an ihrem Rand beständig umkreisen, um zu verhindern, dass sie in Vergessenheit gerät.

Wenn Adorno 1949 nach Deutschland zurückkehrt, wiederholt er dann nicht den Gang, den er über zwanzig Jahre zuvor am Beginn seines Schubert-Aufsatzes imaginiert hat? Ein anderer einhodiger Diktator hat nach Clavel die Revolution missbraucht und die Errungenschaften der Aufklärung zugrunde gesprengt. Und Adorno umkreist wieder einen Abgrund. Was früher monströs gewordene Subjektivität zum Beispiel eines Beethovens war, ist zur geschichtlichen Katastrophe geworden. Das Umkreisen diente früher zur Erzählung dessen, wie es zur Explosion der Subjektivität gekommen ist. Das passt perfekt. Denn jetzt kann Adorno sein Narrativ dazu benutzen, das Faktum des Holocaust zu einem ständig zu Umkreisenden zu machen, und jegliche Versuche, den Abgrund zuzuschütten, abzuwehren. Die Begegnung mit dem eigenen Dämon wird zur Begegnung mit dem dialektischen Bild des Holocaust. An ihm soll das Nachkriegssubjekt erschrecken und die hoffnungsvolle Passivität einüben. Das Umkreisen bewährt sich in allen Etappen der Vergangenheitsbewältigung der 1950er- und 60er-Jahre, der Abgrund ist überdies beliebig füllbar mit allen aktuellen und drohenden Menschheitskatastrophen wie der atomaren Bedrohung oder dem Vietnamkrieg.

Höllengekröse am Vesuv

Das Wiederauferstehen von Adornos Modell verleiht seinem philosophischen Wirken nicht nur die Autorität – es ist auch die Grundlage für Adornos enorme schriftstellerische Produktivität nach seiner Rückkehr. Kracauer wird in den 1950er-Jahren nicht müde, Adornos Arbeitsfleiß zu bestaunen.[27] »Man merkt doch eigentlich erst jetzt, daß Sie in Amerika halb stumm waren, und daß Europa Ihre Produktivität, indem sie ihr ganz andere Möglichkeiten bietet, ungeheuer erhöht hat«,[28] schreibt auch Thomas Mann angesichts der Vielzahl an Büchern und Essays, die Adorno ihm schickt, die ihm aber auch »da und dort in Zeitschriften« begegnen.

Diese Beobachtung stimmt nur zum Teil. Denn zum einen schöpfen Adornos Publikationen aus dem schriftstellerischen Ertrag der Emigration und aus der Zeit davor. 1949 erscheint die *Philosophie der Neuen Musik*, ergänzt durch den ebenfalls in Amerika fertiggestellten Teil zu Strawinsky. 1951 erscheinen die *Minima Moralia*, mit denen er, wie er schon im Juli 1951 an Kracauer schreibt, bekannt »wie ein bunter Hund«[29] geworden ist. 1953 erscheint der *Versuch über Wagner*, angereichert um die Kapitel, die aus Platzgründen in der *Zeitschrift für Sozialforschung* fehlten. Auch die für Adornos Popularisierung so wichtigen Sammelbände können auf die frühen Aufsätze zurückgreifen.

Zum anderen aber speist sich Adornos Produktivität aus der Tatsache, dass die nunmehr entfesselte Konstellation als Strukturierungsmaschinerie nahezu beliebig einsetzbar ist. Ob Polemik, literarischer Essay oder philosophisches Hauptwerk – die Konstellation bietet die Matrix zur Erstellung der wesentlichen Texte Adornos in den 1950er- und 60er-Jahren. Entlang einiger Essays, der *Negativen Dialektik* und der *Ästhetischen Theorie* sollen die Möglichkeiten dieser Matrix kurz abgeschritten werden.

Die meisten der in Adornos Essays behandelten Künstler verfahren – in Adornos Deutung – bereits ihrerseits nach der Methode der Konstellation. Von Kafka war bereits die Rede, auch der Beckett des *Endspiels* erzeugt Konstellationen: »Solche von ihrem Zusammenhang und dem Charakter der Person emanzipierten Situationen werden in einen zweiten, autonomen Zusammenhang hineinkonstruiert, ähnlich wie Musik die in ihr untertauchenden Intentionen und Ausdruckscharaktere zusammenfügt, bis ihre Folge ein Gebilde eigenen Rechts wird« (11, 297). Im bereits zitierten Essay zu Hölderlin bringt dieser »die zur Abstraktion verurteilten Worte gleichwie ein zweites Mal zum Klingen«: »Solche Konstellationen spielen ins Parataktische hinüber, auch wo es, der grammatischen Form oder der Konstruktion der Gedichte nach, noch nicht ungeschmälert sich hervorwagt« (11, 491). Und auch Eichendorff ist ein Konstellator, er erreicht die »außerordentlichsten Wirkungen« (11, 80) mit einem bereits »abgebrauchten« Bilderschatz, mit »Bruchstücken der lingua morta« (11, 81), er verleiht »den bereits verdinglichten Dingen im Einstand noch einmal die Kraft des Bedeutens, des über sich Hinausweisenden« (11, 82), ein »Einstand«, der explizit als Konstellation benannt wird (11, 81).

Natürlich sind die Essays, die von diesen Konstellationen handeln, ihrerseits Konstellationen. Im Essay über den Essay macht Adorno das bereits zitierte »konstruierte Nebeneinander« der Konstellation programmatisch dingfest. Jeweils sieben Abschnitte begründen das essayistische Nebeneinandersetzen der Begriffe und gruppieren sich vor und nach der mittleren Leerzeile. Vor der Leerzeile geschieht etwas für den Adorno der Nachkriegszeit Wesentliches. Er findet als Material zur Konstellation das Trümmerfeld der Nachkriegszeit vor – aber die Aufräumarbeiten haben schon wieder begonnen: »die Kultur ist in Trümmern, aber die Trümmer sind weggeräumt, – und wo sie noch stehen, sehen sie aus, als wären sie ehrwürdige Ruinen« (20, 461), meint Adorno in der Rede zur »Auferstandenen Kultur«. Zunächst muss also die Trümmerhaftigkeit wiederhergestellt und jeglicher erneuten Zubetonierung widerstanden werden. Im Kafka-Essay reichte der einleitende Abschnitt hin, um Kafkas Werk freizustellen von allen Sinnzumutungen, dem es in der Geschichte seiner Interpretationen ausgesetzt war. Bei Eichendorff genügen zwei Absätze, um ihn den kulturkonservativen Ansprüchen zu entreißen. Im »Versuch, das Endspiel zu verstehen« werden Jaspersche und andere existentialistische Rettungen der von Beckett dargestellten sinnlosen Existenz als Trümmermaterial für die Beckettschen Konstellationen eingeschmuggelt. Was aber nicht davor feit, dass der Endspiel-Essay einige Absätze benötigt, bis die Konstellationen selbst endlich abgeschritten werden können. In »Parataxis«, dem Essay zu Hölderlin, benötigt Adorno mit 22 Seiten die ganze erste Hälfte, um Hölderlin der Heidegger-Interpretation zu entwinden. Und auch der Essay über den Essay hat die gängige, geläufige Meinung über den Essay als ersten Angriffspunkt. Erst in der Mitte ist das Kraftfeld der Konstellation als »Zentrum« der essayistischen Form etabliert. Die Konstellationen, mit denen dann endlich begonnen werden kann, erzählen aber wieder die altbekannte Geschichte, nämlich die, wie es zur Konstellation kommt. Selbst im so theoretischen Essay-Essay findet kurz vor dem Ende die Selbstbegegnung statt. Der Essay versucht die von ihm besprochenen kulturellen Produkte »zum Eingedenken ihrer Unwahrheit zu bewegen, eben jenes ideologischen Scheins, in dem Kultur als naturverfallen sich offenbart. Unterm Blick des Essays wird die zweite Natur ihrer selbst inne als erste« (11, 29).

In »Parataxis« werden nach der Leerzeile, die die Heideggersche Deutung verabschiedet hat, die Eigentümlichkeiten des konstellativen Nebeneinanders bei Hölderlin abgeschritten, von der Vorgeschichte des parataktischen Satzgefüges bei Pindar bis zur Fügsamkeit als Passivitäts-Variante. In der Mitte dieses zweiten Teils des Essays, in der Mitte des mittleren fünften Absatzes schwenkt Adorno erneut auf die Erzählung darüber, wie man über die Selbstbesinnung der Naturbeherrschung zur Konstellation gelangt.

Im Endspiel-Essay zielt jeder einzelne Abschnitt auf den Schrecken der Begegnung mit jener Verwüstung ab, zu der man als Beckettscher Mensch geworden ist. Oftmals wird dazu Hamlet ins Spiel gebracht – als »jenes Schweigen, das schon im Shakespeareschen Beginn des neueren Trauerspiels als Rest definiert war« (11, 304), als Übersetzung des berühmten Monologs in »Krepieren oder Krepieren, das ist hier die Frage« (11, 312) oder als »Reminiszenz an Fortinbras« (11, 316), den eine winzige Hoffnung versprechenden Kinderkönig aus *Hamlet*. Am Ende des Essays wird die eigene Hinfälligkeit »vor Augen gestellt« mit der Karikatur eines altbekannten Bildes: des Kierkegaardschen »Interieurs« (11, 317). So wie der kleine Junge bei Kierkegaard in seinem Zimmer eine Weltreise unternimmt, macht Hamm im Rollsessel eine »kleine Runde um die Welt« (11, 317). Wichtig ist für Hamm, dass er genau in der Mitte steht – Adorno zitiert es genussvoll, denn es parodiert und rechtfertigt zugleich sein Strukturideal des Umkreisens der Mitte.

Die ästhetischen Werke, die Adorno in seinen Essays bespricht, sind meist nach dem Modell der Konstellation verfertigt. Ebenso Adornos Essays über diese Konstellation selbst. Aber damit nicht genug. Die Konstellation wird überdies zum Anordnungsprinzip der einzelnen Essays, wenn sie zu einem Sammelband zusammengestellt werden. Man sieht das den Essaybänden auf den ersten Blick nicht an. Auch, weil man es nicht unbedingt erwartet. Wäre ein gemeinsames Oberthema als Prinzip einer solchen Versammlung nicht völlig ausreichend? Die neuesten Texte Adornos zur Musik beispielsweise, zusammen mit einigen passenden Fundstücken aus den 1920er- und frühen 1930er-Jahren? Adorno freut sich nicht zuletzt deshalb so sehr über die Anfrage eines Rezensenten zum »Bindungscharakter« seines Bandes *Quasi una fantasia*, weil er damit endlich der meist unausgesprochenen Unterstellung einer losen Ansammlung entgegenarbeiten kann. Adorno antwortet auf eine kurze höfliche briefliche Anfrage mit einer dreiseitigen Selbsterklärung. Seine Essaybücher seien als Ganzes geplant, »und zwar als ein Ganzes, das nicht in einem sogenannten durchlaufenden Gedankengang sondern in der Konfiguration des Einzelnen besteht.«[30] Er enthüllt als Anordnungsprinzip die Konstellation, und die Chronologie der Anordnung der Essays erzählt wiederum die Strecke von Naturbeherrschung und deren Selbstbesinnung, mittels derer die Konstellation überhaupt erst erreicht wird: »Die innere Einheit des Buches dürfte doch wohl in dem Verhältnis von Mythologie, Naturbeherrschung und deren Selbstreflexion oder Selbstbesinnung zu suchen sein«.[31] Und dann folgt die Erzählung dieses uns bekannten Kurzdramas mit den einzelnen Essays des Bandes als dessen Protagonisten.

Negative Dialektik

Auch das Buch, das als Adornos philosophisches Hauptwerk gilt, behauptet eine strenge Komposition. Nachdem Sohn-Rethel in der *Negativen Dialektik* nicht auf Anhieb den versprochenen Hinweis auf ihn gefunden hat, schreibt ihm Adorno: »Wenn ich Sie um etwas bitten darf, so wäre es, daß Sie das Buch von Anfang bis Ende lesen; es ist sehr gebaut, und man bekommt eine angemessene Vorstellung wirklich nur, wenn man die ganze Konstruktion mitvollzieht«.[32] Ein erster Blick macht dieses »sehr gebaute« eher unwahrscheinlich. Es gibt eine lange Einleitung – im Hinblick auf die Konstellation, in der alles gleichweit vom Mittelpunkt entfernt sein soll, doch schon eine strukturelle Kardinalsünde. Dann präsentiert der erste Teil eine kritische Auseinandersetzung mit der Ontologie Heideggerscher Prägung, also Adornos philosophischem Hauptgegner. Der zweite Teil stellt dieser die Konzeption einer Negativen Dialektik entgegen – mit dem mächtigen Gestus des Beginns eines philosophischen Entwurfs (der erste Satz: »Kein Sein ohne Seiendes.« (6, 139)). Der dritte Teil präsentiert dann verschiedene Modelle der neuartigen Denkbewegung: Die philosophischen Großkonzepte von Freiheit, Geschichte und Metaphysik werden mit dieser Dialektik neu verhandelt. Einiges davon wurde in Vorträgen am Collège de France ausprobiert. Nähme es da Wunder, wenn das Hauptaugenmerk dieses Mal nicht auf der Struktur läge? Wäre das nicht vielleicht auch unangemessen bei einem Buch, das als Summe des genuin philosophischen Denkens Adornos gelten darf?

Werfen wir einen kurzen Blick auf die Einleitung. Ihr Kommentator Axel Honneth spricht von den Schwierigkeiten, die der Text bereitet: »wir haben bei der Lektüre natürlich die Erfahrung gemacht, daß hier nicht nach der üblichen Form einer geradlinigen Präsentation von Argumenten, sondern in der eigentümlichen Form einer Ellipse verfahren wird, so daß alle vorgebrachten Überlegungen gleich nah zu einem geistigen Mittelpunkt zu stehen scheinen«, was die Einleitung »weniger einem wissenschaftlichen Text als einem Stück moderner Prosa« ähneln lasse: »die Sätze wiederholen ständig nur dieselben paar Grundgedanken, variieren sie um immer neue Nuancen, ohne eine These zu begründen oder ein Argument voranzutreiben.«[33] Das klingt verdächtig nach dem Strukturprinzip der Konstellation. Aber dieses Prinzip wird von Honneth, wie so oft, nur durch das näher ins Auge gefasst, was es *nicht* ist. Dabei lässt sich die Einleitung, nimmt man die früheren Fassungen mit in den Blick, auch *positiv* als Konstellation beschreiben.

In der ersten Fassung war sie ein fortlaufender und nur durch neun Absätze gegliederter Text, der sich um einen deutlich konturierten Umschlag herum organisierte:[34] Das notwendige begriffliche Denken in Systemen ist zum irrationalen Irrsinn geworden. Das wirksamste Gegengift ist nun nicht das gänzliche Verwerfen des systematischen Denkens, sondern das Ausnutzen seiner begrifflichen Kraft – so wie die Neapolitaner in ihrem Widerstand zur Technik nicht einfach wieder agrarisch werden, sondern die Potentiale der technischen Automaten durch deren Entfremdung zu nutzen wissen. Dieses subversiv genutzte Potential des Systemdenkens, dessen Einsturz durch die »mikrologische Versenkung« in die Sachgehalte, ist der geistige Mittelpunkt, von dem Honneth spricht, es war früher auch der strukturelle. Der Umschlag ereignet sich im fünften, also mittleren Absatz. Anschließend kommt es im Text zur »Konstellation von Begriffen« und es folgt der so beliebte Vergleich mit der Nummernkombination, die den Kassenschrank öffnet,[35] der später in das zentrale Kapitel zur Konstellation in den Hauptteil der *Negativen Dialektik* wandert (6, 166).

Bei der ersten Überarbeitung der Einleitung greift Adorno als erstes in eben diesen Abschnitt strukturell ein. Das Zentrum des ganzen Textentwurfs ist wichtig genug, um mit einer Leerzeile deutlich markiert zu werden.[36] Dann arbeitet Adorno immer weiter an diesem Absatz herum, vervielfältigt den Umschlag[37] und rückt mit weiteren Leerzeilen und Einfügungen die späteren Abschnitte weit weg von jener Mitte, deren konstellative Abstrahlungen sie einst waren. Die Einleitung zur *Negativen Dialektik* rechtfertigt ihre Existenz, indem sie mehr ist als eine bloße Hinführung zum Hauptteil, sondern ihrerseits eine eröffnende Konstellation, die für die letzte Fassung bis zur Unkenntlichkeit umgearbeitet wurde.

Der Hauptteil dagegen endet in seinem dritten Teil mit drei Musterkonstellationen, drei »Modellen« davon, wie eine Konstellation zu handhaben sei. Eine Konstellation kann nicht einfach bei Null anfangen, sie benötigt das freigestellte Material – in diesem Fall stellt die philosophische Tradition das Material bereit. Für das erste der drei Modelle, das Nachdenken über die Freiheit, ist es Kants praktische Vernunft. In der Mitte dieses Teils findet die Selbstbesinnung statt, wenn die Vernunft im Prinzip der Kausalität sich »der eigenen Naturwüchsigkeit« als des »bannenden Prinzips« (6, 266) bewusst wird. Am Ende des Modells scheint demgegenüber als Möglichkeit von Freiheit die Minimaldefinition der Porosität auf, deren Umkreisung die Konstellation ja ist: »die Möglichkeit, ein anderer zu sein, als man ist« (6, 293).

Hegel stellt im nächsten Modell das Material für die Arbeit an dem Begriff der Naturgeschichte bereit – ein Heimspiel für die Konstellation, die aus dem Ineinander von Natur und Geschichte entstand, deswegen endet dieser Teil auch mit den dafür zuständigen Zitaten aus Benjamins Trauerspielbuch über die Geschichte als »Zeichenschrift der Vergängnis« (6, 353).

Auch die »Meditationen zur Metaphysik«, das letzte Modell, tangieren mit der Frage nach dem Skandal des Todes und den Formen seiner Beschwichtigung das Zentrum der Konstellation. Das Metaphysische ist, wiederum nach der uns inzwischen wohlbekannten Definition, nur sichtbar zu machen in den Abfallprodukten des Vorhandenen: »Danach wäre [Metaphysik] möglich allein als lesbare Konstellation von Seiendem. Von diesem empfinge sie den Stoff, ohne den sie nicht wäre, verklärte aber nicht das Dasein ihrer Elemente, sondern brächte sie zu einer Konfiguration, in der die Elemente zur Schrift zusammentreten« (6, 399). Die berühmte Solidarität mit der Metaphysik im Augenblick ihres Sturzes, mit der dieses letzte Modell und also die *Negative Dialektik* insgesamt endet, wird geleistet durch die Clavelsche Kulturtechnik: Der mikrologische Blick sprengt das hilflos Vereinzelte aus den Zumutungen des begrifflichen Denkens heraus (ebd.).

Dass diese drei Modelle von Konstellationen einfach so nebeneinander stehen, ist keine Schluderei, sondern antisystematische Absicht. Das reihende Nebeneinanderstellen, das die einzelne Konstellation ausmacht, organisiert auch die Anordnung dieser Konstellationen. In einer früheren Fassung der Einleitung legt Adorno die Strecke von der Konstellation über das Modell zum »Ensemble von Modellanalysen« (6, 39) in zwei Sätzen zurück: »Wie die Konstellation das am Begriff ausmacht, was in seiner Spezifikation nicht aufgeht, so trifft das Modell das Spezifische und mehr als das Spezifische, ohne es in seinen allgemeineren Oberbegriff zu verflüchtigen. Philosophisch denken ist soviel wie in derlei Modellen denken und negative Dialektik die Verflechtung von Modellanalysen.«[38]

Aber warum besteht dann die *Negative Dialektik* nicht einfach nur aus dieser Verflechtung von drei Modellanalysen – und wenn es denn unbedingt sein muss, noch einer auf sie hinführende Einleitungskonstellation? Warum sind die »Modelle« nur ein Teil von dreien? So wie im Kierkegaard-Buch das letzte konstellative Kapitel nur der Lohn einer langen Strecke war, der Endpunkt der Sprengung des Gegners Kierkegaard – so ist auch die Konstellation in der

Negativen Dialektik als philosophische Praxis nicht einfach vorhanden, sondern muss der mächtigsten gegenwärtigen und gegnerischen Philosophie, der Ontologie Heideggers, erst abgerungen werden. Dieses Abringen ist möglich, weil Adorno die Ontologie nicht anders denn als Verfehlung der Konstellation beschreibt. Heidegger unterschiebe den Dingen eine Aura, aber eine »ohne Gestirn« (6, 106), die »astrale Macht und Herrlichkeit« (6, 125) seiner Bestimmungen vom Dasein verfangen sich im Mythischen, so wie sich der Privatier Kierkegaards »ins fern drohende Sternbild von Mythologie« (2, 131) verstrickte. Erst nach der Konstellation der Verfehlungen der Konstellation durch Heidegger im ersten Teil der *Negativen Dialektik* kann im zweiten Teil die utopische Variante der Konstellation vollzogen werden. Und wie es sich für eine anständige Konstellation gehört, befindet sich in der Mitte des mittleren zweiten Teils eine Selbstvergewisserung des Prinzips der Umkreisung: Die Konstellation wird dort als Begriff explizit genannt. Und mit Benjamins Trauerspielbuch auch ihre Herkunft.

Aber Adorno möchte die Wirkkraft der Konstellation auch an einem Theoretiker zeigen, der all ihren philosophischen Implikationen gleichgültig gegenübersteht: »Zu rekurrieren wäre auf einen so positivistisch gesonnenen Gelehrten wie Max Weber« (6, 166). »Die Person Weber ist mir genau so unsympathisch wie Dir«,[39] schreibt Adorno an Herbert Marcuse während der Vorbereitung zum Soziologentag des Jahres 1964, der dem 100. Geburtstag von Weber gewidmet war. Gerade das macht es aber so interessant. Denn wenn der unsympathische Positivist nur einigermaßen redlich versucht, sich seinen soziologischen Gegenständen begrifflich zu nähern, dann stellt sich von selbst und gegen seinen Willen wie beim »barocken Astronom« Mannheim durch ständige Selbstkorrekturen ein begriffliches Komponieren ein, das dann zur Konstellation führt. In die Mitte der *Negativen Dialektik* implementiert Adorno eine Gedankenfigur aus dem wirkungsmächtigen Referat Marcuses beim genannten Soziologentag. Weil Weber »ein vom Wissen um sein Objekt besessener, wahrer Soziologe war«,[40] fräst sich die Wirklichkeit in das Begriffsgebäude. »Die formale Theorie erreicht mit ihren abstrakten Begriffen das, worum sich eine theorie-feindliche, pseudo-empirische Soziologie vergeblich bemüht: die wirkliche Definition der Wirklichkeit«.[41]

Ästhetische Theorie

Die Konstellation ist eine Wunderwaffe, sie ist für Adorno der Motor zur Erstellung seiner Texte. Dabei darf nicht vergessen werden, wie groß die Herausforderung einer solch unordentlichen Struktur ist, wie schwer es beispielsweise Sohn-Rethel fiel, ihr beizukommen. Und wie paradox das Vorhaben, einen linearen Text nach einem räumlichen Muster zu organisieren. Während der Arbeit an seinem nicht mehr fertiggestellten Hauptwerk zur Ästhetik legt Adorno von diesen Schwierigkeiten Zeugnis ab: »Sie bestehen [...] darin, daß die einem Buch fast unabdingbare Folge des Erst-Nachher sich mit der Sache als so unverträglich erweist, daß deswegen eine Disposition im traditionellen Sinn, wie ich sie bis jetzt noch verfolgt habe (auch in der ›Negativen Dialektik‹ verfolgte), sich als undurchführbar erweist. Das Buch muß gleichsam konzentrisch in gleichgewichtigen, parataktischen Teilen geschrieben werden, die um einen Mittelpunkt angeordnet sind, den sie durch ihre Konstellation ausdrücken« (7, 541).

Damit tut Adorno der *Negativen Dialektik* und den anderen, ungenannten Texten Unrecht. Aber er bringt noch einmal den hohen formalen Anspruch der Konstellation auf den Punkt. Im Fall der *Ästhetischen Theorie,* die die Summe seines Nachdenkens über Kunst werden soll, durchschlägt Adorno den gordischen Knoten mit einem bewährten Trick: Er macht die Struktur, mit der der Gegenstand untersucht werden soll, zur Definition dieses Gegenstandes.

Als Adorno den Jazz untersuchte, benutzte er den Mechanismus des dialektischen Bildes als Definition für das Jazz-Vibrato. Mit der *Ästhetischen Theorie* stellt sich wieder eine Definitionsfrage, eine ungleich gewichtigere. Was ist das denn eigentlich: Kunst? Der Begriff der Kunst sperre sich gegenüber einer Definition, notiert Adorno (7, 11). Aber ihr Bewegungsgesetz lässt sich beschreiben, und mit diesem verfährt er genauso wie damals mit dem Vibrato: Den gesamten Prozess, den sein Modell der Konstellation durchlaufen hat, macht er kurzerhand zu diesem Bewegungsgesetz seines Gegenstandes. In einem ersten Schritt bildet Kunst die Bewegung der ursprünglichen Konstellation ab: Der Künstler muss den Eigengesetzen des Materials gehorchen und es nach dessen Gesetz zusammenfügen. Dann aber greift das Problem, das Adorno zum ersten Mal in der *Philosophie der Neuen Musik* ausgeführt hat. Die »zentrierende Kraft« des Kunstwerks, »die dessen membra disiecta, Spuren des Seienden, um sich versammelt« (7, 19) wird ihrerseits zum Bannkreis und imitiert nur das Prinzip, »durch welches der Geist die Welt selbst zugerüstet hat« (7, 19). Diese Konstellation, die zu ihrem eigenen Gegenteil geworden ist, muss nun wiederum Angriffsfläche einer zweiten Konstellation werden.

Adorno verdichtet die gesamte Geschichte seines Strukturmodells zur theoretischen Figur, mit der er dann den jeweiligen Gegenstand in all seinen Aspekten zur Wahrheitsdarstellung bringen kann. Die Prozesse innerhalb des Kunstwerks, seine Produktion ebenso wie seine Rezeption, die Perioden der Tradition des Kunstschaffens etc. – jeglicher Bestandteil des untersuchten Gegenstandes kann mit dieser theoretischen Figur abgehandelt werden. Und indem er diese Figur seinem Gegenstand als Definition unterschiebt, kann er auch die *Ästhetische Theorie* zu einer großangelegten Mimesis machen: Die Struktur des Gegenstands und dessen philosophische Darstellung entsprechen einander.

Eisenstein hatte einmal dasselbe formale Problem wie Adorno: »Ein Buch zu schreiben ist sehr schwer. Weil jedes Buch zweidimensional ist. Ich wollte aber [...] rein räumlich die Möglichkeit schaffen, daß jeder Beitrag unmittelbar mit einem anderen in Beziehung tritt, daß einer in den anderen übergeht. Daß sie sich wechselseitig aufeinander berufen. Einer den anderen ergänzt. Solcher Synchronität und gegenseitigen Durchdringung der Aufsätze könnte ein Buch in Form [...] einer Kugel Rechnung tragen! Wo alle Sektoren der Kugel auf einmal präsent sind, und egal, wie weit sie voneinander entfernt sind – immer ist ein direkter Übergang von einem zum anderen über das Zentrum der Kugel möglich.«[42]

Die Konstellation kommt von einer räumlichen Erfahrung und deswegen wird sie nie den *linguistic despair* los, der von jedem Versuch gezeitigt wird, Raum in Sprache einzufangen. Einer der Hauptprotagonisten des sogenannten spatial turns, Edward Soja, beschreibt ihn so: »Was man sieht, ist unabweisbar gleichzeitig, die Sprache aber diktiert eine schrittweise Folgehaftigkeit, den linearen Strom von satzweisen Feststellungen, festgelegt durch den räumlichsten aller irdischen Zwänge, nämlich die Unmöglichkeit, daß zwei Objekte (oder Worte) genau denselben Platz (wie auf einer Seite) einnehmen können. Alles, was wir tun können, ist wieder zusammen- und intelligent nebeneinanderzustellen«.[43] Wenn Albrecht Wellmer eine »stereoskopische Lektüre« der *Ästhetischen Theorie* vorschlägt, mittels der »der lineare, eindimensionale Verweisungszusammenhang [...] in eine komplexere, gleichsam mehrdimensionale Konstellation von Kategorien verwandelt werden müßte«,[44] dann reformuliert er lediglich das der *Ästhetischen Theorie* bereits innewohnende Programm.[45] Auch Adornos *Ästhetische Theorie* hätte, wie Eisensteins Traum von einem Buch, kugelförmig werden können. Allerdings eine Kugel in dem Moment, in dem sie zur »zweiten« Konstellation auseinanderbricht. Und dieser Moment des Auseinanderbrechens müsste geleistet werden von lauter kleinen Kugeln – den einzelnen Absätzen –, die ihrerseits den Moment des Auseinanderbrechens prozessieren.

Tod in Neapel

Martin Mosebach gelangte nach seinem Besuch des Cimitero delle Fontanelle versöhnlich gestimmt ans Tageslicht. Die Masse der Gebeine hat ihm keine Angst gemacht. »Die ›Vielen‹ sind keine schaurige Gesellschaft. Sie haben das Größte geleistet, manche freiwillig, die meisten gezwungen: das Sterben. Warum, so fragt sich der Gast in ihrem Kreis unwillkürlich, sollte das dann nicht auch ihm gelingen?«[46]

Adornos Philosophie blickt dem Tod ins Gesicht. Um ihn zu bewahren vor den Zumutungen eines fälschlich zugeschriebenen Lebens, um ihm standzuhalten, um ihn vielleicht zu überwinden. Dass man im privaten Leben von Adorno vergebens nach Modi von Selbstvergessenheit, von Rausch oder Risiko sucht, mag zum Bild des Spießbürgerlichen bei Adorno beigetragen haben; er selbst bringt die »Drohung des Todes« (20, 741) mit seinem berüchtigten Leserbrief zur fehlenden Ampel an der Senckenberganlage in einen sich nach dem Holocaust unangemessen ausnehmenden Zusammenhang. Und doch ist auch für Adorno das Leben eine Krankheit zum Tode und die in seinen Briefen artikulierte Krankengeschichte liest sich, als wollte er Benjamins und Lacis' Gang durch die Leidenden im neapolitanischen Krankenhaus San Gennaro di Poveri zu den Katakomben nachinszenieren.[47]

1927 ist Adorno Berg gegenüber nicht untreu, »nur tot«, er habe eine »ziemlich schwierige und überaus schmerzhafte Operation hinter« sich, »und jetzt, während der Rekonvaleszenz, ist noch fiebrige Grippe dazugekommen, sodaß ich stets im Dunkeln liegen muß«.[48] 1928 fährt ein Autobus in Adornos Taxi, er liegt »mit Gehirnerschütterung, einer tiefen Kopfwunde und schweren Prellungen im Krankenhaus«.[49] Immer wieder berichtet Adorno von gesundheitlichen Zusammenbrüchen, 1933 meldet er beispielsweise an Kracauer »schwerste Schlaflosigkeit, verbunden mit einer Magenneurose, die mir das Essen zur Unmöglichkeit – oder zur Qual macht«.[50] 1934 muss er sich einer Prozedur unterziehen, »deren Qualen schlechterdings jeder Beschreibung spotten.«[51] Das schreibt er bereits Horkheimer, der für Adorno zum Komplizen auch im Gebrechen wird: »zu seltsam die Parallele unserer Krankheit«.[52] Der Umzug nach Los Angeles ist unter anderem von Horkheimers Gesundheitszustand motiviert, später in Deutschland präsentiert

Horkheimer schon einmal in einer Sitzung sein Kardiogramm, um seine Überlastung zu unterstreichen.[53]

1945 kommt bei Adorno »nach drei Monaten Ruhe«[54] die Neuralgie wieder und er beschließt, sich die Mandeln herausnehmen zu lassen. Im Dezember ist die Operation überstanden, aber ein Radiokardiogramm zeigt an, »daß die coronar Gefäße angegriffen sind«.[55] Im März macht das Herz immer noch »Zicken«,[56] doch bald stellt sich heraus, dass die Herzprobleme von Diabetes herrühren und sich durch eine während eines Aufenthaltes im Santa Monica Hospital betriebene Diät lindern lassen. »[D]ie Herzbeschwerden und anderen neuritischen Symptome haben *merklich* nachgelassen, auch das Cardiogramm ist gut – es ist also *aller* Grund zur Annahme, daß ich *nicht* schwer herzleidend bin«,[57] meldet Adorno an seine Mutter.

In der Klinik vollzieht Adorno trotz des glimpflichen Ausgangs eine klassische Begegnung mit der eigenen Vergänglichkeit. Thomas Mann, den er während dieser Zeit zum *Doktor Faustus* berät, hat im *Zauberberg* geschildert, was für einen starken Eindruck die Röntgentechnik zu hinterlassen vermag. In den Anfangszeiten ist sie noch Wunderwerk, im Blitzen und Beben der Frankensteinschen Apparatur nicht unähnlich. Das ist gespenstisch, spukhaft, das Herz erscheint als Qualle. Aber wenn man ruhiger und genauer hinblickt, dann wechselt das Bildfeld vom Gespenstischen zum Gerippe, und dem Schauenden wird die Hamlet-Erfahrung zuteil. Castorp darf außerhalb der eigentlichen Untersuchung seine Hand in den Apparat schieben. »Und Hans Castorp sah, was zu sehen er hatte erwarten müssen, was aber eigentlich dem Menschen zu sehen nicht bestimmt ist, und wovon auch er niemals gedacht hatte, daß ihm bestimmt sein könne, es zu sehen: er sah in sein eigenes Grab.«[58] Aber wie die Neapolitaner macht auch Castorp das Verhältnis zum Gerippe zu einem entspannten. Von Madame Clawdia Chauchat, der »kirgisenäugigen« Gattin eines höheren Beamten aus Dagestan, bewahrt er als erotisches Pfand ein Röntgenbild auf: »Clawdias Innenporträt, das ohne Antlitz war, aber das zarte

Gebein ihres Oberkörpers, von den weichen Formen des Fleisches licht und geisterhaft umgeben, nebst den Organen der Brusthöhle erkennen ließ [...]«[59]

Auch wenn die Röntgenphotographie 1946 kein Hexenwerk mehr war, so hat sie Adorno doch derart fasziniert, dass er sie als zentrale Metapher eines im selben Jahr forcierten Buchprojekts benutzt. »Die wahre Aufführung« oder »Reproduktionstheorie. Ein musikalischer Versuch« hätte das Buch über die Kriterien von musikalischer Aufführungspraxis heißen sollen.[60] Der Plan dazu reifte schon seit den 1920er-Jahren, aber jetzt, im April 1946, notiert Adorno in sein Braunes Oktavheft II: »Ad Reproduktionstheorie. ›Röntgenaufnahme‹. Es kann im Sinn der Sache liegen, das Skelett zu *verbergen*. Aber das setzt dann selbst wieder die Röntgenphotographie *voraus*.«[61] Und der erste Eintrag des neu eröffneten »Schwarzen Buches« zu diesem Thema hebt an mit den Worten: »Die wahre Reproduktion ist die Röntgenphotographie des Werkes. Ihre Aufgabe ist es, alle Relationen, Momente des Zusammenhanges, Kontrastes, der Konstruktion, die unter der Oberfläche des sinnlichen Klanges verborgen liegen sichtbar zu machen – und zwar vermöge der Artikulation eben der sinnlichen Erscheinung.«[62] Ein weiteres Mal wird das Skelett, wird die Porosität zur Grundlage einer theoretischen Untersuchung. Diesmal das eigene.

Adorno stirbt 1969 im Urlaub, nach den Querelen mit den Studenten im Sommersemester, diesmal ist es wirklich das Herz. Der Eklat, bei dem Adorno sich von ihn umtanzenden studentischen Brüsten bedroht sah, hat längst Berühmtheit erlangt. In seinem Buch *Das Eingedenken der Natur im Subjekt* nähert sich Gunzelin Schmid Noerr sehr vorsichtig und bedächtig dieser Szene. Am Ende der Einleitung, in der auch von anderen Szenen des Erschauerns beim privaten Adorno berichtet wird, steht sie dann aber doch auf Augenhöhe mit Odysseus' Begegnung mit den Sirenen und wird als wie auch immer gescheitertes »Eingedenken« interpretiert.[63] Was sich als Tragödie bewahrheitet hat, wiederholt sich als Farce. Adornos Modell findet – nach dem Holocaust – ein zweites Mal eine Entsprechung in der Realität. Das Busenattentat als Parodie von Adornos so utopisch aufgeladener Doppelgängerbegegnung? Tod nach dem Schaudern im Angesicht der Natur? Und das bei blanken Brüsten während eines studentischen Störhappenings? Wie erbärmlich. Also ideal. Auch der Tod missglückt noch, nur so erfüllt er seinen utopischen Zweck. Wie hieß es im Schubert-Essay über die Verballhornung Schuberts: »so klein muß ja wohl der Mensch werden, um nicht länger die Perspektive zu verstellen, die er aufgetan hat« (17, 21).

Auf dem Wasser liegen

Der Tod darf nicht das letzte Wort haben. Er ist ja nur die letzte Etappe zur endlich sich vollziehenden Konstellation. In den frühen Essays konnten wir beobachten, auf welche Weise die Wahrheit über den untersuchten Gegenstand konstelliert wird. Aber dann ist der Prozess von dialektischem Bild und Konstellation zu einem geschichtlichen geworden, der Faschismus hat den Moment des Umschwungs hin zu einem erlösten Weltzustand zur Katastrophe gemacht. Und nun?

Die Clavelsche Sprengung hat ausgedient. Aber ihr war ohnehin immer schon ein alternatives Modell zur Seite gestellt, das die heroische Geste des Sprengens durch Passivität unterläuft. Das »nixenhafte[...] Geheimnis«[1] des Meerwassers aus Kracauers »Felsenwahn in Positano« wird schon im Kierkegaard-Buch zum verführenden Nix aus Kierkegaards Version der nordischen Sage von Agnete und den Wassernixen. Für einen kurzen Moment blitzt dort eine andere Haltung als das blindwütige Sprengen auf: Man müsste dem Nix dessen Sprache ablauschen, man müsste ihn seinerseits zum Sprechen bringen. Im Wagner-Buch erhält die mythische Wasserwelt aus Positano mit Robert Reinicks Märchen *Die Schilfinsel* einen weiteren Auftritt (13, 141), bei dem es ebenfalls gilt, sich den dämonischen Zwischenwesen hinzugeben, statt sie zu bekämpfen. In der bereits zitierten *Odyssee*-Kommentierung wird die Wassersprache explizit als Rauschen eingeführt. Dieses Rauschen wird Adornos letztes Material, das zur Konstellation bereitsteht. Ob im bedeutungsfernen, rein musikalischen Klang moderner Lyrik, ob in Borchardts »Ich habe nichts als Rauschen«, oder gar in Eichendorffs Dichtung –

nachdem Trümmer nicht mehr hergestellt werden müssen, führt die Zurücknahme des Subjekts zur Freigabe von Sprache selbst, die dann nurmehr rauscht: »Zum Rauschen macht sich das Subjekt selber: zur Sprache, überdauernd bloß im Verhallen wie diese« (11, 83), heißt es zu den Eichendorffschen Zeilen: »Und so muß ich, wie im Strome dort die Welle, / Ungehört verrauschen an des Frühlings Schwelle« (ebd.).[2]

»Gäbe es nur je ein positives Wort bei Ihnen, Verehrter, das eine auch nur ungefähre Vision der wahren, der zu postulierenden Gesellschaft gewährte«,[3] mahnt Thomas Mann nach der Lektüre des Wagner-Buches an. Es gibt bei Adorno solch ungefähre Visionen. Am Ende des zweiten Teils der *Minima Moralia* denkt Adorno darüber nach, wie eine »emanzipierte [...] Gesellschaft« (4, 177) aussehen könnte. Dass niemand hungern müsse, ist vorneweg so etwas wie eine Minimalbedingung. Und dann? Vielleicht werden ja alle Auswüchse des Bedürfnisses, dem Glück hinterherzuhecheln – von der Vitalität der Naturburschen bis zur maximalen Steigerung der Produktivkräfte – hinfällig. Vielleicht ist der erstrebenswerte Zustand einfach derjenige, in dem man sich befindet, wenn man auf das Rauschen, auf die Sprache des Wassers hört: »auf dem Wasser liegen und friedlich in den Himmel schauen« (4, 179), schreibt Adorno.[4] Womöglich stammt auch diese Haltung vom Sprenger Clavel, von dessen Erfahrung des sich fast Verlierens zwischen zwei Konstellationen, die er seinem Tagebuch anvertraut hat und die Kracauer später in Paris am Eiffelturm wiederholte: »Es ist Nacht und die Fischerboote, die weit draußen durch die dunkle Fläche schimmern sind helle Lichter. Eins – zwei, drei, immer mehr, sie ordnen sich zu Figuren, zu Sternbildern. Der Himmel über ihnen ist ebenso; helle Sterne oben und unten? Ich vergesse, daß das Meer unter mir ist, ich sehe nur die Lichter. Und so stehe ich plötzlich zwischen Sternbildern weit draußen im Raum. Eine unheimliche Stille beherrscht mich, eine endlose Leere. Eine Weile dauert sie. Dann höre ich unter mir das bekannte Rauschen. Ich weiß, daß ich zur Erde gehöre.«[5]

Nachleben

Die mittleren 1920er Jahre sind Jahre »am Rand der Zeit«, wie Hans-Ulrich Gumbrecht schreibt. Lenin stirbt, Bohr und Heisenberg machen die physikalischen Grundlagen fragwürdig, Hitler schreibt an *Mein Kampf*, Heidegger an *Sein und Zeit*, Charlie Chaplin dreht *Goldrausch*, Eisenstein *Panzerkreuzer Potemkin*. In dieser Zeit, in der munter auf metaphorischen Vulkanen getanzt wird, begeben sich vier Geistesarbeiter, die sich alle an einem sensiblen Moment ihrer intellektuellen Biographie befinden, in die Nähe eines wirklichen Vulkans.

Zum Zeitpunkt ihres Treffens in Neapel sind sie wahrlich nicht die allerbesten Freunde. Der jüngste unter ihnen aber wird mit allen anderen Euphorien einer als wesentlich verstandenen, gemeinsamen Theorie erleben. Wer weiß, vielleicht hätte es unter günstigeren Zeitläuften so etwas wie eine Neapolitaner statt der Frankfurter Schule gegeben (den so wichtigen Impuls von Asja Lacis hätte man wohl auch dann unter den Tisch fallen lassen).

Denn Neapel macht in ihrem Denken Epoche: Die Erfahrung der Stadt wird von da an zu einem wesentlichen Fixpunkt für die Analyse der Moderne, und über den Begriff der Konstellation gelangt Urbanität auch in neuartige Entwürfe philosophischer Erkenntnisgewinnung. Die »Vergilsche« Seite des Golfes, die Löchrigkeit des Tuffsteins wird zur Gesellschaftsutopie und zum Strukturideal philosophischer Texte. Adorno adaptiert »Neapel« von allen Teilnehmern auf die eigenwilligste Weise, er schickt Schubert auf eine Kraterumrundung und verwandelt bei Kierkegaard das Glücksarsenal des Kaputten in eine subversive Metaphorologie.

1966 fährt Adorno zum dritten Mal nach Neapel und nutzt die Gelegenheit, Sohn-Rethel mit einem Postkarten-Gruß zu bedenken. Er erinnert an Capri, an Positano. Und annonciert Sohn-Rethel das große Buch, die *Negative Dialektik*. Sohn-Rethel antwortet mit verstörtem Enthusiasmus: Er will Adornos Diagnose gleich in den ersten Zeilen des Buches, dass die Veränderung der Welt misslungen sei, so nicht stehen lassen. »Das liest sich wie das Fazit einer abgeschlossenen Vergangenheit. Sind Sie dessen so sicher?«[1] Sind nicht zum Beispiel die aktuellen Vorgänge in China ein Beleg dafür, dass die Weltveränderung immer noch ansteht? Schließlich appelliert er an Adornos Erinnerung an das Neapolitaner Gespräch, auch das mag ein Indiz dafür sein, wie sehr dieses Gespräch die Möglichkeit von Revolution zum Gegenstand hatte.

»Das Benjamin-Gespräch, das Sie anführen – mein Gott, wie ist der Weltgeist, oder wie das heißen mag, darüber hinweggegangen«,[2] antwortet Adorno ernüchternd. Nach dem Zweiten Weltkrieg, nach der Erfahrung des Faschismus und mitten in den Bedrohungen des Kalten Kriegs scheint das Neapel der 1920er-Jahre unwirklich weit weg. Aber Adorno täuscht sich. Er hatte längst vor dem Faschismus die tellurische, »homerische« Seite des Golfes in seine Theorie integriert. Das dialektische Bild hat seine Herkunft vom harten Kalkstein, von der Bedrohung durch das Löcher stopfende Wasser, von den Wassermonstern im Neapolitaner Aquarium. Als der Faschismus seine Dämonie vollends enthüllt, passt Adornos Modell mit den schauderhaften Dämonen aus Positano dazu auf unheimliche Weise.[3]

Adorno ist von allen Teilnehmern des Treffens der zu Lebzeiten Erfolgreichste, ein Erfolg, an dem auch die anderen in unterschiedlichem Ausmaß teilhaben. Benjamin überlebt den Faschismus nicht, seine Schriften aber werden in den 1970er-Jahren, nach der – bald kritisierten – Vorarbeit Adornos auf fulminante Weise wiederentdeckt und erweisen sich für nahezu jede theoretische Unternehmung anschlussfähig. Kracauer etabliert sich mit seinen Arbeiten zum Film in Amerika, er kehrt nur noch besuchsweise nach

Deutschland zurück. Die Freundschaft zwischen Adorno und Kracauer bleibt trotz immer wieder aufflammender Streitigkeiten bis zum Tod Kracauers bestehen. Adorno bemüht sich darum, Kracauer in Deutschland bekannt zu machen und wirbt beim Suhrkamp-Verleger Unseld erfolgreich um die Veröffentlichung des Sammelbandes *Das Ornament der Masse*. Wenn nicht alle Zeichen trügen, dann steht die Popularisierung des »Geheimtipps« Kracauer als einer der beschreibungsmächtigsten Feuilletonisten der 1920er- und 30er-Jahre unmittelbar bevor. Der in den späten 1950er-Jahren wieder aufgenommene Briefwechsel zwischen Adorno und Sohn-Rethel ist schrecklich verdruckst, weil Adorno den revolutionären Vorstößen Sohn-Rethels nicht folgen will. Aber bei Adornos Beerdigung kommt Sohn-Rethel mit Unseld ins Gespräch und erfährt die späte Genugtuung der Veröffentlichung seiner Jahrzehnte währenden Arbeit und deren Nachwirken in den 1970er-Jahren. Ein Nachwirken, das heute jedoch weitgehend verpufft ist.

Auch Adornos Theorie scheint ein Nachleben nicht vergönnt. Adorno macht aus der antisystematischen Idee der Konstellation am konsequentesten ein System. Dadurch kann sie zu einer der einflussreichsten Theorien der jungen Bundesrepublik werden, zum Mahnmal des Eingedenkens an den Holocaust und zum utopischen Streitschwert vor dem Hintergrund einer als allgegenwärtig behaupteten Negativität. Der Preis aber dafür ist, dass die Offenheit, für die die Konstellation doch in Anschlag gebracht wurde, dass ihre Integrationsfähigkeit des Abseitigen damit aufgebraucht ist.

Einer der charmantesten und verspieltesten Texte Adornos ist die kleine Phantasie über den Fischer Spadaro, der zu einer Ikone des Capri-Tourismus wurde. Das war er aber nicht immer. »Vorher war er nur da, der schlichte Mann, und half abends auf der Barchetta das Meer und dessen Fische mit seiner Laterne beleuchten wie ein Stern, weil es andernfalls zu dunkel gewesen wäre« (20, 583). Jetzt aber, wo es von ihm »hundertfünfundsiebenzig« Abbilder gibt, »ist er selber symbolisch durchhellt ganz und gar. Er hat Meer und Sterne gleichsam überflüssig gemacht« (ebd.).

Adorno ist dasselbe passiert. Vielfältige Inanspruchnahmen haben ihn zur Galionsfigur einer als Kritische Theorie benannten Philosophie werden lassen, und dieses helle Leuchten macht seine Texte unsichtbar, »gleichsam überflüssig«. Aber es ist nicht immer Hochsaison. »Cook ruht die schönen Wintermonate über« (20, 584). Das symbolische Leuchten von Spadaro lässt nach, das Leuchten der Fischer selbst wird wieder sichtbar.

Dieses Buch wollte dasselbe für Adorno leisten: dessen momentane Nebensaison ausnutzen und seine Texte in ihrer strukturellen Materialität sichtbar machen. Es wollte darstellen, wie sich eine Landschaft in einen mächtigen philosophischen Entwurf verwandeln kann. Und es wollte den hypnotischen Kreisgängen in den Texten Adornos, der dramatischen Unterweltsfahrt, dem Sprengen von Hohlräumen und dem Horchen auf das Rauschen den Ort zurückgeben, von dem sie herkommen.

»Einmal hat man«, berichtet Adorno, »zu halber Höhe des Telegrafo«, also gar nicht weit weg von Benjamins erster Wohnung auf Capri, »den Fischer Spadaro weinen sehen« (20, 584). Es wird nicht ganz klar, warum er weint. Weil er den vielen unterschiedlichen Abbildern seiner selbst nicht beikommt? Oder sind es Freudentränen, ist es ein erster Schritt, den touristischen Zumutungen, wie sehr sie auch schmeicheln mögen, wieder zu entkommen? Spadaro späht zum Meer hinaus, wo nach dem grellen Licht der Hochsaison wieder etwas zu sehen ist, er sieht »nach den glimmenden Barchetten, die die Fische beleuchten, Sternen gleich« (20, 584). »Dann höre ich unter mir das bekannte Rauschen. Ich weiß, daß ich zur Erde gehöre«,[4] notierte Clavel, nachdem er sich im Leuchten der Sternbilder fast verloren hätte. »Dieser Augenblick bewegt das Subjekt vorm Erhabenen zum Weinen« (7, 410), meint Adorno und weint gemeinsam mit Spadaro, wenn er zitiert: »Die Träne quillt, die Erde hat mich wieder.«

Spadaro auf Capri

Dank

Den Mitgliedern meiner Prüfungskommission für einen spannenden, an- und aufregenden Nachmittag, allen voran

Winfried Menninghaus, ohne dessen lustvoll subversive Lektüren es diese Adorno-Lesart nicht geben würde.

Anja Schwanhäußer für die vielen Diskussionen, die kritische Urbanistik und das inspirierende Vorlektorat.

Philipp Felsch für die heftige Adorno-Befragung und für akademische Orientierungshilfen.

Thomas Rathnow für das Vertrauen.

Tobias Winstel für den Mut und die enthusiastische Begleitung.

Antje Korsmeier für genaues und kluges Lektorat.

Michael Schwarz und Ursula Marx vom Adorno- und Benjamin-Archiv für die große Hilfsbereitschaft und die vielen wertvollen Hinweise.

Christiane Groeben für einen wunderbaren Nachmittag an einer der schönsten Arbeitsstätten der Welt und den Visitenkarten-Fund.

Bettina Wassmann und Oliver Schlaudt für die Unterstützung beim Sohn-Rethel-Nachlass.

Nicht zuletzt dem Café zum Kloster in München für freundliche Bedienung und den besten Kaffee der Stadt. Wesentliche Teile dieses Buches wurden dort geschrieben.

Anmerkungen

Prolog

1 »[D]ie vulkanischen Aschen weisen einen geradezu unübertroffenen bodenverbessernden und -regenerierenden Wert auf. Sie verleihen dem Boden eine hervorragende Fruchtbarkeit, indem sie unentbehrliche Nährstoffe für die Pflanzen liefern. Zudem sind vulkanische Ascheböden locker, gut durchlüftet und gut zu bearbeiten.« Rast, *Vulkane und Vulkanismus*, S. 212. Natürlich müssen andere Faktoren zur Gesteinsbeschaffenheit hinzukommen: »Die sprichwörtlich hohe Fruchtbarkeit vulkanischer Böden wird [...] erst durch die fortwährende Bearbeitung und Pflege verwirklicht und erreicht dort ihre höchsten Werte, wo künstliche Bewässerung, natürliche und chemische Düngerzugaben die Bodennährstoffe ergänzen.« Wagner, *Die Kulturlandschaft am Vesuv*, S. 12.

2 La Capria, »Neapel als geistige Landschaft«, S. 8.

3 Ebd.

4 Richter, *Neapel*, S. 73.

5 Richter, »Das blaue Feuer der Romantik, S. 88f.

6 La Capria, »Neapel als geistige Landschaft«, S. 8.

7 Enzensberger, »Eine Theorie des Tourismus«, S. 190f.

8 Richter, »Das blaue Feuer der Romantik, S. 66.

9 »[V]erschiedene Nationalitäten, fixe Ideen, vom Schicksal gebeutelte Lebensläufe, mehr oder weniger erfolgreiche Künstler, verkrachte Existenzen, Heimatvertriebene und andere Varianten von Menschlichem und Allzumenschlichem« gaben sich auf Capri die Klinke in die Hand, wie Claretta Cerio, die Frau des langjährigen Bürgermeisters von Capri, schreibt. Cerio, *Mein Capri*, S. 30.

10 Richter, »Das blaue Feuer der Romantik, S. 78.

11 Ebd., S. 88f.

12 Fontane, *Werke, Schriften und Briefe*, Bd. 2, S. 488.

13 Kracauer, *Georg*, S. 452.

14 Arabische Ziffern verweisen als Band und Seitenzahl auf: Adorno, *Gesammelte Schriften*.

15 Kant, *Kritik der Urteilskraft*, S. 107.
16 Ebd.
17 Ebd., S. 106.
18 Groys, »Die Stadt im Zeitalter ihrer touristischen Reproduzierbarkeit«, S. 191.
19 »And by means of Thos. Cook & Son's electric railway the visit is now rendered easy and agreeable, and not to tiring for even delicate persons", heißt es im Cook-Reiseführer von 1924. *Cook's Handbook to Naples and Environs*, S. 84.
20 Smith, »Thomas Cook & Son's Vesuvius Railway«, S. 14.
21 Richter, *Neapel*, S.189.
22 Szeemann, »Gilbert Clavel«, S. 287.

Was dieses Buch vorhat

1 Die vielfältigen Etappen der Rezeption würden eine eigene kleine Kulturgeschichte ergeben. Einen Überblick ermöglichen die entsprechenden Abschnitte von Christian Schneider und Richard Klein im Adorno-Handbuch. Klein/Kreuzer/Müller-Doohm, *Adorno-Handbuch*, S. 431 – 451.
2 Zu den Biographien siehe: Wussow, »›Eine Karikatur der Theorie‹«. Verwiesen sei außerdem auf die Adornos 100. Geburtstag gewidmete Ausgabe der Zeitschrift *Literaturen* Nr. 6 (2003), die einige exemplarische Stimmen zur Adorno-Rezeption versammelt.
3 Z. B. Axel Honneth, der sich gegen die »rein aufs Persönliche fixierte [...] Gedenk-Politik« verwehrt und dagegen, dass die Stilisierung Adornos »zum kollektiven Über-Ich um den Preis der beinahe vollständigen Ignorierung seines theoretischen Ichs erfolgte«. Honneth, »Vorbemerkung«, S. 7f. Oder siehe Robert Hullot-Kentor über die »äußerst schmerzliche Darbietung« des Jahrestages: Hullot-Kentor, »Vorwort des Herausgebers«, S. 7.
4 Pabst, *Kindheit in Amorbach*; Steinert, *Adorno in Wien*; zu Amerika z. B.: Ziege, *Antisemitismus und Gesellschaftstheorie*; Jenemann, *Adorno in America*.
5 Theodor W. Adorno Archiv (Hg.), *Adorno*, S. 206f.
6 Haselberg, »Wiesengrund-Adorno«, S. 16.
7 Adorno/Berg, *Briefwechsel 1925 – 1935*, S. 33.
8 Sontag, »Gegen Interpretation«.
9 Z. B.: »Adorno ist, was seine Adepten ungern hören, Kunst. Er ist Roman; er ist Musik.« Schirrmacher, »Adorno im Ohr«, S. 1.

Von der Landschaft zum Text

1 Kracauer, »Die Wartenden«, S. 383.
2 Wiggershaus, »Friedrich Pollock – der letzte Unbekannte der Frankfurter Schule«, S. 751f.
3 Horkheimer, »L'île heureuse«, S. 302.
4 Savinio, *Capri*, S. 19.
5 Sohn-Rethel, »Einige Unterbrechungen waren wirklich unnötig«, S. 249.
6 Richter, »Bruder Glücklichs trauriges Ende«, S. 74.
7 Szeemann, »Gilbert Clavel«, S. 234.
8 Heuss, *Anton Dohrn in Neapel*, S. 102.
9 Sohn-Rethel, »Einige Unterbrechungen waren wirklich unnötig«, S. 249ff.
10 Sohn-Rethel, *Geistige und körperliche Arbeit*, S. 8.
11 Sohn-Rethel, »Exposee zum theoretischen Kommentar der Marxschen Gesellschaftslehre«, S. 2.
12 Sohn-Rethel, *Geistige und körperliche Arbeit*, S. 9.
13 Sohn-Rethel, *Erinnerungen*.
14 Sohn-Rethel, »Kommentar zum ›Exposé zum theoretischen Kommentar der Marxschen Gesellschaftslehre‹ von 1926«, S. 155.
15 Adorno/Horkheimer, *Briefwechsel 1927 – 1969*, Bd. I, S. 278.
16 Benjamin, *Gesammelte Briefe*, Bd. II, S. 467.
17 Benjamin, »Zwei Gedichte von Friedrich Hölderlin, S. 105.
18 Benjamin, *Gesammelte Briefe*, Bd. II, S. 433.
19 Ebd.
20 Ebd., S. 474.
21 Savinio, *Capri*, S. 42.
22 Ebd., S. 43.
23 Benjamin, *Gesammelte Briefe*, Bd. II, S. 466.
24 Ebd., S. 473.
25 Nach Sonnentag, *Spaziergänge durch das literarische Capri und Neapel*, S. 45. Cerio, *Capri*, S. 155ff.
26 »Auf Capri gab es einen besseren Lenin, den prachtvollen Kameraden, den fröhlichen Menschen mit lebendigem und unermüdlichem Interesse für alles in der Welt, von erstaunlich mildem Verhalten zu den Menschen«, zitiert nach Sonnentag, *Spaziergänge durch das literarische Capri und Neapel*, S. 37. Siehe auch Kesel, *Capri*, S. 272 und Cerio, *Capri*, S. 57. Nach der Oktoberrevolution war Capri auch Anlaufstelle für Revolutionsflüchtlinge. Cerio, *Capri*, S. 95. Money, *Capri. Island of Pleasure*, S. 156.
27 Sonnentag, *Spaziergänge durch das literarische Capri und Neapel*, S. 92f.
28 Lacis, *Revolutionär im Beruf*, S. 42.
29 Kaulen, »Walter Benjamin und Asja Lacis«.

30 Benjamin, *Einbahnstraße*, S. 83.

31 Lacis, *Revolutionär im Beruf*, S. 43. Mehr zum Zusammentreffen von Benjamin und Lacis und zur Unterdrückung der Bedeutung von Lacis für Benjamin und deren Restitution in der Rezeptionsgeschichte siehe. Kaulen, »Walter Benjamin und Asja Lacis«. Siehe auch Buck-Morss, *Dialektik des Sehens*, S. 23ff.

32 Geimer, »Frühjahr 1962«, S. 53.

33 Adorno/Berg, *Briefwechsel 1925–1935*, S. 24.

34 Ebd.

35 Jay, *Marxism and Totality*, S. 245.

36 Kracauer, *Der Detektiv-Roman*, S. 117.

37 Löwenthal/Kracauer, *In steter Freundschaft*, S. 46f.

38 Adorno/Kracauer, *»Der Riß der Welt geht auch durch mich«*, S. 138.

39 Freytag, »Die Sprache der Dinge«, S. 81.

40 Morgenstern, *Alban Berg und seine Idole*, S. 120.

41 Adorno/Krenek: *Briefwechsel*, S. 8f.

42 Goethe, *Wilhelm Meisters Lehrjahre*, S. 257.

43 Löwenthal/Kracauer, *In steter Freundschaf*, S. 32.

44 Ebd., S. 54.

45 Ebd., S. 32.

46 Ebd., S. 59.

47 Adorno/Berg, *Briefwechsel 1925–1935*, S. 24f.

48 Adorno/Kracauer, *»Der Riß der Welt geht auch durch mich«*, S. 176.

49 Sohn-Rethel, »Einige Unterbrechungen waren wirklich unnötig«, S. 282.

50 Benjamin, *Gesammelte Briefe*, Bd. II, S. 459.

51 Ebd., S. 461.

52 Lukács, *Geschichte und Klassenbewußtsein*, S. 176f.

53 Ebd., S. 170.

54 Menninghaus, »Kant, Hegel und Marx in Lukács' Theorie der Verdinglichung«.

55 Kracauer, »Die Reise und der Tanz«, S. 219.

56 Benjamin, *Gesammelte Briefe*, Bd. II, S. 482f. Zur Diskussion darüber, wann genau Benjamin *Geschichte und Klassenbewußtsein* wahrgenommen hat, siehe Kaulen: »Walter Benjamin und Asja Lacis«, S. 95.

57 Benjamin, *Ursprung des deutschen Trauerspiels*, S. 350.

58 Ebd.

59 Ebd., S. 246.

60 Kracauer, *Der Detektiv-Roman*, S. 122.

61 Lukács, *Die Theorie des Romans*, S. 55.

62 Vorstufe zum »Kaiserpanorama« der *Einbahnstraße*, abgedruckt in: Benjamin, *Gesammelte Schriften*, Bd. IV, S. 933.

63 Richter, *Neapel*, S. 91.

64 Benjamin/Lacis, »Neapel«, S. 311. Zum »Revival« der Kategorie der Porosität in »jüngeren Studien zu Raumgefüge und Soziologie Neapels« siehe Pisani, »Neapel-Topoi«, S. 37. Die Einreihung der Porosität unter die Neapel-Topoi führt allerdings, wie Pisani konstatiert, zur »inhaltliche[n] Ausdünnung bis hin zum Aussagelosen« (ebd.).

65 Benjamin, *Gesammelte Briefe*, Bd. II, S. 451f.

66 Szondi, »Benjamins Städtebilder«, S. 140.

67 Bloch, »Italien und die Porosität«, S. 509.

68 Sohn-Rethel, »Aus einem Gespräch von Alfred Sohn-Rethel mit Uwe Herms über ›Geistige und Körperliche Arbeit‹ 1973« , S. 5.

69 Sohn-Rethel, »Eine Verkehrsstockung in der Via Chiaia«, S. 9.

70 Ebd., S. 15.

71 Mosebach, *Die schöne Gewohnheit zu leben*, S. 137.

72 Richter, *Neapel*, S. 15.

73 Sohn-Rethel, »Eine Verkehrsstockung in der Via Chiaia«, S. 13.

74 Ebd., S. 14.

75 Sohn-Rethel, »Das Ideal des Kaputten«, S. 37.

76 Goethe, *Italienische Reise*, S. 245.

77 Sohn-Rethel, »Das Ideal des Kaputten«, S. 38.

78 Ebd., S. 36.

79 Benjamin, *Ursprung des deutschen Trauerspiels*, S. 351.

80 Ebd., S. 246.

81 Benjamin/Lacis, »Neapel«, S. 309.

82 Ebd., S. 316.

83 Lacis, *Revolutionär im Beruf*, S. 50.

84 Press/Siever, *Allgemeine Geologie*, S. 306.

85 Aus diesen Gründen und wegen seiner naturgeschichtlichen Bedeutung ist Tuff von der Deutschen Gesellschaft für Geowissenschaften zum Gestein des Jahres 2011 gekürt worden. http://www.gestein-des-jahres.de.

86 Siehe Rast, *Vulkane und Vulkanismus*, S. 212. Details zum Abbau weiterer Vulkangesteine und deren Verwendung in Architektur und Bau siehe Pisani, »Baustoffe«.

87 Mosebach, *Die schöne Gewohnheit zu leben*, S. 146.

88 Ebd., S. 138.

89 Ebd.

90 Benjamin/Lacis, »Neapel«, S. 309.

91 Das erste Kapitel von Thomas Manns *Zauberberg*, in dem das Sanatorium, »vor lauter Balkonlogen von weitem löcherig und porös wirkte wie ein Schwamm« (Mann, *Der Zauberberg*, S. 18) erschien vor der Buchausgabe im November 1924 im Mai 1920 als Vorabdruck in der *Neuen Zür-*

cher Zeitung. Benjamin hat den Roman zwar wohl erst nach dem Verfassen des Neapel-Denkbildes (aber vor dem Neapolitaner Treffen) zur Kenntnis genommen, wie ein Brief an Scholem vom 6. April 1925 belegt (Benjamin, *Gesammelte Briefe*, Bd. III, S. 27f.). Aber wäre es nicht denkbar, dass Lacis oder Reich den Vorabdruck kannten und sich ihnen das Bild vom porösen Haus eingeprägt hat?

92 Benjamin/Lacis, »Neapel«, S. 309.

93 Ebd. Zu den modernen Erben poröser Bauweise siehe Maak, *Der Architekt am Strand*, S. 194ff.

94 Adornos Replik zum Vorwurf der tendenziöses Herausgabe: 20, 182–186.

95 »Der Name Asja Lacis hätte von denen, die um die historischen Zusammenhänge wußten, schon vor zwei Jahrzehnten genannt werden müssen. Das geschah nicht. Bei der Herausgabe der benjaminschen ›Schriften‹ 1955 ist die Widmung der ›Einbahnstraße‹ an die ›rigaer Freundin‹ getilgt worden; der Name Lacis als Mitautor des Essays ›Neapel‹ wurde gestrichen.«, beginnt Hildegard Brenner ihr Nachwort zu *Revolutionär im Beruf.* (Lacis, *Revolutionär im Beruf*, S. 121). Kaulen beschreibt den Konflikt in »Walter Benjamin und Asja Lacis«.

96 Benjamin, *Ursprung des deutschen Trauerspiels*, S. 298.

97 Siehe auch Mosebach, *Die schöne Gewohnheit zu leben*, S. 53ff.

98 Benjamin/Lacis, »Neapel«, S. 310.

99 Gauß, *Im Wald der Metropolen*, S. 195.

100 Lacis, *Revolutionär im Beruf*, S. 33.

101 So wie es später Benjamin in seinem Vortrag »Der Autor als Produzent« auch für den Schritsteller fordern wird.

102 Paškevica, *In der Stadt der Parolen.*, S. 26ff.

103 Hoffmann/Wardetzky (Hg.), *Theateroktober*, S. 37. Siehe Meyerholds polemische Haltung zum naturalistischen Theater in: Meyerhold, »Zur Geschichte und Technik des Theaters«, S. 105ff.

104 Bochow, *Das Theater Meyerholds und die Biomechanik*, S. 12ff.

105 Lacis, *Revolutionär im Beruf*, S. 13.

106 Meyerhold, »Zur Geschichte und Technik des Theaters«, S. 129. Hervorhebung im Original.

107 Bochow, *Das Theater Meyerholds und die Biomechanik*, S. 77.

108 Zitiert in: Bochow, *Das Theater Meyerholds und die Biomechanik*, S. 170.

109 Lacis, *Revolutionär im Beruf*, S. 50. Benjamin hat 1926 bei einem Moskauer Besuch selbst eine Inszenierung Meyerholds gesehen und einer Diskussion darüber beigewohnt. Sein Bericht dazu (Benjamin, »Disputation bei Meyerhold«) zeigt, dass die Vermittlung über Lacis eine eindrücklichere Erfahrung war als das Ansehen des Originals.

110 Benjamin, »Zwei Gedichte von Friedrich Hölderlin., S. 112.

111 Ebd. Die Technik des Reihens mag auch noch ein Reflex von Benjamins Beschäftigung mit der Frühromantik im Zuge seiner Doktorarbeit sein. Zur frühromantischen »Reihe« siehe: Menninghaus, *Unendliche Verdopplung*, S. 179ff.

112 »Überdies wäre in Deutschland eine derartige Ensembleleistung nicht möglich – so meinten wir –, weil die hiesigen Schauspieler sich nicht zur Aufführung solcher Gruppenchorpartien bereit gefunden hätten«, schreibt Bernhard Reich über seine Erfahrung im Moskau 1925. Reich, »Erinnerungen an das frühe sowjetische Theater«, S. 13.

113 Detlev Schöttker hat auf einen weiteren Einfluss für Benjamin hingewiesen, der sich in der neapolitanischen Konstellation aktualisiert: »Spätestens 1924 kam Benjamin mit dem Konstruktivismus in Berührung, als er für die konstruktivistische Zeitschrift *G* einen kurzen Artikel von Tristan Tzara über den Fotografen Man Ray übersetzte«. Schöttker, *Konstruktiver Fragmentarismus*, S. 158.

114 Benjamin, *Gesammelte Briefe*, Bd. II, S. 480.

115 »Das Stehlen kann er sich nicht abgewöhnen« (ebd., S. 511), schreibt Benjamin einmal.

116 Selbst der Gegensatz von italienischem Restaurant-Besuch und dem deutschen In-Beschlagnehmen findet sich in der Vorstufe des Neapel-Denkbildes, sogar direkt vor dem programmatischen »Man meidet das Definitive, Geprägte«. Vorstufe zu Benjamin/Lacis, »Neapel«, The National Library of Israel, ARC.4° 1598/96, S. 4.

117 Bloch, »Italien und die Porosität«, S. 515.

118 Ebd., S. 513.

119 Ebd., S. 514.

120 Ebd., S. 508.

121 Susan Buck-Morss spricht von einem stilistischen Experiment: »Es fehlt weder an Humoristischem noch an Unterhaltsamem. Eine explizite politische Botschaft kommt nicht vor. Vielmehr wird hier, dem Leser kaum merklich, ein Experiment angestellt, bei dem es darum geht, wie sich die Bilder, die jemand sammelt, der durch die Straßen einer Stadt flaniert, gegen die Tendenzen des idealistischen Literaturstils deuten lassen. Diese Bilder sind keine subjektiven Eindrücke, sondern objektiver Ausdruck.« Buck-Morss, *Dialektik des Sehens*, S. 43f.

122 Vorstufe zu Benjamin/Lacis, »Neapel«, The National Library of Israel, ARC.4° 1598/96. Auf diesen Sachverhalt hat bereits Klaus Garber hingewiesen: »Benjamin hat seinen Text nur in fünf (in der Edition durch ein Spatium gekennzeichnete) Absätze gegliedert, die Zerstückelung des Textes in ungezählte weitere Absätze ist redaktionelle Zutat für die

Zwecke des Zeitungsabdrucks«. Garber, *Zum Bilde Walter Benjamins*, S. 175.

123 McGill macht das Theatrale für Benjamins Stilwechsel verantwortlich: »he turned from taking drama primarily as a literary object of study and interpretation to enacting a kind of improvised theatre in the construction of his own texts. From *One-Way-Street* to the enormous, unfinished work of the *Arcades Project*, Benjamin began to create texts that, rather than presenting a philosophical argument in a linear manner, set out a series of aphoristic or meticulously observed passages, like so many thematically connected scenes in an improvised piece of theatre that has no overarching plot, no single directorial vision guiding the performance.« McGill, »The Porous Coupling of Walter Benjamin and Asja Lacis«, S. 64. Das Poröse wird bei McGill zur Metapher für das Un-Genderhafte in der Begegnung von Lacis und Benjamin (ebd., S. 70).

124 Graeme Gilloch deutet das an, wenn sie schreibt, dass die literarische Form »mimics the rhythm and tempo of metropolitan life.« Gilloch, *Myth and Metropolis*, S. 24. Benjamin führt diese Mimesis auch nach dem Neapel-Essay weiter. Das Buch *Einbahnstraße* sei seinerseits wie eine Straße aufgebaut: »Es ist eine merkwürdige Organisation oder Konstruktion aus meinen ›Aphorismen‹ geworden, eine Straße«. Benjamin, *Gesammelte Briefe*, Bd. III, S. 197. Siehe dazu Schöttker, *Konstruktiver Fragmentarismus*, S. 181f.

125 Siehe dazu z. B. Schöttker, *Konstruktiver Fragmentarismus*, S. 8ff. oder Bürger, »Literaturwissenschaft heute«, S. 787f.

126 Bredekamp, *Darwins Korallen*.

127 Deleuze/Guattari, *Rhizom*.

128 Benjamin/Lacis, »Neapel«, S. 316.

129 Adorno/Berg, *Briefwechsel 1925–1935*, S. 88.

130 Adorno schreibt 1953 in einem Brief an Suhrkamp: »Der Aufsatz über Neapel bezeichnet bei Benjamin einen entscheidenden Durchbruch und hat seinerzeit auf ein paar Leute, zu denen auch ich gehöre, eine unbeschreibliche Wirkung ausgeübt.« Adorno, *»So müßte ich ein Engel und kein Autor sein«*, S. 97.

131 Adorno/Berg, *Briefwechsel 1925 – 1935*, S. 39.

132 Ebd. Markiert im Original.

133 Ebd., S. 43.

134 Ebd., S. 44.

135 Alban Berg gibt sich bereits als Privatmann im Alltäglichen als heimlicher Neapolitaner zu erkennen durch seinen speziellen Umgang mit technischen Dingen. Adorno attestiert ihm »eine außerordentlich schonende Liebe zu Dingen« (18, 495) und meint damit einen sorgfältig ge-

pflegten Rasierer. Und den Glückwunsch zum ersten eigenen Auto begleitet Adorno mit der Erwartung, »daß es, gleich allem Technischen in Ihrer Hand, lebendig und eine merkwürdige Art von Haustier wird« (Adorno/Berg, *Briefwechsel 1925–1935*, S. 253).

136 Ebd., S. 33.

137 Ebd., S. 43.

138 Schon Benjamins nächstes Städte-Denkbild zu Moskau lässt das Konzept der Porosität nur in den Begriffsnachfolgern von »Prisma«, »Durchdringung« oder »Konstellation« zur Geltung kommen (Benjamin, »Moskau«, S. 319, S. 330, S. 335). Im *Passagen-Werk* kommt es nur in einer Notiz, peripher und seines utopischen Zusammenhangs gänzlich entledigt, vor. (Benjamin, *Das Passagen-Werk*, S. 292).

139 Hegel, *Phänomenologie des Geistes*, S. 37.

140 Lukács, *Die Theorie des Romans*, S. 21.

141 Benjamin, *Goethes Wahlverwandtschaften*, S. 200f.

142 Benjamin, *Gesammelte Briefe*, Bd. III, S. 64.

143 Kracauer schenkt Weihnachten 1925 seiner Frau eine Ausgabe des »Landarzt«. Siehe die Widmung in dem Buch, das sich im Nachlass (im Literaturarchiv Marbach, Krac:3) erhalten hat.

144 Kafka, *Ein Landarzt und andere Drucke zu Lebzeiten*, S. 222.

145 Benjamin, *Ursprung des deutschen Trauerspiels*, S. 214.

146 Ebd., S. 934.

147 Siehe dazu Kleinwort, »Zur Desorientierung im Manuskript der Vorrede zu Benjamins Trauerspielbuch«, S. 104.

148 Benjamin, *Ursprung des deutschen Trauerspiels*, S. 215.

149 Ebd., S. 879. Auch Buck-Morss, *Dialektik des Sehens*, S. 31ff.

150 Vom »durch den Capri-Aufenthalt im Jahre 1924 und durch die Begegnung mit Asja Lacis klar« bezeichneten Bruch sprechen beispielsweise Bolz/Faber, *Antike und Moderne*, S. 16.

151 Menninghaus, *Walter Benjamins Theorie der Sprachmagie*, S. 97.

152 Diese Bedeutung des Porösen für das weitere Werk Benjamins ist bisher noch nicht genügend gewürdigt worden. Kaulen kann 1995 noch von einer erst allmählich ins Bewusstsein rückenden Akzeptanz der Wichtigkeit des Neapel-Bildes sprechen (Kaulen, »Walter Benjamin und Asja Lacis«, S. 106). Doch selbst diese neue Akzeptanz bleibt zu sehr auf den Moment der Hinwendung zum Alltagskulturellen oder auf das Biographische fokussiert. Brodersen z. B. macht die Porosität stark als »ein ganzes Programm einer offenen Form des Philosophierens bzw. der Wirklichkeitswahrnehmung«. Brodersen, *Spinne im eigenen Netz*, S. 159. Die Bestimmung der Spezifika dieser offenen Form bleibt Brodersen dann aber schuldig.

153 Freytag, »Alfred Sohn-Rethel in Italien: 1924–1927«, S. 46.

154 Adorno/Berg, *Briefwechsel 1925–1935*, S. 58.

155 Ein direkter Anklang an Marx' *Kapital*, wo die Rätsel der Warenform in dem Moment verschwinden, in dem deren Struktur aufgedeckt ist. Marx, *Das Kapital*, S. 63.

156 Adorno selbst legt das nahe, wenn er z. B. schreibt: »Dialektische Bilder sind Konstellationen zwischen entfremdeten Dingen und eingehender Bedeutung, innehaltend im Augenblick der Indifferenz von Tod und Bedeutung.« Adorno/Benjamin, *Briefwechsel 1928–1940*, S. 152. Und schon von Benjamin her werden Konstellation und dialektisches Bild zusammengedacht: Friedländer z. B. integriert die Konstellation aus der »Erkenntniskritischen Vorrede« ganz selbstverständlich in seine Interpretation des Benjaminschen dialektischen Bildes. Friedländer, »The Measure of the Contingent: Walter Benjamin's Dialectical Image«, S. 10f.

157 Buck-Morss, *The Origin of Negative Dialectics*, S. 96ff.

158 Ebd., S. 100.

159 Bonß, *Wie weiter mit Theodor W. Adorno?*, S. 25.

160 Adorno, *Beethoven*, S. 13.

161 Honneth, »Eine Physiognomie der kapitalistischen Lebensform. Skizze der Gesellschaftstheorie Adornos«, S. 170.

162 Siehe dazu: Kolesch, *Das Schreiben des Subjekts*, speziell zum Kaleidoskop: S. 21ff.

163 Möglicherweise ist, was den Strukturalismus anlangt, der russische Formalismus in der beiläufigen Vermittlung über Asja Lacis das verbindende Glied. Siehe hierzu Striedters Bemerkungen darüber, dass sich Benjamin in seinem Essay »Der Erzähler« mit Nikolai Lesskow denselben Autor vornimmt wie einer der Hauptprotagonisten des russischen Formalismus, Boris Ejchenbaum. Striedter, »Zur formalistischen Theorie der Prosa und der literarischen Evolution«, S. LVII.

164 Marcus, *Lipstick Traces*, S. 172. Zur Bedeutung der Situationisten für das Konzept des großstädtischen Raums siehe Schwanhäußer, *Kosmonauten des Underground*, S. 147ff.

165 Lévi-Strauss, *Das wilde Denken*, S. 35.

166 Barthes, »Die strukturalistische Tätigkeit«, S. 191.

167 Kluge, »Daten anlegen im Tsunami-Garten«.

168 Radisch, »Er hat es überlebt«, S. 46.

169 Das geht bis zur Deutung der Konstellation als bildliche Anordnung im Schriftbild. Benjamin hat damit tatsächlich experimentiert (Walter Benjamin Archiv (Hg.), *Walter Benjamins Archive*, S. 182ff.). Beate Perry versucht, in Adornos Schubert-Essay die Konstellation als »fixed grouping of elements«, als Anordnung von Titel, Autorenname und Motto im

Druckbild der ersten Seite auszumachen. Perry, »Exposed: Adorno and Schubert in 1928«, S. 19.

170 Platen, *Die Tagebucher des Grafen August von Platen*, S. 843. Dieses und das folgende Zitat verdanke ich Schlüter (Hg.), *Der Golf von Neapel*.

171 Gregorovius, *Wanderjahre in Italien*, S. 16. Im Baedeker von 1926 heißt es: »Die Stadt selbst [...] hat wenig Anziehendes.« Baedeker, *Italien von den Alpen bis Neapel*, S. 376.

172 Gregorovius, *Wanderjahre in Italien*, S. 20.

173 Benjamin, *Gesammelte Briefe*, Bd. III, S. 177, siehe auch Benjamin, *Gesammelte Schriften*, Bd. VI, S. 694, und Walter Benjamin Archiv (Hg.), *Walter Benjamins Archive*, S. 138.

174 Onfray, *Anti Freud. Die Psychoanalyse wird entzaubert*, S. 21.

175 Postkarte vom 22.3.1925, Deutsches Literaturarchiv Marbach, Briefe an Ernst Georg und Lily Jünger.

176 Savinio, *Capri*, S. 61.

177 La Capria, »Neapel als geistige Landschaft«, S. 9.

178 Ebd.

179 Zitiert nach Gruner, *»Ein Schicksal, das ich mit sehr vielen anderen geteilt habe«: Alfred Kantorowicz – sein Leben und seine Zeit von 1899 bis 1935*, S. 112.

180 Reich, *Im Wettlauf mit der Zeit*, S. 275.

181 Z. B. Hatzfeld, *Positano*, S. 36ff.

182 Benjamin, Rezension zu Jakob Jobs *Neapel. Reisebilder und Skizzen*, S. 133.

183 Kracauer, Rezension zu Adolf von Hatzfelds »Positano«, S. 6.

184 Benjamin, Rezension zu Jakob Jobs *Neapel. Reisebilder und Skizzen*, S. 133.

185 Ebd.

186 Kracauer, »Felsenwahn in Positano«, S. 297.

187 Ebd.

188 Ebd., S. 298.

189 Marx, *Das Kapital*, S. 90.

190 Ebd., S. 87.

191 Ebd., S. 86.

192 Ebd., S. 91.

193 Sohn-Rethel, *Erinnerungen*.

194 Siehe dazu Alexander Kluges Recherche: *Nachrichten aus der ideologischen Antike*.

195 Derrida, *Marx' Gespenster*.

196 »Meldung mit Visitenkarte beim Pförtner im I. Stock; Trkg«, heißt es im Baedeker. Baedeker, *Italien von den Alpen bis Neapel*, S. 378.

197 Großer Dank an Christiane Groeben, der Archivarin der Zoologischen Station, für diesen Fund.

198 Kracauer, »Felsenwahn in Positano«, S. 303.

199 *Leitfaden für das Aquarium der Zoologischen Station zu Neapel*, S. 85.

200 Klee, *Briefe an die Familie 1893 – 1940*, S. 220. Im Tagebuch schreibt er: »ein gallertartiges engelhaftes Tierchen ›durchsichtig – seelisch‹«. Klee, *Tagebücher 1898 – 1918*, S. 123.

201 Marx, *Das Kapital*, S. 52. Blumenberg gibt den Hinweis auf die Verbindung von Wasser und Geld im Begriff der Liquidität. Blumenberg, *Schiffbruch mit Zuschauer*, S. 11.

202 Sohn-Rethel, »Exposee zum theoretischen Kommentar der Marxschen Gesellschaftslehre«, S. 72.

203 Ebd., S. 73.

204 Hagen, »Davor hatte ich eine instinktive Abzirkelung«, S. 4.

205 Es würde sich lohnen, den verschiedenen Materialisationen der Gallerte nachzugehen. Einen interessanten Hinweis gibt Tobi Müller in seiner Rezension zu einer Aufführung von Marx' *Kapital* durch das Rimini-Protokoll: »Zum Beispiel mit der ›Gallerte‹. Das ist ein Wort, das zwei berühmte, dicke blaue Bücher verbindet. Beide sind Bestseller: ›Das Kapital, Erster Band‹ von Karl Marx und Frank Schätzings Ökothriller ›Der Schwarm‹. Bei Schätzing sind es intelligente Wesen der Tiefsee, die eine beliebige Gallerte bilden. Bei Marx bezeichnet die Gallerte den Tauschwert der Ware, den Kern des kapitalistischen Wesens. Die Formlosigkeit dient beiden Autoren als Ausdruck der Gefahr. Und bedroht wird jeweils nichts weniger als – der Mensch.« Müller, »Karl Marx und die gespenstische Gallerte«, S. 47. Schon in Stanislaw Lems *Solaris* hält eine »sirupartige Gallerte« den Planeten Solaris umfangen und stellt den Forschern Trugbilder vor Augen (Lem, *Solaris*, S. 24). Roland Barthes bringt die Gallerte mit der gestaltlosen gängigen Meinung in Verbindung: »Die Doxa, das ist die gängige Meinung, der wiederholte Sinn [...] Medusa: sie versteinert die, die sie ansehen. Das heißt, daß sie *einleuchtend* ist. Wird sie gesehen? Nicht mal das: sie ist eine gallertartige Masse, die tief auf der Netzhaut haftet.« Barthes, *Über mich selbst*, S. 133.

206 *Neapel und Umgebung*, Griebens Reiseführer Bd. 101, S. 19. Dieser Reiseführer befindet sich in Kracauers Bibliothek im Nachlass im Deutschen Literaturarchiv Marbach unter Krac: 5. Die beiden darin eingelegten und am 24. September 1925 gestempelten Eintrittskarten zum Tempel in Paestum beweisen, dass es der Reiseführer ist, den Kracauer und Adorno mit sich führten. »Gegenüber die Sammlung (Mostra) präparierter Seetiere«, heißt es im Baedeker. Baedeker, *Italien von den Alpen bis Neapel*, S. 378.

207 Heuss, *Anton Dohrn in Neapel*, S. 156. Zu Lo Bianco siehe auch das schöne Porträt von Norman Douglas: Douglas, *Rückblick*, S. 192ff.

208 »Sur des pièces conservées dans l'alcool il est impossible de distinguer ces

filets.« Büchner, *Mémoire sur le système nerveux du Barbeau*, S. 27. Siehe auch: Roth, *Georg Büchners naturwissenschaftliche Schriften*, S. 75.

209 Lo Bianco schreibt in seinem Bericht: »Indem ich die nachfolgenden Blätter der Oeffentlichkeit übergebe, benutze ich die Gelegenheit, Herrn Krupp meinen Dank dafür auszusprechen, daß er mir gestattete, pelagische Formen von solcher Bedeutung zu studieren, von denen viele bisher überhaupt noch nicht im Mittelmeer, geschweige denn im Golf von Neapel gefunden worden sind.« Lo Bianco, *Pelagische Tiefseefischerei der »Maja« in der Umgebung von Capri*, S. 3. Krupp bedankt sich seinerseits und bedenkt Lo Bianco in seinem Testament mit 10 000 Mark. Groeben, »Alfred Krupp, Anton Dohrn und Salvatore Lo Bianco: ›Pelagische Tiefseekampagnen um Capri 1900 – 1902‹«, S. 195.

210 Heuss, *Anton Dohrn in Neapel*, S. 156.

211 Aus diesem Grund hat Adorno Lo Biancosche Präparate in Neapel wohl nicht zum ersten Mal gesehen. In einem Bericht der Senckenbergischen Naturforschenden Gesellschaft von 1873 heißt es: »Herr Prof. Dr. A. Dohrn, Sohn des berühmten Entomologen, hat die für die wissenschaftlichen Bestrebungen im höchsten Grade verdienstliche Idee durchgeführt, in Neapel am Strande des herrlichen reichen Mittelmeeres ein Aquarium als internationale physiologische Beobachtungs- und Forschungs-Station zu gründen. Für diesen, der Wissenschaft so sehr nützlichen Zweck hat Herr Marcus Goldschmidt hier ein Capital von 1000 Thalern dargeliehen, mit dem Wunsche, dass die Zinsen hiervon alljährlich in Form von Naturalien der Senckenbergischen naturforschenden Gesellschaft zu Gute kommen. Die erste dieser Zinszahlungen ist heute hier eingetroffen.« Fritsch, *Bericht über die Senckenbergische naturforschende Gesellschaft in Frankfurt am Main*, S. 11. Es wird nicht die letzte Naturalienzahlung geblieben sein. Bei Adornos Besuchen des Senckenberg-Museums zu Schulzeiten (Pabst, *Kindheit in Amorbach*, S. 94) darf man sich die Einmachgläser als reizvolles Schauderobjekt vorstellen.

212 Bloch, »Italien und die Porosität«, S. 513f. Siehe auch Dieter Richter: »Auch Walter Benjamins und Ernst Blochs berühmte Kategorie der ›Porosität‹ ist ja nichts anderes als der Entwurf eines urbanistischen und geistigen Gegenprojekts zu den Entfremdungserscheinungen der Moderne«. Richter, *Neapel*, S. 235.

213 Adorno/Kracauer, *»Der Riß der Welt geht auch durch mich«*, S. 178.

214 Colli/Montinari, *Briefe an Friedrich Nietzsche: Januar 1875 – Dezember 1879*, S. 320.

215 D'Iorio, *Le voyage de Nietzsche à Sorrente*.

216 Nietzsche, *Digitale Kritische Gesamtausgabe*, §3 eKGWB/EH-MA-3.

217 Ebd., §6 eKGWB/EH-MA-3.

218 Kracauer, »Zu Sorrent«, S. 340.
219 Theodor W. Adorno Archiv (Hg.), »Adornos Seminar vom Sommersemester 1932 über Benjamins *Ursprung des deutschen Trauerspiels*«, S. 56.
220 *Neapel und Umgebung*, Griebens Reiseführer Bd. 101, S. 76.
221 Baedeker, *Italien von den Alpen bis Neapel*, S. 426. Siehe auch Fiorentino, *Memorie di Sorrento*, S. 177ff.
222 Benjamin, *Ursprung des deutschen Trauerspiels*, S. 359.
223 Lo Bianco, »Metodi usati nella Stazione zoologica per la conservazione degli animali marini«.
224 Schiemenz, Rezension zu Lo Bianco: Metodi usati nella Stazione zoologica per la conservazione degli animali marini, S. 54.
225 *Leitfaden für das Aquarium der Zoologischen Station zu Neapel*, S. 54.
226 Benjamin, *Ursprung des deutschen Trauerspiels*, S. 359.
227 Benjamin, »Möbel und Masken«, S. 478.
228 Ebd.
229 Ebd., S. 477.
230 Im Autograph des Trauerspielbuches heißt die entsprechende Stelle: »an Bedeutung kommt ihm das zu, was der Allegoriker ihm verleiht, in dessen Hand wird das Ding zu etwas anderem [...]«. The National Library of Israel, ARC.4° 1598/109, Sp. 107. In der gedruckten Fassung steht: »an Bedeutung kommt ihm das zu, was der Allegoriker ihm verleiht. Er legt's in ihn hinein und langt hinunter: das ist nicht psychologisch sondern ontologisch hier der Sachverhalt. In seiner Hand wird das Ding zu etwas anderem [...]«. Benjamin, *Ursprung des deutschen Trauerspiels*, S. 359.
231 Benjamin, *Ursprung des deutschen Trauerspiels*, S. 360.
232 Ebd., S. 396.
233 Zitiert nach Blom, *Sammelwunder, Sammelwahn*, S. 114.
234 Benjamin, *Goethes Wahlverwandtschaften*, S. 132.
235 Ebd.
236 Goethe, *Die Wahlverwandtschaften*, S. 498.
237 Blom, *Sammelwunder, Sammelwahn*, S. 26ff.
238 Ebd., S. 77. Dort auch die Schilderung des Übergangs von der privaten Sammlung zur öffentlichen Institution, S. 183ff. Siehe auch Münch, »Theater des Todes – Museum des Lebens«, S. 137. Der Vorgänger von Lo Bianco, August Müller, Schüler des Zoologen Karl Theodor Ernst von Siebold, ist ein Beispiel für diese Entwicklung: Bevor er wegen eines Lungenleidens nach Italien ging, verwandelte er die zoologisch-anatomischen Sammlungen in München von einem Kuriositätenkabinett in eine naturwissenschaftliche Sammlung. Bois-Reymond/Dohrn, *Briefwechsel*, S. 301.
239 Benjamin, *Goethes Wahlverwandtschaften*, S. 174f.

240 Benjamin, *Ursprung des deutschen Trauerspiels*, S. 288.
241 Ebd., S. 401.
242 Ebd., S. 404.
243 Ebd., S. 407.
244 Ebd., S. 388.
245 Adorno/Benjamin, *Briefwechsel 1928 – 1940*, S. 152.
246 »Adorno found himself in the paradoxical position of defending Benjaminian orthodoxy against Benjamin himself«, schreibt Buck-Morss. Buck-Morss, *The Origin of Negative Dialectics*, S. 139.
247 Kracauer, »Der verbotene Blick«, S. 224 – 227.
248 Adorno/Horkheimer, *Briefwechsel 1927 – 1969*, Bd. I, S. 72.
249 Adorno/Benjamin, *Briefwechsel 1928 – 1940*, S. 91.
250 Ebd., S. 92.
251 Ebd., S. 142.
252 Z. B. Hillach, »Dialektisches Bild«, S. 203f.; Grossheim, *Archaisches oder dialektisches Bild?*; Palmier, *Walter Benjamin*, S. 493ff.; Buck-Morss, *The Origin of Negative Dialectics*, S. 139ff.
253 Tiedemann, »Begriff, Bild, Name«, S. 103. (Ein Problem, mit dem schon die Kommentatoren des Benjaminschen dialektischen Bildes ringen. Z. B. Hillach, »Dialektisches Bild«, S. 223).
254 Mosebach, *Die schöne Gewohnheit zu leben*, S. 136.
255 Zur Frage, an welcher Stelle sich die Mitte des Trauerspielbuches befindet, siehe in diesem Buch, Anmerkung S. 275, Nr. 371.
256 *Führer durch das Aquarium der Zoologischen Station zu Neapel*, S. 121.
257 Ebd, S. 92.
258 Ebd., S. 56.
259 Klee, *Tagbeücher 1898 – 1918*, S. 123.
260 Jünger, »Das abenteuerliche Herz«, S. 97.
261 Schulze, *Orangen und Engel*, S. 130.
262 Ebd., S. 137.
263 Ebd. S. 141.
264 Ebd.
265 Benjamin, *Das Passagen-Werk*, S. 1051.
266 Aragon, *Der Pariser Bauer*, S. 18.
267 Schon Lukács hat dieses Problem, wenn er in *Geschichte und Klassenbewußtsein* die Verdinglichung als allumfassendes Generalprinzip konstatiert. Mühsam muss er anschließend auf den archimedischen Punkt hinarbeiten, dem Proletariat die Möglichkeit einer vom Bürgertum unterschiedenen Selbstbewusstwerdung zuschreiben. Siehe als ein Beispiel dieser performativen Widersprüchlichkeit: »Der Satz, von dem wir ausgegangen sind, daß das gesellschaftliche Sein in der kapitalistischen

Gesellschaft für Bourgeoisie und Proletariat – unmittelbar – dasselbe ist, bleibt bestehen. Es kann aber nun hinzugefügt werden, daß dieses selbe Sein durch den Motor der Klasseninteressen die Bourgeoisie in dieser Unmittelbarkeit gefangen hält, während es das Proletariat darüber hinaustreibt.« Lukács, *Geschichte und Klassenbewußtsein*, S. 180f.

268 Habermas, *Der philosophische Diskurs der Moderne*, S. 144.

269 Adorno, *Beethoven*, S. 293.

270 Kracauer, »Der verbotene Blick«, S. 226.

271 *Führer durch das Aquarium der Zoologischen Station zu Neapel*, S. 74. Vielleicht hatte Adorno von dem seltenen Tintenfischsuizid im Aquariumsführer gelesen: »Zuweilen werden sie von einer sonderbaren Krankheit befallen, die man wohl als eine Psychose auffassen muss: die Thiere fressen ihre eignen Arme bis auf kurze Stümpfe auf; sie verweigern dabei jede andere Nahrung und gehen bald zugrunde« (ebd., S. 93).

272 Jünger, »Das abenteuerliche Herz«, S. 219f. »Sicherlich darf dieser Geschmack nicht fehlen in der Bouillabaisse, jener dicken Marseiller Suppe, in der die besten Früchte des Mittelmeers zu einem mit Safran gewürzten Bukett vereinigt sind« (ebd., S. 220). In dem Roman *Die Haut* von Curzio Malaparte, der sich Ende der 1930er Jahre mit seiner Capreser Villa unter die Bauherren spektakulärer Wohnhäuser einreiht, gelangt der Verzehr von Aquariumsbestand zu einem grausigen Höhepunkt: Weil die Alliierten nach der Befreiung Neapels die Fischerei am Golf verboten hatten, behilft sich die Generalität damit, »den Fisch für seine Tafel im Aquarium von Neapel angeln zu lassen«. (Malaparte, *Die Haut*, S. 206f.).

273 Kracauer, »Der verbotene Blick«, S. 227.

274 Mann, *Doktor Faustus*, S. 81f.

275 Ebd., S. 84.

276 Szeemann, »Gilbert Clavel«, S. 249.

277 Thomas Schmitt und Thomas Steinfeld strukturieren ihre Capri-Dokumentation *Exil, Eden, Endstation. Die Luftschlösser von Capri* (Tag/Traum Filmproduktion, WDR/arte, 2004, 52 Min.) entlang dieser Bauprojekte.

278 Sonnentag, *Spaziergänge durch das literarische Capri und Neapel*, S. 64.

279 Kantarowicz, *Meine Kleider*, S. 37.

280 Staatsarchiv Basel, PA 969, Brief vom 30. September 1927 an die Redaktion von *Annalen*.

281 Kracauer, »Felsenwahn in Positano«, S. 299.

282 Staatsarchiv Basel, PA 969, Brief vom 30. September 1927 an die Redaktion von *Annalen*.

283 Ebd.

284 *Berliner Illustrirte Zeitung*, 33. Jhg., Nr. 45, 9. November 1924, S. 1344. 1938

wird die *Hamburger Illustrierte* eine großzügig bebilderte Doppelseite mit der Frage begleiten: »Möchten Sie auch so wohnen?« *Hamburger Illustrierte,* 20. Jhg., Nr. 41, 1. Oktober 1938, S. 6f.

285 Cerio, *Mein Capri,* S. 29. René Clavel schreibt: »Dabei ist das dortige Material, eine Art Kalkstein, äusserst hart und kann nur mit Hilfe sorgfältiger Sprengungen bearbeitet werden.« Staatsarchiv Basel, PA 969, Brief vom 30. September 1927 an die Redaktion von *Annalen.*

286 Press/Siever, *Allgemeine Geologie,* S. 133.

287 Nachlass, Staatsarchiv Basel, PA 969, Brief vom 29. März 1926.

288 Szeemann, »Gilbert Clavel«, S. 284. Die Höhlungen sind auch das, was Clavel selbst am stärksten metaphysisch überhöht: »Ich will graben, tief graben, aber keine Höhlen wie der Maulwurf. Weite, offene Gruben (Schächte) will ich schaffen in die ein Jeder hinunterblicken kann. Wenn Licht in die Tiefe fällt, dann leuchtet das Gold. Ohne Licht ist alles tot.« Tagebucheintrag vom 12. November 1911, Nachlass, Staatsarchiv Basel, PA 969.

289 Clavel, *Mein Bereich,* S. 39.

290 Szeemann, »Gilbert Clavel«, S. 278.

291 Kracauer, »Felsenwahn in Positano«, S. 299.

292 Ebd.

293 Eine folgenschwere Koinzidenz im Gebrauch des Wortes »Hohlraum«. Kracauer benutzt es immer mal wieder vor der Neapelreise, z. B. im Essay über die Langeweile (Kracauer, »Langeweile«, S. 162), aber auch Clavel gebraucht es vor der Begegnung mit Kracauer: 1924 spricht er in einem Brief davon, dass gerade »am Aussprengen des zu schaffenden Hohlraumes« gearbeitet wird (Szeemann, »Gilbert Clavel«, S. 274).

294 Benjamin, *Ursprung des deutschen Trauerspiels,* S. 343.

295 Kracauer, »Felsenwahn in Positano«, S. 303.

296 Benjamin/Lacis, »Neapel«, S. 316.

297 Aragon, *Der Pariser Bauer,* S. 229.

298 Ebd., S. 214.

299 Ebd., S. 215.

300 Blumenbergs Metapher der Sprengmetaphorik bekommt mit Clavel eine Grundlegung in der Realität. Blumenberg beschreibt Cusanus Überdehnung der Vorstellung eines Kreises, dessen Radius derart vergrößert wird, dass die Vorstellung gesprengt wird. (Blumenberg, *Paradigmen zu einer Metaphorologie,* S. 178ff.). Bei Adornos Verwandlung von Clavels Sprengung in Theorie reicht es aus, dass ein verstopftes Gestein wieder derart porös gemacht wird, dass es zum Kreis der Konstellation kommen kann.

301 Adorno/Berg, *Briefwechsel 1925–1935,* S. 58.

302 Für die Wirtshausszene bemüht er die Begriffe der »Cäsur im Hölderlinschen Sinne« und des »Ausdruckslosen« (Adorno/Berg, *Briefwechsel 1925–1935*, S. 51), Begriffe aus dem vormals so geschmähten Wahlverwandtschaften-Aufsatz.

303 Adorno/Berg, *Briefwechsel 1925–1935*, S. 74f.

304 Ebd., S. 75.

305 Ebd., S. 87f.

306 Baedeker, *Italien von den Alpen bis Neapel*, S. 409.

307 Sohn-Rethel, »Vesuvbesteigung 1926«, S. 28.

308 Die feinen Abstufungen dieses feindlichen Miteinanders von Konstellations- und dialektischem Bild stecken das Feld für die Auseinandersetzung von Benjamin und Adorno ab. Wobei ich Hillach darin zustimmen würde, dass Adorno Benjamins Bestimmung des dialektischen Bildes als Traum zu positiv liest und damit unterschätzt. Dem Erwachen, das Benjamin fordert, mag doch durchaus jene Zerstörung eignen, die bei Adorno dem Zusammenbrechen des Bildes und dem Erzeugen der Konstellation entspricht (Hillach, »Dialektisches Bild«, S. 210). Allerdings macht die Verkomplizierung des Adornoschen Modells, wie sie hier im Abschnitt »Der Verlust der Konstellation« beschrieben wird, die Auseinandersetzung noch komplexer.

309 In Cooks Reiseführer heißt es über den spektakulären Blick vom Vesuv aus: »But he also sees the mounds which are funeral memorials of the cities and hamlets of past centuries.« *Cook's Handbook to Naples and Environs*, S. 87. Denn »hamlet« bedeutet auch »kleine Ortschaft«.

310 Baedeker, *Unteritalien*, S. 136.

311 Sohn-Rethel, »Vesuvbesteigung 1926«, S. 30.

312 Kracauer, »Felsenwahn in Positano«, S. 296. Auch für Sorrent wird das Wort benutzt, siehe im Text S. 86.

313 Mit diesem Ineinander von kreisender Wiederholung und dem Streben nach »Sinnerfüllung des Endes« fügt sich Adornos Narration in die Struktur der klassischen Höllenfahrterzählung ein, wie sie von Isabel Platthaus festgestellt wurde. Platthaus, *Höllenfahrten*, S. 14.

314 Hegel, *Enzyklopädie der philosophischen Wissenschaften*, S. 60.

315 Adorno, *Moments musicaux*, S. 23.

316 Erkennbar im Druckbild der Erstveröffentlichung in: *Die Musik* 1 (1928), S. 4.

317 Richard Leppert hat auf diese Mimesis von Adornos Struktur an Schuberts Musik hingewiesen: »The trick Adorno manages here, and honed throughout his writing life, is that the essay textually reenacts what it recognizes in Schubert's music. Like the music, the essay repeats itself but which subtle differences, as though Adorno were holding up a

cut gem to light and turning it to see the differences manifested in its facets. And what's ›there‹, in Adorno and in Schubert, bears repeating, indeed, it begs for it. Adorno's ideas about this music, like so many things in Schubert's music itself, are less developed than juxtaposed, often paratactically, so as to constitute, what Benjamin termed a constellation.« Leppert, »On Reading Adorno Hearing Schubert«, S. 57.

318 Habermas, *Der philosophische Diskurs der Moderne*, S. 145.

319 Kracauer, *Georg*, S. 457.

320 Ebd., S. 315.

321 Kracauer, »Die Wartenden«, S. 393.

322 Ebd., S. 392. Siehe auch Kracauer an Löwenthal: »Wir müssen verborgen sein, quietistisch, nichtstuerisch, ein Stachel den andern und lieber sie (mit uns) zur Verzweiflung treibend als ihnen Hoffnung gebend – das erscheint mir als die einzige mögliche Haltung.« Löwenthal/Kracauer, *In steter Freundschaft*, S. 54.

323 Benjamin, *Goethes Wahlverwandtschaften*, S. 181.

324 Ebd.

325 Ebd., S. 200.

326 Adorno, *Beethoven*, S. 225.

327 Siehe auch Benjamin, *Ursprung des deutschen Trauerspiels*, S. 306.

328 Celan, »Der Meridian«, S. 189.

329 Ebd., S. 188.

330 Ebd., S. 189.

331 So bezeichnet Alex Demirović die dann später den Frankfurter Studenten vermittelte Einübung in die nonkonformistische Haltung. Demirović, *Der nonkonformistische Intellektuelle*, S. 524.

332 Benjamin, *Ursprung des deutschen Trauerspiels*, S. 237.

333 Adorno/Kracauer, *»Der Riß der Welt geht auch durch mich«*, S. 141f.

334 Keller, *Die Leute von Seldwyla*, S. 17.

335 Adorno/Kracauer, *»Der Riß der Welt geht auch durch mich«*, S. 41.

336 Ebd.

337 Ebd., S. 91.

338 Kracauer stimmt Adorno in seiner Analyse grundsätzlich zu und verwendet im April 1925 beiläufig das Wort, das beide dann im September im Aquarium so schön materialisiert sehen: »Gallert«. Adorno/Kracauer, *»Der Riß der Welt geht auch durch mich«*, S. 47.

339 Bochow, *Das Theater Meyerholds und die Biomechanik*, S. 20f.

340 Ebd., S. 21.

341 Ebd., S. 88.

342 Ebd., S. 41f.

343 Adorno/Berg: *Briefwechsel 1925 – 1935*, S. 250.

344 Ebd.

345 Benjamin/Lacis, »Neapel«, S. 309. Meyerhold spricht von einer »rhythmische[n] Architektonik«. Meyerhold, »Zur Geschichte und Technik des Theaters«, S. 106.

346 Goethe, *Dichtung und Wahrheit*, S. 14.

347 Goethe, *Die Wahlverwandtschaften*, S. 287.

348 Kierkegaard, »Johannes Climacus oder De Omnibus dubitandum est«, S. 113.

349 Sohn-Rethel, »Das Ideal des Kaputten«, S. 33.

350 Ebd.

351 Benjamin/Lacis, »Neapel«, S. 310.

352 Ebd., S. 314.

353 Ebd., S. 315.

354 Bloch, »Italien und die Porosität«, S. 510.

355 Zum Gegensatz von offener und geschlossener Bauweise siehe auch Steinfeld, *Der Arzt von San Michele*, S. 140ff.

356 Benjamin, *Einbahnstraße*, S. 89.

357 Blumenberg, *Schiffbruch mit Zuschauer*, S. 78.

358 Kracauer, *Ginster*, S. 15.

359 Ebd.

360 Ebd., S. 16.

361 Ebd., S. 35.

362 Benjamin/Lacis, »Neapel«, S. 308.

363 In der Vorstufe zum Neapel-Denkbild war der Passus zum Reiseführer länger und programmatischer. Der Baedeker habe vermocht, »gegen Abenteuer die reisende Bourgeoisie zu versichern«. Seine fanatische Exaktheit, seine Pedanterie bei dem Bemühen, die »Landschaft technisch zu organisieren« sei »eine Prophezeiung auf die Autostrassen«. (Vorstufe zu Benjamin/Lacis, »Neapel«, The National Library of Israel, ARC.4° 1598/96, S. 2). Die Autoren mussten dann mit einem »Dennoch« anschließen, um auf die zitierte Unexaktheit zu kommen, womöglich hat diese Wendung zuviel die Autoren zum Strich veranlasst.

364 Adorno/Berg, *Briefwechsel 1925–1935*, S. 59.

365 »Schüler Schönbergs sein aus Wahl und entschiedener noch als in handwerklicher Treue besagt: sein Schüler nicht sein, sondern, gleich ihm, im Bruch mit aller vorgegebenen Objektivität und unter dem Zeichen der Einsamkeit zu beginnen und die Macht der Bestätigung allein in jener Wahrheit zu belassen, die Einsamkeit befahl« (18, 457).

366 Schnebel, »Komposition von Sprache – sprachliche Gestaltung von Musik in Adornos Werk«, S. 129ff.

367 Hörisch, »Über die Sprache Adornos, S. 265.

368 Adornos Vortragsweise dagegen war deutlich porös: »In eigentümlichem Gegensatz zum Fluß der Rede stand, daß sie nicht dahinglitt, daß sie die Wörter nicht verschliff, sondern daß jedes Wort gleichsam freigestellt wurde, mit einem winzigen Abstand zum nächsten, als habe ein jegliches ein Recht darauf, gehört zu werden. Wenn durch die Stimme ein Wort so wichtig wird wie das nächste, mag man das einen Hierarchieabbau der Sprache nennen, man kann aber auch sagen, die Stimme verwende Sprache wie musikalisches oder poetisches Material, im Sinne eines von Adorno gern zitierten Wortes von Schönberg, wonach jeder Ton gleichweit vom Mittelpunkt entfernt sei.« Reichert, »Adorno und das Radio«, S. 455.

369 Theodor W. Adorno Archiv, Frankfurt am Main, Ts 0432.

370 Die verschiedenen subjektiven Haltungen (ästhetisch, ethisch, religiös) bilden sogenannte Sphären aus, die, als »antithetische [...] Momente« (2, 129) des subjektiven Prozesses, demselben Modell unterliegen. Die Sphären verselbständigen sich und beginnen eine mythische Herrschaft über das Subjekt, das sie doch produzierte (2, 130). Auch hier findet wieder eine Begegnung mit der eigenen mythischen Verfassung statt, die sich gegen einen selbst zu richten vermag: »in der Objektivität der Sphären, der mythischen, zweideutigen, dementiert sich der Herrschaftsanspruch des autonomen Ich« (2, 139). Aber nicht nur das. Die Sphären selbst tragen ein Moment der Selbstzerstörung in sich, das den produktiven Zusammenbruch auf der Seite des Subjekts nachbildet. Denn die Bewegung von der einen Sphäre zur anderen wird von Kierkegaard als Sprung verstanden. Für Adorno sind diese Sphären aber nur beliebig veränderbare Luftblasen im Innern des still sitzenden Privatiers: »im Subjekt als ihrem Schauplatz vergehen Sphären, eröffnen sich andere« (2, 138). Gerade dieses Verfehlen eines wie auch immer gearteten Übergangs aber bereitet als Diskontinuität wieder das Modell der Konstellation vor: durch die ständigen Sprünge von einer Sphäre zu anderen entsteht ein »Entwurf einer ›intermittierenden‹ Dialektik, deren wahrer Augenblick nicht das Weitergehen sondern das Innehalten, nicht der Prozeß sondern die Cäsur ist«, die sich »im Zentrum der Kierkegaardschen Existenzphilosophie, als Einspruch transsubjektiver Wahrheit, der mythischen All-Herrschaft des spontanen Subjekts« (2, 143) entgegensetzt. Das ›Intermittieren‹, das Innehalten und die Zäsur sind Haltungen, die Benjamin als für eine gelungene Konstellation notwendige in seiner *Erkenntnistheoretischen Vorrede* festgesetzt hat. Wieder nimmt Adorno eine Metapher wörtlich, wenn er den Atem als »Wiedereinsetzung des Leibes im Rhythmus absoluter Spiritualität« (2, 144) liest. Und so kommt es am Ende des Kapitels denn endlich zur Freistellung der Phänomene auch

auf Seiten der Sphären: »Transzendierend erst werden die Phänomene losgerissen von den Bedeutungen, die ihnen die Sphärenlogik als Schema autonomer Bewegung zuerteilte; werden inkommensurabel und konkret« (2, 149).

371 Lorenz Jäger hat darauf hingewiesen, wie sehr Adorno sich im Kierkegaard-Buch formal an das Trauerspielbuch anlehnt (Jäger, *Adorno*, S. 104). Für letzteres hat Jäger die strenge Komposition ausgemacht, dass sich in der Mitte das Melancholiekapitel und in dessen Mitte die »Lehre vom Saturn« befindet und das gesamte Buch sich um diese Mitte herum aufbaue (Jäger, »Die esoterische Form«, S. 150f.). Tatsächlich hat auch das Kierkegaard-Buch sieben Kapitel. Und wie zentral das mittlere als Abhandlung der mythischen Existenz auch sein mag – der wesentliche formale Unterschied zum Trauerspielbuch besteht eben darin, dass neben der Konstellation, die das ganze Buch vollzieht, mit dem letzten Kapitel eine besondere Konstellation gleichsam ausgekoppelt ist. (Zudem ließe sich Jägers Lokalisierung der Mitte des Trauerspielbuches durchaus problematisieren. Versteht man die Vorrede als lediglich vorgeschaltet, dann suggeriert das Inhaltsverzeichnis eine Zweiteilung, und die Mitte wäre dann doch die Hamlet-Stelle, die mit dem Erlösungsgeschehen des Endes korrespondiert.)

372 Noch im selben Abschnitt findet sich eine weitere Metapher, die als dialektisches Bild gegen das eigentlich Auszudrückende Eigenrecht reklamiert. Kierkegaards Inszenierung eines verzweifelten Lesenden soll laut Adorno »die schlecht-unendliche Reflexion des ›ästhetischen‹ [...] Menschen vorstellen« (2, 179). Doch gegen die intendierte Bedeutung emanzipiert sich diese ›Vorstellung‹ als Ausdruck für den Prozess der Konstellation: »Aber kein treueres Bild der Hoffnung ließe sich denken als das der echten, in Spuren lesbaren, in Geschichte blassenden Chiffren, die dem überfluteten Auge entschwinden, in dessen Weinen sie sich doch bewähren; dem Weinen der Verzweiflung, darin dialektisch, als Rührung, Trost und Hoffnung leibhaft in Lichtfiguren erscheinen« (2, 179).

373 Benjamin/Lacis, »Neapel«, S. 315.

374 Ebd., S. 314.

375 Benjamin, »Ein Außenseiter macht sich bemerkbar«, S. 225.

376 Ebd. Benjamins Haltung dazu ist schwankend. In »Der Autor als Produzent« hält er den »Klassenverrat« des bürgerlichen Schriftstellers dann doch für möglich. (Benjamin, »Der Autor als Produzent«, S. 700f.).

Der Verlust der Konstellation

1 Kracauer, »Gestalt und Zerfall«, S. 287.

2 Bloch, *Briefe 1903 – 1975*, S. 273.

3 Ebd., S. 281. Und: »Je durchlöcherter die Lebensformen sind, desto mehr mögen die wahren Verhältnisse hindurch leuchten.« Ebd., S. 280.

4 Kracauer, »Die Bibel auf Deutsch«, S. 385.

5 Clavel, *Mein Bereich*, S. 23.

6 Kracauer, »Lichtreklame«, S. 530.

7 Ebd., S. 531. Zum Einfluss Kracauers auf nachfolgende Konzepte von Urbanität siehe: Schwanhäußer, *Kosmonauten des Underground*, S. 273ff.

8 Kracauer, »Das Ornament der Masse«, S. 612.

9 Ebd., S. 613f.

10 Ebd., S. 620.

11 Ebd., S. 613.

12 Ebd., S. 620.

13 Kracauer, *Die Angestellten*, S. 222.

14 Benjamin, *Das Kunstwerk im Zeitalter seiner technischen Reproduzierbarkeit*, S. 359.

15 Ebd.

16 Ebd.

17 Ebd., S. 374.

18 Eisenstein, »Montage der Attraktionen«, S. 13.

19 Benjamin, *Das Kunstwerk im Zeitalter seiner technischen Reproduzierbarkeit*, S. 380.

20 Ebd.

21 Kracauer, »Kult der Zerstreuung«, S. 211.

22 Kracauer, »Das Ornament der Masse«, S. 622.

23 Kracauer, »Kult der Zerstreuung«, S. 212.

24 Ebd., S. 211f.

25 Benjamin, *Das Kunstwerk im Zeitalter seiner technischen Reproduzierbarkeit*, S. 372.

26 Zur kurzzeitigen Aufwertung des »zerstreuten« Charakters, bevor ihm als vermeintlich leichte Beute des Faschismus »die Kernsätze einer schwarzen Anthropologie aufgehalst« werden, siehe Lethen, *Verhaltenslehren der Kälte*, S. 235ff., Zitat S. 237.

27 »Die Verschiebung des Interesses auf den Farbreiz und den einzelnen Trick vom Ganzen [...] könnte als erneuter Durchbruch durch die disziplinierende Funktion optimistisch gedeutet werden. Gerade diese Deutung jedoch wäre irrig« (14, 38).

28 Sohn-Rethel, »Einige Unterbrechungen waren wirklich unnötig«, S. 256ff.; Sohn-Rethel, *Soziologische Theorie der Erkenntnis*, S. 259ff.

29 Adorno/Sohn-Rethel, *Briefwechsel 1936–1969*, S. 32.
30 Ebd.
31 Ebd., S. 16.
32 Ebd.
33 Ebd., S. 42.
34 Ebd., S. 165.
35 Ebd., S. 35.
36 Adorno/Kracauer, »*Der Riß der Welt geht auch durch mich*«, S. 274f.
37 Adorno/Berg, *Briefwechsel 1925–135*, S. 263f.
38 Horkheimer, »Die gegenwärtige Lage der Sozialphilosophie und die Aufgaben eines Instituts für Sozialforschung«, S. 29.
39 Zitiert nach Chadwick, »Mátyás Seiber's Collaboration in Adorno's Jazz Project, 1936«, S. 264.
40 Ebd.
41 Adorno/Kracauer, »*Der Riß der Welt geht auch durch mich*«, S. 332 und Adorno/Horkheimer, *Briefwechsel 1927–1969*, Bd. I, S. 220.
42 Adorno/Kracauer, »*Der Riß der Welt geht auch durch mich*«, S. 352ff.
43 Ebd., S. 396ff.
44 Vgl. dazu Dubiel, »Ideologiekritik versus Wissenssoziologie«.
45 Adorno/Horkheimer, *Briefwechsel 1927–1969*, Bd. I, S. 105.
46 Adorno/Benjamin, *Briefwechsel 1928–1940*, S. 76.
47 Zitiert nach Gumnior/Ringguth, *Horkheimer*, S. 16.
48 Wiggershaus, »Friedrich Pollock – der letzte Unbekannte der Frankfurter Schule«, S. 750.
49 Zitiert nach: Ebd., S. 754.
50 Gangl, »Staatskapitalismus und Dialektik der Aufklärung«, S. 159.
51 Wiggershaus, »Friedrich Pollock – der letzte Unbekannte der Frankfurter Schule«, S. 755.
52 Adorno/Horkheimer, *Briefwechsel 1927–1969*, Bd. II, S. 139ff.
53 Diese Diskussion ist in eine größere Auseinandersetzung über die korrekte Beschreibung der neuen (oder zugespitzten) Wirtschaftsform eingebettet. Siehe für eine detaillierte Darstellung: Wiggershaus, *Die Frankfurter Schule*, S. 314ff. Das Ringen um die Analyse dieser Wirtschaftsform als Staats- oder Monopolkapitalismus (hauptsächlich zwischen Pollock und Franz Neumann, dem Autor von *Behemoth*) bezeichnet Wiggershaus als »Streit um Worte« (ebd., S. 324).
54 Gangl, »Staatskapitalismus und Dialektik der Aufklärung«, S. 159.
55 Sohn-Rethel, *Erinnerungen*.
56 Allerdings unter intensiver Zuhilfenahme des Komponisten und Jazz-Experten Mátyás Seiber.
57 »Sicherlich ist der Aufsatz ÜBER JAZZ wirkungsgeschichtlich einer der

schwierigsten und problematischsten Texte Adornos. Er wurde ebenso oft vehement kritisiert wie höflich ignoriert, kaum je substantiell als Beitrag zu einer wirklichen Theorie des Jazz ernst genommen.« Fahlbusch, »Über Jazz«, S. 20. Siehe auch Steinert, *Die Entdeckung der Kulturindustrie oder: warum Professor Adorno Jazz-Musik nicht ausstehen konnte.*

58 Zitiert nach Richter, »Das blaue Feuer der Romantik«, S. 88.

59 Ebd., S. 80.

60 Machatschek, *Golf von Neapel*, S. 246f.

61 Steinfeld, *Der Arzt von San Michele*, S. 176ff.

62 Kempter, »Nachwort«, S. 99. Richter, »Friedrich Alfred Krupp auf Capri.«, S. 175. Siehe auch die zornige Verteidigung von Norman Douglas: Douglas, *Rückblick*, S. 194.

63 Gregorovius, *Wanderjahre in Italien*, S. 23.

64 Andersen, *Aus Andersens Tagebüchern*, S. 189.

65 Flaubert, *Correspondance*, S. 760. Zitiert nach Richter, *Der Vesuv.*, S. 88.

66 Munthe, *Das Buch von San Michele*, S. 128.

67 Vorstufe zu Benjamin/Lacis, »Neapel«, The National Library of Israel, ARC.4° 1598/96, S. 1.

68 Benjamin/Lacis, »Neapel«, S. 316.

69 »Nicht alte und verdrängte Triebe werden in den genormten Rhythmen und genormten Ausbrüchen frei: neue, verdrängte, verstümmelte erstarren zu Masken der längst gewesenen« (17, 84).

70 »Wollte man die Interferenzerscheinung Jazz mit großen und handfesten Stilbegriffen bestimmen, man könnte ihn die Kombination von Salonmusik und Marsch nennen. Jene repräsentiert eine Individualität, die in Wahrheit keine ist, sondern bloß deren sozial produzierter Schein; dieser eine ebenso fiktive Gemeinschaft, die durch nichts anderes sich bildet als durch Gleichrichtung von Atomen unter auf sie ausgeübtem Zwang« (17, 91f.).

71 Sohn-Rethel, »Das Ideal des Kaputten«, S. 36.

72 Ebd., S. 38.

73 Adorno/Horkheimer, *Briefwechsel 1927–1969*, Bd. I, S. 173.

74 Ebd., S. 160.

75 Ebd., S. 170.

76 Ebd., S. 169.

77 Ebd., S, 173.

78 Wir befinden uns bei der Analyse der Kierkegaardschen Sphären. Das moralische Leben ordnet sich dort »nach Naturkategorien. Zwar nicht nach kausalen: doch nach astrologischen« (2, 130), die Konturen der Sphären »verwandeln sich kraft ihrer Abstraktheit gerade ins fern drohende Sternbild von Mythologie« (2, 131).

79 Benjamin, *Ursprung des deutschen Trauerspiels*, S. 309.

80 Nur durch diesen Gleichklang von utopischer und schicksalhafter Konstellation kann sich Lorenz Jäger in seinem Brevier zur Astrologie den subtilen Spaß erlauben, den Gang durch die Sternzeichen mit der »bestimmten Negation«, die ja in Adornos Version deutliche Ähnlichkeit mit der Konstellation aufzeigt, zu vergleichen. Jäger, *Die schöne Kunst, das Schicksal zu lesen*, S. 22. Stéphan Mosès schreibt zur Ambivalenz des Begriffs der Konstellation bei Benjamin: »Gewiß widersprechen sich diese beiden Interpretationen der Sternmetaphorik, die kantische und Goethesche in gewisser Hinsicht: Die ethische Transzendenz steht der mythischen Fatalität gegenüber wie die Freiheit der Notwendigkeit«. Mosès, Der *Engel der Geschichte*, S. 103. Ein ganz anders gelagertes Beispiel für diese Ambivalenz geben die rhetorischen Anstrengungen, die Henri Lefèbvre unternehmen muss, um die Konstellation von ihren negativen Konnotationen freizuhalten: »Das sogenannte ›geistige‹ Leben erscheint uns wie eine *Konstellation*. Das graue Licht der Alltäglichkeit – dieses blasse Helldunkel – verbirgt die Konstellation der Momente. Es bedarf nur einer Trübung, die den Alltag verfinstert, und schon erhebt sich die Konstellation am Horizont. Jeder sucht sich nun seinen Stern, in freier Wahl – will sagen unter dem Eindruck eines unwiderstehlichen inneren Drangs. Niemand wird gezwungen, sich für einen zu entscheiden. Das Sternbild der Momente fügt sich keiner Astrologie: Die Freiheit kennt kein Horoskop. Es sind die falschen Sonnen, die unser Alltagsleben am Tage erhellen: die Moral, der Staat, die Ideologie; sie tun schlimmeres als nur falsches Licht zu verbreiten: Sie halten den Alltag weit unter seinen Möglichkeiten fest. Leider glänzen die Sterne des Möglichen nur in der Nacht. Früher oder später geht der graue Alltag wieder auf, und die falschen Sonnen (auch die schwarze Sonne der blanken Angst) steigen von neuem am Himmel auf. Die Sterne werden solange nur in der Nacht glänzen, bis der Mensch diesen Tag und diese Nacht verändert hat.« Lefèbvre, *Kritik des Alltagslebens*, S. 183f.

81 Mann, *Doktor Faustus*, S. 277.

82 Ebd., S. 280.

83 Ebd., S. 282.

84 Ebd., S. 283. Die zuständige und in der Druckfassung gekürzte Stelle aus der *Philosophie der Neuen Musik* lautet: »Die Zwoelftonrationalitaet naehert mit Astrologie, Glueckspiel und Zeichendeutung dem Aberglauben an solche Maechte sich an, die nicht gleich Geistern und Gespenstern jenseitiges Sein beanspruchen, sondern vielmehr Dasein zu bestimmen scheinen, ohne dass ihnen selber Sein zukaeme. All dies Nichtige, das herrscht, ohne zu sein, ist versammelt im Namen des

Schicksals. Schicksal hat keine Transzendenz. Es ist, worin immer das Sein selber als Nichts sich zu lesen gibt. Damit aber eine Konstellation im Sein. Ihr Sinn ist die Nichtigkeit des Seins, das zu solchen Konstellationen gerinnt. Drum heftet der Schicksalsglaube stets sich an Konstellationen: die der Sterne zumal und dann die der Zahlen.« Zitiert nach: Mann, *Doktor Faustus*, Kommentar von Ruprecht Wimmer, S. 490.

85 Deswegen kann Buck-Morss die Technik der berühmten Untersuchung zur Autoritären Persönlichkeit, an der Adorno mitarbeitet, mit der Formidee der Konstellation zusammenbringen – die zu untersuchende Gesellschaft hat für Adorno inzwischen die konstellative Form angenommen: »The idea that a cluster of elements which on the surface appeared to be unrelated and irrational (in this case, responses to an opinion questionnaire) could be rearranged in various trial combinations (the final F scale was the product of many such arrangements) until they fell into a configuration with an inner logic which could be read as meaningful (here the structure of the authoritarian personality) fully paralleled the method of constructing constellations.« Buck-Morss, *The Origin of Negative Dialectics*, S. 182.

86 Paškevica, *In der Stadt der Parolen*, S. 133f.

87 Marx, *Der achtzehnte Brumaire des Louis Bonaparte*, S. 115.

88 Ebd., S. 117.

89 Adorno/Horkheimer, *Briefwechsel 1927 – 1969*, Bd. I, S. 174.

90 Horkheimer, »Egoismus und Freiheitsbewegung«, S. 27f.

91 Kracauer, »Felsenwahn in Positano«, S. 300.

92 Ebd., S. 299f.

93 Douglas, *Rückblick*, S. 37.

94 Nachruf von Emil Henk, Typoskript, S. 2. Staatsarchiv Basel, Nachlass Gilbert Clavel.

95 »Da wir gerade von Zeugung und Geburt reden, möchte ich Dich bei dieser Gelegenheit an meinen alten Hoden erinnern, der in Kl. Hüningen in einem Einmachglas aufbewahrt wird. Ich sagte Mama, sie solle etwas Flüssigkeit (Formol oder sonst ein Mittel) auf das verlorene Ei giessen lassen, um es vor der ewigen Vertrocknung zu retten. Wenn dann später das Gold wieder im Preise sinkt, werde ich mir von Sauter eine goldene Kapsel dafür bilden lassen, damit ich mein Ei als Talisman in der Tasche tragen kann. In einer guten Stunde werde ich es auch einer schönen Frau in die Hand legen und sie raten lassen!!« Szeemann, »Gilbert Clavel«, S. 100.

96 Szeemann, »Gilbert Clavel«, S. 280f.

97 Kracauer, »Felsenwahn in Positano«, S. 300.

98 Szeemann, »Gilbert Clavel«, S. 288.

99 Kracauer, »Felsenwahn in Positano«, S. 300.

100 *Berliner Illustrirte Zeitung*, 33. Jhg., Nr. 45, 9. November 1924, S. 1344.

101 Kracauer, »Felsenwahn in Positano«, S. 302.

102 Horkheimer, »Egoismus und Freiheitsbewegung«, S. 67.

103 Ebd., S. 66.

104 Adorno/Benjamin, *Briefwechsel 1928–1940*, S. 345.

105 Szeemann, »Gilbert Clavel«, S. 256.

106 Ebd., S. 260.

107 Norton, *Leonide Massine and the 20th Century Ballet*, S. 278.

108 Spina, *Der Mythos der Sirene Parthenope*.

109 Bevor sie dann als »Sirene in Mayonnaise« in Malapartes Roman *Die Haut* auf der Festplatte für die Generäle serviert wird. Malaparte, *Die Haut*, S. 184 und S. 204ff. Siehe auch Anmerkung S. 269, Nr. 272.

110 Auch an jenem Ort, an dem die *Dialektik der Aufklärung* geschrieben wird, gibt es eine leise Erinnerung an den Golf von Neapel. Wenn Adorno Hanns Eisler besuchen wollte, mit dem er das Buch *Komposition für den Film* verfasste, dann musste er zum Amalfi Drive, Nr. 689. Napoli, Capri und Sorrento Drive sind ganz in der Nähe.

111 Adorno, *Briefe an die Eltern 1939–1951*, S. 294.

112 Ebd.

113 Kracauer, »Felsenwahn in Positano«, S. 297.

114 Im Typoskript sind die einzelnen Abschnitte noch deutlicher durch Sternchen gekennzeichnet. Theodor W. Adorno Archiv, Frankfurt am Main, Ts 0498, S. 18 und S. 33.

115 Wie z. B. Richter, »Die Erbschaft der Konstellation«.

116 Adorno/Benjamin, *Briefwechsel 1928–1940*, S. 194.

117 Abromeit, *Max Horkheimer and the Foundations of the Frankfurt School*, S. 349ff. Dabei übersieht er allerdings, dass damit das Konzept der Konstellation nicht abgelöst wird, sondern dieses die Hegel-Aneignung überhaupt erst ermöglicht.

Das Wiederfinden der Konstellation

1 Adorno/Horkheimer, *Briefwechsel 1927–1969*, Bd. I, S. 374.

2 Adorno/Horkheimer, *Briefwechsel 1927–1969*, Bd. II, S. 29.

3 Sohn-Rethel, »Einige Unterbrechungen waren wirklich unnötig«, S. 284.

4 Adorno/Horkheimer, *Briefwechsel 1927–1969*, Bd. III, S. 100.

5 Adorno/Kracauer, *»Der Riß der Welt geht auch durch mich«*, S. 449.

6 Die genauen Daten der Reise sind schwer zu rekonstruieren. Am 12. September 1925 schreibt Adorno von Capri aus an Berg, am 24. September ist er in Paestum (siehe Anmerkung S. 265, Nr. 206). Da er laut eigener

Aussage zu Beginn und kurz vor Abreise in Neapel war, ist ein Neapel-Aufenthalt am 19. September sehr unwahrscheinlich.

7 Der Blutstrahl im Motto zum Schubert-Aufsatz ist eine der wenigen Ausnahmen. Siehe auch Menninghaus, der zu Benjamins heikler »unblutigen Vernichtung« aus dem Essay »Zur Kritik der Gewalt« anmerkt, »daß Benjamins gezielte Devaluation des Blutes gegen jede Art des biologistischen Rassismus gerichtet zu sein scheint«. Menninghaus, »Das Ausdruckslose: Walter Benjamins Kritik des Schönen durch das Erhabene«, S. 67.

8 Adorno: *Briefe an die Eltern 1939 – 1951*, S. 190.

9 Die Funktionsweise der Konstellation in den anderen, von Adorno mindestens mitverantworteten Abschnitten der *Dialektik der Aufklärung* kann hier nur angerissen werden. Im »Begriff der Aufklärung« wird die Konstellation nutzbar gemacht als anzustrebende aber immer enttäuschende Grenzkategorie. Im Essay zur Kulturindustrie kommt ein weiterer Aspekt hinzu. Die neue geschichtliche Ära fügt die Elemente der abgelösten Ära zu Zerrbildern zusammen und macht damit offenbar, dass alles, was zur Ablösung der alten Ära führte, bereits in dieser steckte. (Horkheimer hat das in seinem Essay »Die Juden in Europa« vorgemacht). Adorno schreitet im Kulturindustrie-Kapitel einen Bestandteil der traditionellen Ästhetik nach dem anderen ab. Und immer zerrt die Kulturindustrie die in der bürgerlichen Phase verborgene Wahrheit ans Licht. Sie zeigt die Wahrheit über den Stil, über Katharsis, über die Tragik, über das Prinzip der Individualität. Adorno hält das fast den gesamten Essay über durch. Aber im letzten Abschnitt gibt es dann doch etwas, das nicht als immer schon dem herrschaftlichen Prinzip verpflichtet enthüllt wird. Etwas, dem Adorno die frühere utopische Wirkungsweise nicht absprechen will. Im letzten Abschnitt handelt Adorno von etwas, das in monopolistischen Zeiten das womöglich Unsinnigste ist: die Reklame. Und gemäß der Logik, die den Essay bisher durchwirkte, vollstreckt die Reklame nur als Zerrbild die Tendenz, die der Sprache als bloßer Benennung dessen, was ohnehin ist, immer schon zu Eigen war. Sprache aber ist für Adorno viel zu wertvoll, als dass er ihr eine immer schon ins Katastrophische führende Tendenz unterstellen könnte. Im letzten Abschnitt bricht die frühere Konzeption wieder durch. Kulturindustrie bringt nicht mehr die Wahrheit der Sprache zum Vorschein, sondern muss die Sprache missbrauchen, ihr Gewalt antun, um sie zur Reklame machen zu können. Am Ende des Kulturindustrie-Essays wirkt es so, als würde Adorno die Konzeption abrupt ändern. Aber dieses Ende war immer schon nur ein vorläufiges. »Fortzusetzen« stand in den früheren Ausgaben unter diesem Ende – die im Anhang der *Gesammelten*

Schriften nachgelieferte Fortsetzung zeigt, dass Adorno direkt an dieses Ende anschließt, mit eben diesem Konzeptionswechsel. Das frühere Ende stellt sich somit als mittlere Gelenkstelle heraus: Von jetzt an ist die Kulturindustrie nicht mehr die Enthüllung der Wahrheit der Kunst des liberalen Zeitalters. Ab jetzt wird die monopolistische Ära eben doch wieder als Usurpatorin des utopischen Potentials der bürgerlichen Kunst beschrieben. Alle von dieser Stelle an diskutierten Momente: das Nichtüberschreiten der Formimmanenz, die niederen künstlerischen Formen in der Tradition des Varieté und des Kitsches, das Stillstellen der Zeit, das Aufgeben der bürgerlichen Intrige als Movens der Handlung, die Sachlichkeit und die Neugier – all das ist eben nicht mehr Vollstreckung der schon in der bürgerlichen Kunst angelegten Tendenz, sondern deren Parodie oder Fata Morgana: Es ist die falsche Liquidation des künstlichen Scheins, es ist wieder die schmählich verpasste Chance des revolutionären Umbruchs. Im wirklich letzten Abschnitt dieses Essays findet sich dann eben auch die bereits zitierte Beschreibung der Usurpation der Konstellation. Das, was die Auflösung des Rätsels früher einmal leisten sollte, die Konstellierung der Bilder als Hieroglyphen, als Schrift, wird in der Hand der Massenkultur zum Kommando und zum Befehl. In den »Elementen des Antisemitismus« findet sich wieder das Anrennen gegen ein Eingedenken von Natur, das den utopischen Moment der Selbstbegegnung usurpiert hat. Die Juden werden vom Antisemitismus in verschiedene Bilder des scheinbar Überwundenen gezwungen: der durch das Individuum überwundenen Natur, der überwundenen Zirkulationssphäre des Kapitalismus, der überwundenen Magie in der Religion. Im 1944 letzten (in der Druckfassung vorletzten) Abschnitt ziehen Adorno und Horkheimer das programmatische Fazit: Die pathische Projektion ist das genaue Gegenteil des Eingedenkens. Aber selbst diese maximale Katastrophe wird als Höllenbild wieder zweideutig und bewahrt die Chance einer »echten« Selbstbegegnung. »Die Antisemiten sind dabei, ihr negativ Absolutes aus eigner Macht zu verwirklichen, sie verwandeln die Welt in die Hölle, als welche sie sie immer schon sahen. Die Umwendung hängt davon ab, ob die Beherrschten im Angesicht des absoluten Wahnsinns ihrer selbst mächtig werden und ihm Einhalt gebieten« (3, 225).

10 Zur Vorgeschichte dieser Metapher siehe: Blumenberg, *Schiffbruch mit Zuschauer*, S. 56.

11 Platthaus, *Höllenfahrten*, S. 95f.

12 Adorno/Kracauer: *»Der Riß der Welt geht auch durch mich«*, S. 174.

13 Ebd., S. 176.

14 Kracauer, »Felsenwahn in Positano«, S. 298.

15 Ebd.

16 Theodor W. Adorno Archiv, Frankfurt am Main, Ts 2192.
17 Ebd.
18 Ebd., Ts 2194.
19 Ebd.
20 Ebd., Ts 2170.
21 Auch das zuvor zitierte »spukhafte Phantom« wird zum »halluzinierten Phänomen« (4, 273).
22 Theodor W. Adorno Archiv, Frankfurt am Main, Ts 2194.
23 Ebd., Ts 2193.
24 Reijen/Bransen, »Das Verschwinden der Klassengeschichte in der ›Dialektik der Aufklärung‹«, S. 456f.
25 Mittelmeier, »Es gibt kein richtiges Sich-Ausstrecken in der falschen Badewanne«, S. 3.
26 The Scribble-In-Book I, Theodor W. Adorno Archiv, Frankfurt am Main, Ms 19.
27 Adorno/Kracauer, *»Der Riß der Welt geht auch durch mich«*, S. 478 und S. 490.
28 Adorno/Mann, *Briefwechsel 1943–1955*, S. 140.
29 Adorno/Kracauer, *»Der Riß der Welt geht auch durch mich«*, S. 459.
30 Brief vom 4. März 1964. Abgedruckt in: Felsch/Mittelmeier, »›Ich war ehrlich überrascht und erschrocken, wie umfangreich Sie geantwortet haben‹«, S. 174.
31 Ebd.
32 Adorno/Sohn-Rethel, *Briefwechsel 1936–1969*, S. 152.
33 Honneth, »Gerechtigkeit im Vollzug«, S. 109 und S. 93.
34 Theodor W. Adorno Archiv, Frankfurt am Main, ab Ts 13394.
35 Ebd., Ts 13413.
36 Ebd., Ts 13373.
37 Ebd., Ts 13411 und Ts 13210.
38 Ebd., Ts 13223. Das ist ein Anklang an den frühen Vortrag »Die Aktualität der Philosophie«, wo Adorno bereits den Begriff des Modells für die Technik der Konstellation benutzte (1, 340f.).
39 Zitiert nach Müller-Dohm, *Adorno*, S. 639.
40 Stammer (Hg.), *Max Weber und die Soziologie heute*, S. 172.
41 Ebd., S. 162: »ich bin mit diesem Vortrag gänzlich, von Anfang bis zum Ende, bis zum letzten Wort einverstanden«, schrieb Adorno an Marcuse über den Entwurf zum Vortrag (Theodor W. Adorno Archiv, Frankfurt am Main, 969/73) aus dem Gefühl heraus, dass Marcuse alle im Vorfeld diskutierten Tipps angenommen hat. Horkheimer schlug vor, zu zeigen, »dass der Formalismus Weber's immer noch konkreter ist als die heutige Konkretion der falschen Empiriker« (ebd., 969/63), und Adorno legte

nach: »übrigens läßt sich gerade in ›Wirtschaft und Gesellschaft‹ zeigen, daß durch die ungeheure Materialfülle, die es bei Max Weber gibt, [...] das gleichsam formaljuristisch definitorische Verfahren in der Bildung der Idealtypen vielfach überschritten wird« (ebd., 969/64).

42 Eisenstein, *Das dynamische Quadrat*, S. 344. Wenn Christa Wolf in ihrem letzten Buch davon spricht, wie sehr ihr die »uralte Tatsache« zu schaffen macht, »daß von allem, was gleichzeitig geschieht und gedacht und empfunden wird, in dem linearen Schriftzug auf dem Papier nicht gleichzeitig die Rede sein kann« (Wolf, *Stadt der Engel oder The Overcoat of Dr. Freud*, S. 26), dann gibt sie dafür ein weiteres Beispiel.

43 Soja, *Postmodern Geographies*, S. 2. Zitiert nach Schlögel, *Im Raume lesen wir die Zeit*, S. 50.

44 Wellmer, »Wahrheit, Schein, Versöhnung. Adornos ästhetische Rettung der Modernität«, S. 44 und S. 26.

45 Auch Schlögel benutzt die Metapher der Stereoskopie für die vom spatial turn kommende nicht-lineare Logik (Schlögel, *Im Raume lesen wir die Zeit*, S. 49). Die Erfahrung, dass das lineare Medium der Schrift der als nicht-linear empfundenen Realität nicht beikommt, wird umso relevanter, je unübersichtlicher, also »moderner« die Realität wird (Schlögel, *Im Raume lesen wir die Zeit*, S. 62). In den 1920er-Jahren werden wesentliche Modernisierungsschübe auch im alltäglichen Empfinden virulent, deswegen ist es wohl kein Zufall, dass Gumbrecht die Technik, eine bestimmte Zeit nicht durch Narration, sondern entlang der Fragmente eines synchronen Schnitts darzustellen, am Jahr 1926 ausprobiert (Gumbrecht, *1926*).

46 Mosebach, *Die schöne Gewohnheit zu leben*, S. 149.

47 Benjamin/Lacis, »Neapel«, S. 308.

48 Adorno/Berg, *Briefwechsel 1925–1935*, S. 141f.

49 Ebd., S. 165.

50 Adorno/Kracauer, *»Der Riß der Welt geht auch durch mich«*, S. 309.

51 Adorno/Horkheimer, *Briefwechsel 1927–1969*, Bd. I, S. 52.

52 Adorno, *Briefe an die Eltern 1939–1951*, S. 346.

53 Adorno/Horkheimer, *Briefwechsel 1927–1969*, Bd. IV, S. 127.

54 Adorno, *Briefe an die Eltern 1939–1951*, S. 337.

55 Ebd., S. 345.

56 Ebd., S. 352.

57 Ebd., S. 357.

58 Mann, *Der Zauberberg*, S. 333.

59 Ebd., S. 527f.

60 Adorno, *Zu einer Theorie der musikalischen Reproduktion*, S. 381.

61 Ebd., S. 207.

62 Ebd., S. 9. 1951 wandert die Idee von der Interpretation als »Röntgenphotographie des Werks« (10, 149) in einen Aufsatz über Bach.

63 Schmid Noerr, *Das Eingedenken der Natur im Subjekt*, S. 8 – 12. Siehe auch die Interpretation dieser Szene in: Rutschky, *Erfahrungshunger*, S. 93.

Auf dem Wasser liegen

1 Kracauer, »Felsenwahn in Positano«, S. 299.

2 In seiner Analyse der Metapher vom Schiffbruch mit Zuschauer beschreibt Blumenberg auch die Inanspruchnahme des dem Wellengang ausgesetzten Schiffes als Metapher für die Sprache, die – wie das Schiff – immer nur im Modus ihres Gebrauch verbessert/repariert werden kann und nicht in einem trügerischen Nullzustand (Hafenreparatur). Blumenberg, *Schiffbruch mit Zuschauer*, S. 73. Das »Rauschen« wäre dann eine Zuspitzung dieser Metapherntradition.

3 Adorno/Mann, *Briefwechsel 1943 – 1955*, S. 122.

4 Mit diesem Wechsel der Metaphorik lässt sich auch die Bewegung der Dialektik aus Hegels Vorrede zur *Phänomenologie des Geistes* besser in Adornos Konzept integrieren. Siehe im Text S. 57.

5 Clavel, *Mein Bereich*, S. 23.

Nachleben

1 Adorno/Sohn-Rethel, *Briefwechsel 1936 – 1969*, S. 150.

2 Ebd., S. 152f.

3 Der Blick von Neapel aus führte ins Zentrum von Adornos Philosophie. Und dennoch verursacht dieser Blick naturgemäß perspektivische Verzerrungen. Dass die *Negative Dialektik* und die *Ästhetische Theorie* im Gegensatz zum Kierkegaard-Buch und Jazz-Aufsatz nur kursorisch behandelt wurden, will keine Aussagen über die jeweilige Bedeutung innerhalb des Œuvres Adornos treffen, sondern ist der Dramaturgie dieses Buches geschuldet, das nur jene Texte in den näheren Blick nehmen konnte, an denen sich eine Veränderung des Konstellationsmodells möglichst exemplarisch zeigt. Und auch in dieser Hinsicht musste eine Auswahl getroffen werden. Hochinteressant wäre es beispielsweise zu analysieren, auf welche Weise sich der Neapel-Aufenthalt auf Adornos *Zwei Stücke für Streichquartett* auswirkt: Der zweite Satz wurde vor, der erste nach der Neapelreise komponiert. Oder Adornos Arbeit an Husserl, die einen überaus reizvollen Nebenstrang ausbildet: Als erster Entwurf einer materialistischen Logik in direkter Nachfolge zum Kierkegaard-Buch geplant, wird der Text von Horkheimer scharf kritisiert und von Adorno erst in den 1950er-Jahren weiterverfolgt. Die Etappen der Theoriebildung Adornos könnten ein gutes Stück weit als Kommentierung der

vielfältigen Metamorphosen dieses Husserl-Projektes nachvollzogen werden. Adornos Essay zum Briefwechsel zwischen George und Hofmannsthal muss in diesem Zusammenhang unbedingt genannt werden, es konstelliert virtuos eine Dichterfreundschaft im Zerfall. Die Polemik des *Jargon der Eigentlichkeit* ist eine Bilderbuchkonstellation aus drei großen Teilen, in dessen Mitte Adorno die usurpierte Selbstbegegnung als Geste aus der Reinhardt-Ära inszeniert, bevor er die ideologisch aufgeladenen Worte (Mensch, Bindung, Begegnung, Anliegen) dann zu der entlarvenden Konstellation des Jargons zwingt. Oder das Buch über Gustav Mahler, um ein beliebiges weiteres und letztes Beispiel zu nennen: Es dramatisiert mit großer Konsequenz in der nahezu chronologischen Kommentierung der großen Orchesterwerke Mahlers noch einmal die Geschichte der Konstellation. Mahler komponiert konstellativ, aber auch ihm passiert spätestens in der monumentalen 8. Symphonie die Verwandlung einer progressiven Technik in ein affirmatives Gebilde, bevor in den Spätwerken auch diese verwandelte Konstellation wieder zerlegt wird. Und man sieht ein weiteres Mal, wie anpassungsfähig das Bildfeld der Konstellation ist. Der Sputnikschock kann den Sternen nichts anhaben, im Gegenteil. Mit der Etablierung der Weltraumfahrt wird die Erde selbst zum Stern: »Dem Blick der Musik, der sie verläßt, rundet sie sich zur überschaubaren Kugel, wie man sie mittlerweile aus dem Weltraum bereits photographiert hat, nicht das Zentrum der Schöpfung sondern ein Winziges und Ephemeres« (13, 296f.). Eine weitere Variation der Selbstverkleinerung.

4 Clavel, *Mein Bereich*, S. 23.

Bibliographie

Abromeit, John, *Max Horkheimer and the Foundations of the Frankfurt School*, Cambridge: Cambridge University Press 2011.

Adorno, Theodor W., *Beethoven. Philosophie der Musik*, hg. von Rolf Tiedemann, Frankfurt am Main: Suhrkamp 2004.

Adorno, Theodor W., *Briefe an die Eltern 1939-1951*, hg. von Christoph Gödde und Henri Lonitz, Frankfurt am Main: Suhrkamp 2003.

Adorno, Theodor W., *Gesammelte Schriften*, hg. von Rolf Tiedemann u. a., Frankfurt am Main: Suhrkamp 1970 – 1986.

Adorno, Theodor W., *Moments musicaux*, Frankfurt am Main: Suhrkamp 1964.

Adorno, Theodor W., »Schubert«, in: *Die Musik* 1 (1928), S. 1 – 12.

Adorno, Theodor W., *»So müßte ich ein Engel und kein Autor sein«. Der Briefwechsel mit Peter Suhrkamp und Siegfried Unseld*, hg. von Wolfgang Schopf, Frankfurt am Main: Suhrkamp 2003.

Adorno, Theodor W., *Zu einer Theorie der musikalischen Reproduktion*, hg. von Henri Lonitz, Frankfurt am Main: Suhrkamp 2005.

Adorno, Theodor W./Benjamin, Walter, *Briefwechsel 1928 – 1940*, hg. von Henri Lonitz, Frankfurt am Main: Suhrkamp 1995.

Adorno Theodor W./Berg, Alban, *Briefwechsel 1925 – 1935*, hg. von Henri Lonitz, Frankfurt am Main: Suhrkamp 1997.

Adorno, Theodor W./Horkheimer, Max, *Briefwechsel 1927 – 1969*, 4 Bände, hg. von Christoph Gödde und Henri Lonitz, Frankfurt am Main: Suhrkamp 2003 – 2006.

Adorno, Theodor W./Kracauer, Siegfried, *»Der Riß der Welt geht auch durch mich«. Briefwechsel 1923 – 1966*, hg. von Wolfgang Schopf, Frankfurt am Main: Suhrkamp 2008.

Adorno, Theodor W./Krenek, Ernst, *Briefwechsel*, hg. von Wolfgang Rogge, Frankfurt am Main: Suhrkamp 1974.

Adorno, Theodor W./Mann, Thomas, *Briefwechsel 1943 – 1955*, hg. von Christoph Gödde und Thomas Sprecher, Frankfurt am Main: Suhrkamp 2002.

Adorno, Theodor W./Sohn-Rethel, Alfred, *Briefwechsel 1936 – 1969*, hg. von Christoph Gödde, München: Edition Text + Kritik 1991.

Andersen, Hans Christian, *Aus Andersens Tagebüchern*, Bd. I, hg. von Heinz Barüske, Frankfurt am Main: Fischer 1980.

Aragon, Louis, *Der Pariser Bauer*, Frankfurt am Main: Suhrkamp 1996.

Baedeker, Karl, *Italien von den Alpen bis Neapel. Handbuch für Reisende*, Leipzig: Baedeker 1926.

Baedeker, Karl, *Unteritalien. Sizilien Malta Tripolis Korfu. Handbuch für Reisende*, Leipzig: Baedeker 1936.

Barthes, Roland, »Die strukturalistische Tätigkeit«, in: *Kursbuch* 5 (1966), S. 190 – 196.

Barthes, Roland, *Über mich selbst*, München: Matthes & Seitz 1978.

Benjamin, Walter, »Ein Außenseiter macht sich bemerkbar«, in: ders., *Gesammelte Schriften*, hg. von Rolf Tiedemann und Hermann Schweppenhäuser, Frankfurt am Main: Suhrkamp 1972ff., Bd. III, S. 219 – 225.

Benjamin, Walter, *Das Kunstwerk im Zeitalter seiner technischen Reproduzierbarkeit*, in: *Gesammelte Schriften*, Bd. VII, S. 350-384.

Benjamin, Walter, *Das Passagen-Werk*, in: *Gesammelte Schriften*, Bd. V.

Benjamin, Walter, »Der Autor als Produzent«, in: *Gesammelte Schriften*, Bd. II, S. 683 – 701.

Benjamin, Walter, »Disputation bei Meyerhold«, in: *Gesammelte Schriften*, Bd. IV, S. 481 – 483.

Benjamin, Walter, *Einbahnstraße*, in: *Gesammelte Schriften*, Bd. IV, S. 83 – 148.

Benjamin, Walter, »Ein Berliner Straßenjunge«, in: *Gesammelte Schriften*, Bd. VII, S. 92 – 98.

Benjamin, Walter, *Gesammelte Briefe*, Bd. II – III, hg. von Henri Lonitz, Christoph Gödde, Theodor W. Adorno Archiv, Frankfurt am Main: Suhrkamp 1995 – 1997.

Benjamin, Walter, *Goethes Wahlverwandtschaften*, in: *Gesammelte Schriften*, Bd. I, S. 123 – 201.

Benjamin, Walter, »Möbel und Masken«, in: *Gesammelte Schriften*, Bd. IV, S. 477 – 479.

Benjamin, Walter, »Moskau«, in: *Gesammelte Schriften*, Bd. IV, S. 316 – 348.

Benjamin, Walter, Rezension zu Jakob Jobs *Neapel. Reisebilder und Skizzen*, in: *Gesammelte Schriften*, Bd. III, S. 132 – 135.

Benjamin, Walter, *Ursprung des deutschen Trauerspiels*, in: *Gesammelte Schriften*, Bd. I, S. 203 – 430.

Benjamin, Walter, »Zwei Gedichte von Friedrich Hölderlin. ›Dichtermut‹ – ›Blödigkeit‹«, in: *Gesammelte Schriften*, Bd. II, S. 105 – 126.

Benjamin, Walter/Lacis, Asja, »Neapel«, in: *Gesammelte Schriften*, Bd. IV, S. 307 – 316.

Bloch, Ernst, *Briefe 1903 – 1975*, Bd. 1, hg. von Karola Bloch, Inka Mülder u. a., Frankfurt am Main: Suhrkamp 1985.
Bloch, Ernst, »Italien und die Porosität«, in: ders., *Gesamtausgabe*, Bd. 9, *Literarische Aufsätze*, Frankfurt am Main: Suhrkamp 1965, S. 508 – 515.
Blom, Philipp, *Sammelwunder, Sammelwahn*, Frankfurt am Main: Eichborn 2004.
Blumenberg, Hans, *Paradigmen zu einer Metaphorologie*, Frankfurt am Main: Suhrkamp 1998.
Blumenberg, Hans, *Schiffbruch mit Zuschauer. Paradigma einer Daseinsmetapher*, Frankfurt am Main: Suhrkamp 1979.
Bochow, Jörg, *Das Theater Meyerholds und die Biomechanik*, Berlin: Alexander Verlag [2]2010.
Bois-Reymond, Emil du/Dohrn, Anton, *Briefwechsel*, hg. von Christiane Groeben, Berlin u. a.: Springer 1985.
Bolz, Nobert W./Faber, Richard, *Antike und Moderne. Zu Walter Benjamins ›Passagen‹*, Würzburg: Königshausen + Neumann 1986.
Bonß, Wolfgang, *Wie weiter mit Theodor W. Adorno?*, Hamburg: Hamburger Edition 2008.
Bredekamp, Horst, *Darwins Korallen. Frühe Evolutionsmodelle und die Tradition der Naturgeschichte*, Berlin: Wagenbach 2005.
Brodersen, Momme, *Spinne im eigenen Netz. Walter Benjamin Leben und Werk*, Bühl-Moos: Elster 1990.
Buck-Morss, Susan, *Dialektik des Sehens. Walter Benjamin und das Passagen-Werk*, Frankfurt am Main: Suhrkamp 1993.
Buck-Morss, Susan, *The Origin of Negative Dialectics. Theodor W. Adorno, Walter Benjamin and the Frankfurt Institute*, Hassocks: Harvester 1977.
Büchner, Georg, *Mémoire sur le système nerveux du Barbeau*, in: *Mémoires de la Société du Museum d'Histoire Naturelle*, 2 (1835), S. 1 – 57.
Bürger, Peter, »Literaturwissenschaft heute«, in: Habermas, Jürgen (Hg.), *Stichworte zur ›Geistigen Situation der Zeit‹*, Bd. 2, Frankfurt am Main: Suhrkamp 1979.
Celan, Paul, »Der Meridian«, in: ders., *Gesammelte Werke in fünf Bänden*, Bd. 3, hg. von Beda Allemann und Stefan Reichert, Frankfurt am Main: Suhrkamp 1983.
Cerio, Claretta, *Mein Capri*, Hamburg: Mare 2010.
Cerio, Edwin, *Capri. Ein kleines Welttheater im Mittelmeer*, München: Callwey 1954.
Chadwick, Nick, »Mátyás Seiber's Collaboration in Adorno's Jazz Project, 1936«, in: *The British Library Journal*, 21 (1995), S. 259 – 288.
Clavel, Gilbert, *Mein Bereich*, Basel: Schwabe 1930.

Colli, Giorgio/Montinari, Mazzino (Hg.), *Briefe an Friedrich Nietzsche: Januar 1875 – Dezember 1879*, Bd. 1, Berlin/New York: Walter de Gruyter 1980.

Cook's Handbook to Naples and Environs, London: Cook 1924.

Deleuze, Gilles/Guattari, Félix, *Rhizom*, Berlin: Merve 1977.

Demirović, Alex, *Der nonkonformistische Intellektuelle. Die Entwicklung der Kritischen Theorie zur Frankfurter Schule*, Frankfurt am Main: Suhrkamp 1999.

Derrida, Jacques, *Marx' Gespenster. Der Staat der Schuld, die Trauerarbeit und die neue Internationale*, Frankfurt am Main: Suhrkamp 2004.

D'Iorio, Paolo, *Le voyage de Nietzsche à Sorrente. Genèse de la philosophie de l'esprit libre*, Paris: CNRS Éditions 2012.

Douglas, Norman, *Rückblick. Eine Reise in meine Vergangenheit*, Graz/Feldkirch: Neugebauer 2006.

Dubiel, Helmut, »Ideologiekritik versus Wissenssoziologie. Die Kritik der Mannheimschen Wissenssoziologie in der Kritischen Theorie«, in: *Archiv für Rechts- und Sozialphilosophie* 61 (1975), S. 223 – 237.

Eisenstein, Sergej M., *Das dynamische Quadrat. Schriften zum Film*, Bulgakowa, Oksana/Hochmut, Dietmar (Hg.), Leipzig: Reclam 1988.

Eisenstein, Sergej M., »Montage der Attraktionen«, in: ders., *Das dynamische Quadrat. Schriften zum Film*, hg. von Oksana Bulgakova und Dietmar Hochmuth, Leipzig: Reclam 1988.

Enzensberger, Hans Magnus, »Eine Theorie des Tourismus«, in: ders., *Einzelheiten I, Bewußtseinsindustrie*, Frankfurt am Main: Suhrkamp 1967.

Fahlbusch, Markus, »Über Jazz«, in: Honneth, Axel, *Schlüsseltexte der Kritischen Theorie*, Wiesbaden: VS 2006.

Felsch, Philipp/Mittelmeier, Martin »›Ich war ehrlich überrascht und erschrocken, wie umfangreich Sie geantwortet haben‹. Theodor W. Adorno korrespondiert mit seinen Lesern«, in: *Kultur & Gespenster* 13 (2012), S. 159 – 199.

Fiorentino, Alessandro, *Memorie di Sorrento*, Neapel: Electa Napoli 1991.

Flaubert, Gustave, *Correspondance*, Vol. I, hg. von Jean Bruneau, Paris: Gallimard 1973.

Fleck, Ludwik, *Entstehung und Entwicklung einer wissenschaftlichen Tatsache*, Frankfurt am Main: Suhrkamp 1980.

Fontane, Theodor, *Werke, Schriften und Briefe*, Bd. 2, hg. von Walter Keitel und Helmuth Nürnberger, München: Hanser 1979.

Frank, Manfred, »Stichworte zur Konstellationsforschung (aus Schleiermachers Inspiration)«, in: Mulsow, Martin/Stamm, Marcelo (Hg.), *Konstellationsforschung*, Frankfurt am Main: Suhrkamp 2005.

Freytag, Carl, »Alfred Sohn-Rethel in Italien: 1924 – 1927«, in: Sohn-Rethel, *Das Ideal des Kaputten*, Bremen: Wassmann ^{2}1992, S. 39 – -52.

Freytag, Carl, »Die Sprache der Dinge. Alfred Sohn-Rethels ›Zwischenexistenz‹ in Positano (1924 – 1927)«, in: Heinz, Rudolf/Hörisch, Jochen (Hg.), *Geld und Geltung. Zu Alfred Sohn-Rethels soziologischer Erkenntnistheorie*, Würzburg: Königshausen & Neumann 2006, S. 78 – 85.

Friedländer, Eli, »The Measure of the Contingent: Walter Benjamin's Dialectical Image«, in: *Boundary 2*, 35.3 (2008), S. 1 – 26.

Fritsch, Karl von, *Bericht über die Senckenbergische naturforschende Gesellschaft in Frankfurt am Main*, Frankfurt am Main: Ges. 1873.

Führer durch das Aquarium der Zoologischen Station zu Neapel, Neapel: Francesco Giannini & Figli 1925.

Gangl, Manfred, »Staatskapitalismus und Dialektik der Aufklärung«, in: Gangl, Manfred/Raulet, Gérard (Hg.), *Jenseits instrumenteller Vernunft. Kritische Studien zur Dialektik der Aufklärung*, Frankfurt am Main u. a.: Lang 1998, S. 158 – 186.

Garber, Klaus, *Zum Bilde Walter Benjamins. Studien, Porträts, Kritiken*, München: Fink 1992.

Gauß, Karl-Markus, *Im Wald der Metropolen*, Wien: Zsolnay 2010.

Geimer, Peter, »Frühjahr 1962. Ein Touristenschicksal«, in: Ullrich, Wolfgang (Hg.), *Verwindungen – Arbeit an Heidegger*, Frankfurt am Main: Fischer 2003, S. 45 – 62.

Gilloch, Graeme, *Myth and Metropolis. Walter Benjamin and the City*, Cambridge: Polity Press 1996.

Goethe, Johann Wolfgang von, *Dichtung und Wahrheit*, in: ders., *Sämtliche Werke nach Epochen seines Schaffens*, Bd. 16, hg. von Karl Richter u. a., München: Hanser 1985ff.

Goethe, Johann Wolfgang von, *Die Wahlverwandtschaften*, in: ders., *Sämtliche Werke nach Epochen seines Schaffens*, Bd. 9, hg. von Karl Richter u. a., München: Hanser 1985ff.

Goethe, Johann Wolfgang von, *Italienische Reise*, in: ders., *Sämtliche Werke nach Epochen seines Schaffens*, Bd. 15, hg. von Karl Richter u. a., München: Hanser 1985ff.

Goethe, Johann Wolfgang von, *Wilhelm Meisters Lehrjahre*, in: ders., *Sämtliche Werke nach Epochen seines Schaffens*, Bd. 5, hg. von Karl Richter u. a., München: Hanser 1985 ff.

Gregorovius, Ferdinand, *Wanderjahre in Italien*, Bd. 3, Leipzig: Brockhaus 1865.

Groeben, Christiane, »Alfred Krupp, Anton Dohrn und Salvatore Lo Bianco: ›Pelagische Tiefseekampagnen um Capri 1900 – 1902‹«, in: Kaasch, Michael, u. a. (Hg.), *Physische Anthropologie – Biologie des Menschen*, Berlin: VWB 2007, S. 187 – 200.

Grossheim, Michael, *Archaisches oder dialektisches Bild? Zum Kontext einer*

Debatte zwischen Adorno und Benjamin, in: DVjs für Literaturwissenschaft und Geistesgeschichte 71 (1997), S. 494 – 517.

Groys, Boris, »Die Stadt im Zeitalter ihrer touristischen Reproduzierbarkeit«, in: ders., *Topologie der Kunst*, München: Hanser 2003.

Gruner, Wolfgang, *»Ein Schicksal, das ich mit sehr vielen anderen geteilt habe«: Alfred Kantorowicz – sein Leben und seine Zeit von 1899 bis 1935*, Kassel: Kassel University Press 2006.

Gumbrecht, Hans Ulrich, *1926. Ein Jahr am Rand der Zeit*, Frankfurt am Main: Suhrkamp 2001.

Gumnior, Helmut/Ringguth, Rudolf, *Horkheimer*, Reinbek bei Hamburg: Rowohlt [6]1997.

Habermas, Jürgen, *Der philosophische Diskurs der Moderne*, Frankfurt am Main: Suhrkamp 1988.

Hagen, Wolfgang, »Davor hatte ich eine instinktive Abzirkelung«, in: Wassmann, Bettina (Hg.), *L'Invitation au Voyage – Zu Alfred Sohn-Rethel*, Bremen: Wassmann 1979, S. 1 – 12.

Haselberg, Peter von, »Wiesengrund-Adorno«, in: Arnold, Heinz Ludwig (Hg.), *Theodor W. Adorno*, München: Edition Text + Kritik [2]1983, S. 7 – 21.

Hatzfeld, Adolf von, *Positano*, Freiburg: Pontos 1925.

Hegel, Georg Wilhelm Friedrich, *Enzyklopädie der philosophischen Wissenschaften*, Werke, Bd. 8, Frankfurt am Main: Suhrkamp 1986.

Hegel, Georg Wilhelm Friedrich, *Phänomenologie des Geistes*, Werke, Bd. 3, Frankfurt am Main: Suhrkamp 1986.

Henrich, Dieter, *Grundlegung aus dem Ich. Untersuchungen zur Vorgeschichte des Idealismus*, Bd. 2, Frankfurt am Main: Suhrkamp 2004.

Heuss, Theodor, *Anton Dohrn in Neapel*, Berlin u. a.: Atlantis 1940.

Hillach, Ansgar, »Dialektisches Bild«, in: Opitz, Michael/Wizisla, Erdmut (Hg.), *Benjamins Begriffe*, Bd. 1, Frankfurt am Main: Suhrkamp 2000, S. 186 – 229.

Hoffmann, Ludwig/Wardetzky, Dieter (Hg.), *Theateroktober. Beiträge zur Entwicklung des sowjetischen Theaters*, Frankfurt am Main: Röderberg 1972.

Honneth, Axel, »Eine Physiognomie der kapitalistischen Lebensform. Skizze der Gesellschaftstheorie Adornos«, in: ders. (Hg.), *Dialektik der Freiheit*, Frankfurt am Main: Suhrkamp 2005.

Honneth, Axel: »Gerechtigkeit im Vollzug. Adornos ›Einleitung‹ in die Negative Dialektik«, in: ders., *Pathologien der Vernunft. Geschichte und Gegenwart der Kritischen Theorie*, Frankfurt am Main: Suhrkamp 2007.

Honneth, Axel: »Vorbemerkung«, in: ders. (Hg.), *Dialektik der Freiheit*, Frankfurt am Main: Suhrkamp 2005.

Hörisch, Jochen, »Über die Sprache Adornos. Rundfunkgespräch mit Peter Kemper«, in: *Zeitschrift für Kritische Theorie* 18/19 (2004), S. 264 – 281.

Horkheimer, Max, »Die gegenwärtige Lage der Sozialphilosophie und die Aufgaben eines Instituts für Sozialforschung«, in: ders., *Gesammelte Schriften*, hg. von Alfred Schmidt und Gunzelin Schmid Noerr, Frankfurt am Main: Fischer 1985 – 1996, Bd. 3, S. 20 – 35.

Horkheimer, Max, »Egoismus und Freiheitsbewegung«, in: *Gesammelte Schriften*, Bd. 4, S. 9 – 88.

Horkheimer, Max, »L'île heureuse«, in: *Gesammelte Schriften*, Bd. 11, S. 289 – 328.

Hullot-Kentor, Robert, »Vorwort des Herausgebers«, in: Adorno, Theodor W., *Current of Music. Elements of a Radio Theory*, Frankfurt am Main, Suhrkamp 2006, S. 7 – 71.

Jäger, Lorenz, *Adorno. Eine politische Biographie*, München: Pantheon 2009.

Jäger, Lorenz, »Die esoterische Form«, in: Garber, Klaus (Hg.), *Europäische Barock-Rezeption*, Wiesbaden: Harrassowitz 1991, S. 143 – 153.

Jäger, Lorenz, *Die schöne Kunst, das Schicksal zu lesen. Kleines Brevier der Astrologie*, Springe: zu Klampen 2009.

Jay, Martin, *Marxism and Totality*, Berkeley/Los Angeles: University of Columbia Press 1984.

Jenemann, David, *Adorno in America*, Minneapolis: University of Minnesota Press 2007.

Jünger, Ernst, »Das abenteuerliche Herz«, (erste Fassung), in: ders: *Sämtliche Werke*, Bd. 9, Stuttgart: Klett Cotta 1979.

Kafka, Franz, *Ein Landarzt und andere Drucke zu Lebzeiten*, hg. von Wolf Kittler, Hans-Gerd Koch und Gerhard Neumann, Frankfurt am Main: Fischer [5]2004.

Kant, Immanuel, *Kritik der Urteilskraft*, Hamburg: Meiner 1990.

Kantorowicz, Alfred, *Meine Kleider*, Berlin: Aufbau 1957.

Kaulen, Heinrich, »Walter Benjamin und Asja Lacis. Eine biographische Konstellation und ihre Folgen«, in: DVjs 69 (1995), H. 1, S. 92 – 122.

Keller, Gottfried, *Die Leute von Seldwyla*, hg. von Thomas Böning, Frankfurt am Main: Deutscher Klassiker Verlag 1989.

Kempter, Martina, »Nachwort«, in: Savinio, Alberto, *Capri*, Frankfurt am Main/Leipzig: Insel 2001, S. 99 – 111.

Kesel, Humbert, *Capri. Biographie einer Insel*, Ansbach: Prestel 1971.

Kierkegaard, Sören, »Johannes Climacus oder De Omnibus dubitandum est«, in: ders., *Gesammelte Werke*, 10. Abt., Simmerath: Grevenberg Verlag Dr. Ruff 2003.

Klee, Paul, *Briefe an die Familie 1893 – 1940*, hg. von Felix Klee, Bd. 1, Köln: Dumont 1979.

Klee, Paul, *Tagebücher 1898 – 1918*, hg. von der Paul-Klee-Stiftung, Stuttgart/Teufen: Hatje 1988.

Klein, Richard/Kreuzer, Johann/Müller-Doohm, Stefan (Hg.), *Adorno-Handbuch*, Stuttgart/Weimar: Metzler 2011.

Kleinwort, Malte: »Zur Desorientierung im Manuskript der Vorrede zu Benjamins Trauerspielbuch«, in: Weidner, Daniel/Weigel, Sigrid (Hg.), *Benjamin-Studien* 2 (2011), S. 87–110.

Kluge, Alexander, »Daten anlegen im Tsunami-Garten«, in: *faz.net*, 14. Januar 2010.

Kluge, Alexander, *Nachrichten aus der ideologischen Antike*, drei DVDs, Frankfurt am Main: Suhrkamp 2008.

Kolesch, Doris, *Das Schreiben des Subjekts. Zur Inszenierung ästhetischer Subjektivität bei Baudelaire, Barthes und Adorno*, Wien: Passagen 1996.

Kopisch, August, *Die Entdeckung der Blauen Grotte auf der Insel Capri*, hg. von Dieter Richter, Berlin: Wagenbach 1997.

Kracauer, Siegfried, »Das Ornament der Masse«, in: ders., *Werke*, hg. von Inka Mülder-Bach und Ingrid Belke, Frankfurt am Main: Suhrkamp 2004–2011, Bd. 5.2, S. 612–624.

Kracauer, Siegfried, *Der Detektiv-Roman. Eine Deutung*, in: *Werke*, Bd. 1, S. 103–209.

Kracauer, Siegfried, »Der verbotene Blick«, in: *Werke*, Bd. 5.2, S. 224–227.

Kracauer, Siegfried, *Die Angestellten. Aus dem neuesten Deutschland*, in: *Werke*, Bd. 1, S. 211–310.

Kracauer, Siegfried, »Die Bibel auf Deutsch«, in: *Werke*, Bd. 5.2, S. 374–386.

Kracauer, Siegfried, »Die Reise und der Tanz«, in: *Werke*, Bd. 5.2, S. 214–223.

Kracauer, Siegfried, »Die Wartenden«, in: *Werke*, Bd. 5.1, S. 383–394.

Kracauer, Siegfried, »Felsenwahn in Positano«, in: *Werke*, Bd. 5.2, S. 296–303.

Kracauer, Siegfried, *Georg*, in: *Werke*, Bd. 7, S. 257–516.

Kracauer, Siegfried, »Gestalt und Zerfall«, in: *Werke*, Bd. 5.2, S. 283–-288.

Kracauer, Siegfried, *Ginster*, in: *Werke*, Bd. 7, S. 9–256.

Kracauer, Siegfried, »Kult der Zerstreuung«, in: *Werke*, Bd. 6.1, S. 208–213.

Kracauer, Siegfried, »Langeweile«, in: *Werke*, Bd. 5.2, S. 161–164.

Kracauer, Siegfried, »Lichtreklame«, in: *Werke*, Bd. 5.2, S. 529–532.

Kracauer, Siegfried, Rezension zu Hatzfelds »Positano«, in: *Frankfurter Zeitung*, 7. Februar 1926. Literaturblatt, S. 6.

Kracauer, Siegfried, »Zu Sorrent«, in: *Werke*, Bd. 5.2, S. 339–340.

La Capria, Raffaele, »Neapel als geistige Landschaft«, in: Richter, Dieter (Hg.), *Neapel. Eine literarische Einladung*, Berlin: Wagenbach 1988.

Lacis, Asja, *Revolutionär im Beruf. Berichte über proletarisches Theater, über Meyerhold, Brecht, Benjamin und Piscator*, hg. von Hildegard Brenner, München: Rogner & Bernhard 1971.

Lefèbvre, Henri, *Kritik des Alltagslebens*, Bd. 3, Königstein im Taunus: Athenäum-Verlag 1977.

Leitfaden für das Aquarium der Zoologischen Station zu Neapel, Neapel: Trani [6]1905.

Lem, Stanislaw, *Solaris*, München: dtv 1983.

Leppert, Richard, »On Reading Adorno Hearing Schubert«, in: *19th-Century Music* 1 (2005), S. 56 – 63.

Lethen, Helmut, *Verhaltenslehren der Kälte. Lebensversuche zwischen den Kriegen*, Frankfurt am Main: Suhrkamp 1994.

Lévi-Strauss, Claude, *Das wilde Denken*, Frankfurt am Main: Suhrkamp [2]1977.

Lo Bianco, Salvatore, »Metodi usati nella Stazione zoologica per la conservazione degli animali marini«, in: *Mittheilungen aus der Zoologischen Station zu Neapel*, Bd. 9, Leipzig 1890, S. 434 – 474.

Lo Bianco, Salvatore, *Pelagische Tiefseefischerei der »Maja« in der Umgebung von Capri*, Jena: Gustav Fischer 1904.

Löwenthal, Leo/Kracauer, Siegfried, *In steter Freundschaft. Briefwechsel*, hg. von Peter-Erwin Jansen und Christian Schmidt, Springe: zu Klampen 2003.

Lukács, Georg, *Die Theorie des Romans*, Berlin: Cassirer 1920.

Lukács, Georg, *Geschichte und Klassenbewußtsein*, Darmstadt: Luchterhand 1968.

Maak, Niklas, *Der Architekt am Strand. Le Corbusier und das Geheimnis der Seeschnecke*, München: Hanser 2010.

Machatschek, Michael, *Golf von Neapel*, Erlangen: Müller 2011.

Malaparte, Curzio, *Die Haut*, Karlsruhe: Stahlberg 1950.

Mann, Thomas, *Der Zauberberg*, hg. von Michael Neumann, Große Kommentierte Frankfurter Ausgabe, Bd. 5.1, Frankfurt am Main: Fischer 2002.

Mann, Thomas, *Doktor Faustus*, hg. von Ruprecht Wimmer, Große Kommentierte Frankfurter Ausgabe, Bd. 10, Frankfurt am Main: Fischer 2007.

Mann, Thomas, *Doktor Faustus*, Kommentar von Ruprecht Wimmer, Große Kommentierte Frankfurter Ausgabe, Bd. 10, Frankfurt am Main: Fischer 2007.

Marcus, Greil, *Lipstick Traces. Von Dada bis Punk – kulturelle Avantgarden und ihre Wege aus dem 20. Jahrhundert*, Hamburg: Rogner & Bernhard 1992.

Marx, Karl, *Das Kapital*, in: Marx-Engels-Werke, Bd. 23, Berlin: Dietz 1968.

Marx, Karl, *Der achtzehnte Brumaire des Louis Bonaparte*, in: Marx-Engels-Werke, Bd. 8, Berlin: Dietz 1972.

McGill, Justine, »The Porous Coupling of Walter Benjamin and Asja Lacis«, in: *Angelaki* 13.2 (2008), S. 59 – 72.

Menninghaus, Winfried, »Das Ausdruckslose: Walter Benjamins Kritik des Schönen durch das Erhabene«, in: Steiner, Uwe (Hg.), *Walter Benjamin 1892 – 1940 zum 100. Geburtstag*, Bern u. a.: Lang 1992, S. 33 – 76.

Menninghaus, Winfried, »Kant, Hegel und Marx in Lukács' Theorie der Verdinglichung. Destruktion eines neomarxistischen ›Klassikers‹«, in:

Bolz, Norbert W./Hübener, Wolfgang (Hg.), *Spiegel und Gleichnis. Festschrift für Jacob Taubes*, Würzburg: Königshausen & Neumann 1983, S. 318 – 330.

Menninghaus, Winfried, *Unendliche Verdopplung. Die frühromantische Grundlegung der Kunsttheorie im Begriff absoluter Selbstreflexion*, Frankfurt am Main: Suhrkamp 1987.

Menninghaus, Winfried, *Walter Benjamins Theorie der Sprachmagie*, Frankfurt am Main: Suhrkamp 1995.

Meyerhold, Wsewolod, »Zur Geschichte und Technik des Theaters«, in: ders., *Schriften*, Bd.1, Berlin: Henschel 1979, S. 97 – 136.

Mittelmeier, Martin, »Es gibt kein richtiges Sich-Ausstrecken in der falschen Badewanne. Wie Adornos berühmtester Satz wirklich lautet – ein Gang ins Archiv«, in: *Recherche* 4 (2009), S. 3.

Money, James, *Capri. Island of Pleasure*, London: Hamilton 1986.

Morgenstern, Soma, *Alban Berg und seine Idole. Erinnerungen und Briefe*, Berlin: Aufbau 1999.

Mosebach, Martin: *Die schöne Gewohnheit zu leben. Eine italienische Reise*, Berlin: Berlin Verlag 1997.

Mosès, Stéphan, *Der Engel der Geschichte. Franz Rosenzweig, Walter Benjamin, Gershom Scholem*, Frankfurt am Main: Jüdischer Verlag 1994.

Müller, Tobi, »Karl Marx und die gespenstische Gallerte«, in: *Tages-Anzeiger* 47 (2007), S. 47.

Müller-Dohm, Stefan, *Adorno. Eine Biographie*, Frankfurt am Main: Suhrkamp 2003.

Müller-Sievers, Helmut, *Desorientierung. Anatomie und Dichtung bei Georg Büchner*. Göttingen: Wallstein 2003.

Münch, Ragnhild, »Theater des Todes – Museum des Lebens«, in: Bredekamp, Horst/Brüning, Jochen/Weber, Cornelia (Hg.), *Theater der Natur und Kunst*, Berlin: Henschel 2000, S. 135 – 142.

Munthe, Axel, *Das Buch von San Michele*, München: dtv 1978.

Neapel und Umgebung, Griebens Reiseführer Bd. 101, Berlin: Verlag von Griebens Reiseführern 1925.

Nietzsche, Friedrich, *Digitale Kritische Gesamtausgabe*, hg. von Paolo D'Iorio, digitale Fassung von: Nietzsche, Friedrich, *Werke. Kritische Gesamtausgabe*, hg. von Giorgio Colli und Mazzino Montinari, Berlin/New York: de Gruyter, 1967ff.

Norton, Leslie, *Leonide Massine and the 20th Century Ballet*, Jefferson: McFarland 2004.

Onfray, Michel, *Anti Freud. Die Psychoanalyse wird entzaubert*, München: Knaus 2011.

Pabst, Reinhard, *Kindheit in Amorbach*, Frankfurt am Main: Insel 2003.

Palmier, Jean-Michel, *Walter Benjamin. Lumpensammler, Engel und bucklicht Männlein. Ästhetik und Politik bei Walter Benjamin*, Frankfurt am Main: Suhrkamp 2009.

Paškevica, Beata, *In der Stadt der Parolen. Asja Lacis, Walter Benjamin und Bertolt Brecht*, Essen: Klartext 2006.

Perry, Beate, »Exposed: Adorno and Schubert in 1928«, in: *19th-Century Music*, 1 (2005), S. 15 – 24.

Pisani, Salvatore, »Baustoffe«, in: Pisani, Salvatore/Siebenmorgen, Katharina (Hg.), *Neapel. Sechs Jahrhunderte Kulturgeschichte*, Berlin: Reimer 2009, S. 214 – 221.

Pisani, Salvatore, »Neapel-Topoi«, in: Pisani, Salvatore/Siebenmorgen, Katharina (Hg.), *Neapel. Sechs Jahrhunderte Kulturgeschichte*, Berlin: Reimer 2009, S. 28 – 37.

Platen, August von, *Die Tagebücher des Grafen August von Platen. Aus der Handschrift des Dichters*, Bd. 2, Stuttgart: Cotta 1900.

Platthaus, Isabel, *Höllenfahrten. Die epische* katábis *und die Unterwelten der Moderne*, München: Fink 2004.

Press, Frank/Siever, Raymond, *Allgemeine Geologie*, Berlin/Heidelberg: SAV ^{5}2008.

Radisch, Iris, »Er hat es überlebt«, in: *Die Zeit* 7 (2012), S. 45 – 46.

Rast, Horst, *Vulkane und Vulkanismus*, Stuttgart: Enke ^{3}1987.

Reich, Bernhard, »Erinnerungen an das frühe sowjetische Theater«, in: Hoffmann, Ludwig/Wardetzky, Dieter (Hg.), *Theateroktober. Beiträge zur Entwicklung des sowjetischen Theaters*, Frankfurt am Main: Röderberg 1972, S. 7 – 31.

Reich, Bernhard, *Im Wettlauf mit der Zeit*, Berlin: Henschel 1970.

Reichert, Klaus, »Adorno und das Radio«, in: *Sinn und Form* 4 (2010), S. 454 – 465.

Reijen, Willem van/Bransen, Jan, »Das Verschwinden der Klassengeschichte in der ›Dialektik der Aufklärung‹. Ein Kommentar zu den Textvarianten der Buchausgabe von 1947 gegenüber der Erstveröffentlichung von 1944«, in: Horkheimer, Max, *Gesammelte Schriften*, hg. von Alfred Schmidt und Gunzelin Schmid Noerr, Bd. 5, Frankfurt am Main: Fischer 1987, S. 453 – 457.

Richter, Dieter, »Bruder Glücklichs trauriges Ende«, in: *Die Zeit* 31 (2002), S. 74.

Richter, Dieter, »Das blaue Feuer der Romantik. Geschichte und Mythos der Blauen Grotte«, in: Kopisch, August, *Die Entdeckung der Blauen Grotte auf der Insel Capri*, hg. von Dieter Richter, Berlin: Wagenbach 1997, S. 61 – 107.

Richter, Dieter, *Der Vesuv. Geschichte eines Berges*, Berlin ^{2}2007.

Richter, Dieter, »Friedrich Alfred Krupp auf Capri. Ein Skandal und seine Geschichte«, in: Epkenhans, Michael/Stremmel, Ralf (Hg.), *Friedrich Alfred Krupp. Ein Unternehmer im Kaiserreich*, München: C.H. Beck 2010, S. 157 – 177.

Richter, Dieter, *Neapel. Biographie einer Stadt*, Berlin: Wagenbach 2005.

Richter, Gerhard, »Die Erbschaft der Konstellation. Adorno und Hegel«, in: *MLN* 126 (2011), S. 446 – 470.

Roth, Udo, *Georg Büchners naturwissenschaftliche Schriften*, Tübingen: Niemeyer 2004.

Rutschky, Michael, *Erfahrungshunger. Ein Essay über die siebziger Jahre*, Köln: Kiepenheuer & Witsch 1980.

Savinio, Alberto, *Capri*, Frankfurt am Main/Leipzig: Insel 2001.

Schiemenz, P., Rezension zu Lo Bianco: »Metodi usati nella Stazione zoologica per la conservazione degli animali marini«, in: *Zeitschrift für wissenschaftliche Mikroskopie und für mikroskopische Technik* 8 (1891), S. 54 – 66.

Schirrmacher, Frank, »Adorno im Ohr«, in: FAZ 211 (2003), S. 1.

Schlögel, Karl, *Im Raume lesen wir die Zeit. Über Zivilisationsgeschichte und Geopolitik*, Frankfurt am Main: Fischer [4]2011.

Schlüter, Andreas (Hg.), *Der Golf von Neapel. Ein Reiselesebuch*, Hamburg: Ellert & Richter 2009.

Schmid Noerr, Gunzelin, *Das Eingedenken der Natur im Subjekt. Zur Dialektik von Vernunft und Natur in der Kritischen Theorie Horkheimers, Adornos und Marcuses*, Darmstadt: Wissenschaftliche Buchgesellschaft 1990.

Schnebel, Dieter, »Komposition von Sprache – sprachliche Gestaltung von Musik in Adornos Werk«, in: Schweppenhäuser, Hermann (Hg.), *Theodor W. Adorno zum Gedächtnis*, Frankfurt am Main: Suhrkamp 1971, S. 129 – 143.

Schöttker, Detlev, *Konstruktiver Fragmentarismus. Form und Rezeption der Schriften Walter Benjamins*, Frankfurt am Main: Suhrkamp 1999.

Schwanhäußer, Anja, *Kosmonauten des Underground. Ethnografie einer Berliner Szene*, Frankfurt am Main: Campus 2010.

Schulze, Ingo, *Orangen und Engel. Italienische Skizzen*, Berlin: Berlin Verlag 2010.

Smith, Paul, »Thomas Cook & Son's Vesuvius Railway«, in: *Japan Railway & Transport Review* 3 (1998), S. 10 – 15.

Sohn-Rethel, Alfred, »Aus einem Gespräch von Alfred Sohn-Rethel mit Uwe Herms über ›Geistige und Körperliche Arbeit‹ 1973«, in: Wassmann, Bettine (Hg.), *L'invitation au voyage zu Alfred Sohn-Rethel*, Bremen: Wassmann 1979, S. 1 – 16.

Sohn-Rethel, Alfred, »Eine Verkehrsstockung in der Via Chiaia«, in: ders.,

Das Ideal des Kaputten, hg. von Carl Freytag, Bremen: Wassmann 1992, S. 7 – 19.

Sohn-Rethel, Alfred, »Einige Unterbrechungen waren wirklich unnötig«, in: *Die Zerstörung einer Zukunft. Gespräche mit emigrierten Sozialwissenschaftlern*, aufgezeichnet von Matthias Greffrath, Reinbek bei Hamburg: Rowohlt 1979.

Sohn-Rethel, Alfred, *Erinnerungen*. Transkript eines dreistündigen Radio-Porträts von Wolfgang Hagen 1977 für Radio Bremen. Originalton. Gespeichert unter: http://web.archive.org/web/20050426112218fw_/http://www.radiobremen.de/online/sohn_rethel/erinner/index.htm.

Sohn-Rethel, Alfred, »Exposee zum theoretischen Kommentar der Marxschen Gesellschaftslehre«, Bundesarchiv Koblenz, M 1492,26.

Sohn-Rethel, Alfred, »Das Ideal des Kaputten. Über neapolitanische Technik«, in: ders., *Das Ideal des Kaputten*, hg. von Carl Freytag, Bremen: Wassmann 1992, S. 33 – 38.

Sohn-Rethel, Alfred, *Geistige und körperliche Arbeit. Zur Epistemologie der abendländischen Geschichte*, Frankfurt am Main: Suhrkamp 1970.

Sohn-Rethel, Alfred, »Kommentar zum ›Exposé zum theoretischen Kommentar der Marxschen Gesellschaftslehre‹ von 1926«, in: ders., *Von der Analytik des Wirtschaftens zur Theorie der Volkswirtschaft. Frühe Schriften*, hg. von Oliver Schlaudt und Carl Freytag, Freiburg: ça ira Verlag 2012.

Sohn-Rethel, Alfred, *Soziologische Theorie der Erkenntnis*, Frankfurt am Main: Suhrkamp 1985.

Sohn-Rethel, Alfred, »Vesuvbesteigung 1926«, in: ders., *Das Ideal des Kaputten*, hg. von Carl Freytag, Bremen: Wassmann 1992, S. 21 – 31.

Soja, Edward W., *Postmodern Geographies. The Reassertion of Space in Critical Social Theorie*, London: Verso 1989.

Sonnentag, Stefanie, *Spaziergänge durch das literarische Capri und Neapel*, Zürich/Hamburg: Arche 2003.

Sontag, Susan, »Gegen Interpretation«, in: dies., *Kunst und Antikunst*, Frankfurt am Main: Fischer 1982, S. 9 – 18.

Spina, Luigi, *Der Mythos der Sirene Parthenope*, in: Pisani, Salvatore/Siebenmorgen, Katharina (Hg.), *Neapel. Sechs Jahrhunderte Kulturgeschichte*, Berlin: Reimer 2009, S. 23 – 27.

Stamm, Marcelo, »Konstellationsforschung – Ein Methodenprofil: Motive und Perspektiven«, in: Mulsow, Martin/Stamm, Marcelo (Hg.), *Konstellationsforschung*, Frankfurt am Main: Suhrkamp 2005, S. 31 – 73.

Stammer, Otto (Hg.), *Max Weber und die Soziologie heute. Verhandlungen des 15. Deutschen Soziologentages*, Tübingen: Mohr 1965.

Steinert, Heinz, *Adorno in Wien. Über die (Un-)Möglichkeit von Kunst, Kultur und Befreiung*, Frankfurt am Main: Fischer 1993.

Steinert, Heinz, *Die Entdeckung der Kulturindustrie oder: warum Professor Adorno Jazz-Musik nicht ausstehen konnte*, Münster: Westfälisches Dampfboot 2003.

Steinfeld, Thomas, *Der Arzt von San Michele. Axel Munthe und die Kunst, dem Leben einen Sinn zu geben*, München: Hanser 2007.

Striedter, Jurij, »Zur formalistischen Theorie der Prosa und der literarischen Evolution«, in: ders. (Hg.), *Russischer Formalismus. Texte zur allgemeinen Literaturtheorie und zur Theorie der Prosa*, München: Fink 1969, S. IX bis LXXXIII.

Szeemann, Harald, »Gilbert Clavel. 1883 – 1927. Sein Lebensgang in Briefen«, in: ders. (Hg.), *Visionäre Schweiz*, Aarau: Sauerländer 1991, S 234 – 296.

Szondi, Peter, »Benjamins Städtebilder«, in: ders., *Lektüren und Lektionen*, Frankfurt am Main: Suhrkamp 1973, S. 134-149.

Theodor W. Adorno Archiv (Hg.), *Adorno. Eine Bildmonographie*, Frankfurt am Main: Suhrkamp 2003.

Theodor W. Adorno Archiv (Hg.), »Adornos Seminar vom Sommersemester 1932 über Benjamins *Ursprung des deutschen Trauerspiels*. Protokolle«, in: Theodor W. Adorno Archiv (Hg.), *Frankfurter Adorno Blätter IV*, München: Edition Text + Kritik 1995, S. 52 – 77.

Tiedemann, Rolf, »Begriff, Bild, Name. Über Adornos Utopie der Erkenntnis«, in: Theodor W. Adorno Archiv (Hg.), *Frankfurter Adorno Blätter II*, München: Edition Text + Kritik 1993, S. 92 – 111.

Todorov, Tzvetan, *Grammaire du Décaméron*, The Hague/Paris: Mouton 1969.

Vennen, Mareike, *Medialisierungen des Lebendigen – Das Aquarium zwischen Natur und Technik von 1840 bis 1930*, unveröffentlicht.

Voss, Julia, *Darwins Bilder. Ansichten der Evolutionstheorie 1837 – 1874*. Frankfurt am Main: Fischer 2007.

Wagner, Horst-Günter, *Die Kulturlandschaft am Vesuv. Eine agrargeographische Strukturanalyse mit Berücksichtigung der jungen Wandlungen*, Hannover: Selbstverlag der Geographischen Gesellschaft 1967.

Walter Benjamin Archiv (Hg.), *Walter Benjamins Archive. Bilder, Texte und Zeichen*, Frankfurt am Main: Suhrkamp 2006.

Wellmer, Albrecht, »Wahrheit, Schein, Versöhnung. Adornos ästhetische Rettung der Modernität«, in: ders., *Zur Dialektik von Moderne und Postmoderne. Vernunftkritik nach Adorno*, Frankfurt am Main: Suhrkamp 1985, S. 9 – 47.

Wiggershaus, Rolf, *Die Frankfurter Schule. Geschichte, theoretische Entwicklung, politische Bedeutung*, München: dtv ^{2}1989.

Wiggershaus, Rolf, »Friedrich Pollock – der letzte Unbekannte der Frankfurter Schule«, in: *Die Neue Gesellschaft. Frankfurter Hefte* 8 (1994), S. 750–756.

Wolf, Christa, *Stadt der Engel oder The Overcoat of Dr. Freud*, Berlin: Suhrkamp 2010.

Wussow, Philipp von, »›Eine Karikatur der Theorie‹. Zur neueren Adorno-Biographik«, in: *Naharim* 1 (2007), S. 131–147.

Ziege, Eva-Maria, *Antisemitismus und Gesellschaftstheorie*, Frankfurt am Main: Suhrkamp 2009.

Benutzte Archive

Theodor W. Adorno Archiv, Frankfurt am Main und Berlin
Staatsarchiv Basel
Archiv der Stazione Zoologica, Neapel
The National Library of Israel, Jerusalem
Deutsches Literaturarchiv Marbach
Bundesarchiv Koblenz

Bildnachweis

AKG-Images: S. 87 u. (akg-images/Erich Lessing – Ensor, James »La raie« © VG Bild-Kunst, Bonn 2013), S. 251 (N.N.); Archiv Dr. Ulrich Schuch, Mannheim: S. 27 (Fotograf: Giorgio Sommer, ca. 1890); Collections CEGES/SOMA – Brussels: S. 115; Deutsches Literaturarchiv Marbach: S. 20; Fietz, Helga: S. 76/77; Hielscher, Kurt: S. 13; Lugano, collezione privata: S. 195 (Depero, Fortunato »Clavel nella funicolare« © VG Bild-Kunst, Bonn 2013); privat: S. 109, 123, 227; Staatsarchiv Basel-Stadt: S. 110 o. (PA 969 E 1), S. 110 u. (PA 969 E 1), S. 113 (PA 969 E 1), S. 191 (PA 969 E 1), S. 193 (PA 969 E 1), S. 196 (PA 969 E 2); Statione Zoologica Anton Dohrn, All Rights reserved Worldwide: S. 101; Stazione Zoologica Anton Dohrn di Napoli – Archivio Storico (Historical Archives): S. 75 (La.120.164), S. 78 (A.III.8.20 und A.III.8.22), S. 80 (La.119.37); The Department of Archives, National Library of Israel, Jerusalem: S. 31; Theodor W. Adorno Archiv, Frankfurt am Main: S. 26, 28, 29, 30, 85; Valentai, Maria: S. 47; von Hatzfeld, Adolf: Positano: S. 70, 177 (Freiburg: Pontos Verlag, 1925); Wassmann, Bettina SR.: S. 23.
Trotz intensiver Recherche konnten nicht alle Bildrechte zweifelsfrei geklärt werden. Im Falle eines berechtigten Anspruchs werden Rechteinhaber gebeten, sich an den Verlag zu wenden.

Personenregister